भूगोल शिक्षण
TEACHING OF GEOGRAPHY

लेखक
डॉ॰ गोविन्द प्रसाद
वरिष्ट रीडर, भूगोल विभाग
राणा प्रताप स्नातकोत्तर महाविद्यालय
सुलतानपुर (उ.प्र.)

डिस्कवरी पब्लिशिंग हाउस
नई दिल्ली–110 002

First Published - 2007
Reprinted - 2014

ISBN: 978-93-5056-649-7

भूगोल शिक्षण

Published by:
DISCOVERY PUBLISHING HOUSE PVT. LTD.
4383/4B, Ansari Road, Darya Ganj
New Delhi-110 002 (India)
Phone: +91-11-23279245, 43596064-65
Fax: +91-11-23253475
E-mail: discoverypublishinghouse@gmail.com
sales@discoverypublishinggroup.com
web: www.discoverypublishinggroup.com

Printed at:
Infinity Imaging Systems
Delhi

प्रस्तावना

पृथ्वी तथा प्राकृतिक वातावरण ने मानव जीवन को सदैव प्रभावित किया है। इनके विषय में अधिक से अधिक जानने की प्रत्येक मनुष्य की उत्सुकता तथा उत्कण्ठा रहती है। कई मानवीय समस्याओं की जड़ पृथ्वी के धरातल से संबंधित है। भूमि की उपज शक्ति, प्राकृतिक साधन, जैसे— वन, जंगली पशु, खनिज पदार्थ तथा जलवायु के अन्तर को समझने तथा सुलझाने के लिए मनुष्य को पृथ्वी के धरातल तथा उसकी प्रकृति को समझना आवश्यक है। पृथ्वी का भौगोलिक ढांचा, प्रकृति तथा सांस्कृतिक ढांचों को प्रभावित करता है। आधुनिक विश्व में इस तथ्य को समझना अति आवश्यक है।

भूगोल का शिक्षण करने वाले शिक्षक से शिक्षण के प्रमुख उद्देश्यों की जानकारी अनिवार्य रूप से अपेक्षित है। सफल शिक्षक अपनी योग्यता एवं अध यापन क्षमता द्वारा इन उद्देश्यों की पूर्ति करने का प्रयास करता है। भूगोल अध यापक में निपुण होने हेतु आवश्यक है कि बालकों को ज्ञान प्रदान करने के लिए पाठ की तैयारी सही प्रकार से की जाय।

एक अच्छा भूगोल अध्यापक सामाजिक विज्ञान के सभी विषयों का अच्छा ज्ञाता होता है। इसके साथ ही वह समाज के लिए आवश्यक एवं उपयोगी विषयों का अच्छा ज्ञाता होता है। उसमें सदैव ज्ञान की बढ़ोतरी की इच्छा रहती है। उसकी उच्च मानसिकता तथा उसका शिक्षण दर्शन उसके आकर्षक व्यक्तित्व से प्रतिबिम्बित होता है। उसमें अपार व्यावसायिक निष्ठा होती है। अपने इन गुणों के कारण वह छात्रों के अन्दर भूगोल के प्रति रुचि एवं आकर्षण पैदा

करने में सदैव सफल रहते हैं। वह छात्रों को अपने पद चिन्हों पर चलने के लिए प्रेरणा की भूमिका निभाता है।

शिक्षण में प्रस्तुतीकरण पर अधिक जोर दिया जाता रहा है। प्रस्तुतीकरण में शिक्षण-विधियां एवं प्रविधियों का प्रयोग करते हैं। शिक्षा-तकनीकी के अविर्भाव के परिणामस्वरूप अध्यापन तथा अनुदेशन में उद्देश्यों को महत्त्व दिया गया। प्रस्तुतीकरण द्वारा भी उद्देश्यों की प्राप्ति की जानी चाहिए। इसके फलस्वरूप अध्यापन का स्वरूप भी बदल गया और अध्यापन में उद्देश्यों को प्राथमिकता दी जाने लगी। शिक्षण-उद्देश्यों की प्राप्ति हेतु अध्यापन आव्यूहों का उपयोग किया जाता है। आव्यूह शब्द सेना से लिया गया है। सेनानायक अपने लक्ष्य हेतु आव्यूह का उपयोग करता रहता है। इसी प्रकार अध्यापक अपने उद्देश्यों की प्राप्ति के लिए व्यूह की रचना करता है। अध्यापन की प्रभावशीलता का अनुमान उद्देश्यों की प्राप्ति के आधार पर किया जाता है। प्रस्तुतीकरण का स्थान गौण हो गया। इस अध्याय में शिक्षण-आव्यूहों का वर्णन किया गया है।

शिक्षण का मुख्य उद्देश्य छात्रों के व्यवहार में बदलाव लाना है। इसके लिए अध्यापन की आव्यूह (Stategy) का उपयोग किया जाता है जिससे अध्यापन के उद्देश्य प्राप्त किए जाते हैं, परन्तु परम्परा यह रही है कि अध्यापन में प्रस्तुतीकरण हेतु शिक्षण-विधियों को प्रयुक्त किया जाता रहा है एवं अध्यापन को रोचक तथा प्रभावशाली बनाने के लिए दृश्य-श्रव्य सहायक सामग्री का उपयोग किया जाता रहा है।

'भूगोल शिक्षण' की इस पुस्तक में भूगोल अध्यापन : अर्थ, स्वरूप एवं अन्य विषयों के साथ संबंध, भूगोल अध्यापन : उद्देश्य एवं पाठ्यक्रम, भूगोल अध्यापन : पाठ्य-पुस्तक, भूगोल अध्यापन : पाठ योजना, भूगोल अध्यापन : सहायक सामग्री, भूगोल शिक्षक, भूगोल शिक्षण : आधुनिक विधियां तथा युक्तियां, भूगोल अध्यापनः शिक्षण व्यूह एवं प्रविधियां और भूगोल में गृह-कार्य जैसे शीर्षक के अन्तर्गत भूगोल शिक्षण विषय को अत्यंत सरल शब्दों में प्रस्तुत किया गया है। आशा है यह पुस्तक पाठकों को पसन्द आयेगी।

अनुक्रम

1

भूगोल अध्यापन : अर्थ, स्वरूप एवं अन्य विषयों के साथ संबंध

भूगोल को एक अत्यंत जटिल विषय मानकर ज्यादातर छात्र इसको चयनित करने से पूर्व डरते हैं। जबकि छात्रों की भूगोल के प्रति यह धारणा निराघार मात्र है। किसी भी विषय से भागने पर वह आसान नहीं अपितु कठिन ही प्रतीत होता है। यही बात भूगोल के साथ भी लागू होती है। कोई भी विषय हो, बिना कंठाग्र किये वह जेहन में नहीं उतरता। फिर भूगोल तो एक अंकदायी और काफी रोचक विषय है। एक विषय के तौर पर इसका चुनाव किसी भी दृष्टि से हानिकारक नहीं है।

विश्व में हर दिन कहीं न कहीं कोई रोमांचकारी घटना घटित होते ही रहती है। इसका असली आनंद उन्हीं व्यक्तियों को मिलता है, जिन्हें भूगोल के माध्यम से पूरे विश्व की जानकारी प्राप्त है।

भूगोल विषय का अध्ययन अगर विद्यार्थी निम्न रीति से करेंगे तो उन्हें यह विषय अत्यन्त रोचक प्रतीत होगा। भौतिक पढ़ते समय विविध स्वरूप तथा उनसे संबंधित नियमों पर विशेष ध्यान दीजिए। सदैव अपने को एक अच्छा जासूस समझिए और प्रत्येक कथ्य की गहराई से खोज कीजिए। वैसी दशाएँ पैदा कीजिए और उनका अध्ययन बारीकी से कीजिए। अपने-अपने पड़ोस में घटित होने वाली घटनाओं पर दृष्टि डालिए। उदाहरणार्थ नदी के कार्यों का अध्ययन करने हेतु आप बरसात के दिनों में स्कूल के अहाते अथवा खुले मैदानों में पानी की बहने वाली

छोटी-छोटी धाराओं का बारीकी से अध्ययन कीजिए। आपको बहते हुए जल के सभी कार्य स्कूल के अहाते में ही स्पष्ट रूप से दृष्टिगोचर होने लगेंगे। प्रकृति में सभी बालक को निम्न प्रश्नों के बारे में सोचना चाहिए–

(अ)–क्या

(ब)–क्यों और

(स)–कैसे?

भूगोल का अध्ययन करते समय भौगोलिक पर्यावरण का मनुष्य पर क्या प्रभाव पड़ता है। देखिए और सम्पूर्ण विश्व के प्राकृतिक प्रदेशों का सूक्ष्म तौर पर अध्ययन जरूर कर लीजिए। और यह भी स्मरण रखिए कि कौन सा प्राकृतिक प्रदेश कहाँ पर विद्यमान है। इसी तरह भूगोल विषय का आधुनिक स्वरूप इतना विस्तृत और गूढ़ हो गया है कि उसका व्यवस्थित अध्ययन विद्यालय में विविध स्तर की कक्षाओं में जरूरी हो गया है।

यह सर्वविदित कथ्य है कि आप बालक को जब स्वतन्त्र रूप से किसी भी स्थान पर आने-जाने के लिए छोड़ेंगे तो बालक नदी के किनारे बाग-बगीचों, तालाब पोखरों, एवं पेड़-पौधों के समीप जाकर खेलने में अधिक आनन्द की अनुभूति करते हैं। अर्थात् बालक प्रकृति के सान्निध्य में ही सर्वाधिक आनन्द की सुखानुभूति कहते हैं। इस कथ्य से यह बात स्पष्ट होती है कि बालक भौगोलिक वातावरण के समीप स्वयं जाना चाहता है।

भौगोलिक घटनाएँ प्रकृति के विविध तत्व जाने अनजाने में ही बालकों का ध्यान अपनी तरफ आकर्षित कर लेते हैं तथा बालक की जिज्ञासाओं को पैदा करते हैं। विद्यालयों में भूगोल अध्यापन आवश्यक होना चाहिए तभी बालकों की रुचि इस विषय में प्रति बढ़ाई जा सकती है। भूगोल जैसे जीवन्त एवं रोचक विषय का अध्ययन अपने परिवेश की जानकारी हेतु जरूरी है।

भूगोल का अभिप्राय

आंग्ल भाषा में भूगोल का समानार्थी शब्द ज्योग्राफी (Geography) है। ज्योग्राफी शब्द यूनानी भाषा के जी (Ge) और (Grapho) शब्दों से मिलकर बना है। जी (Ge) का आशय है पृथ्वी और ग्राफो (Grapho) का अर्थ है वर्णन करना। इस प्रकार ज्योग्राफी का सामान्य अर्थ है–पृथ्वी का वर्णन करना। परन्तु पृथ्वी का वर्णन किस पृष्ठभूमि अथवा किस दृष्टिकोण से करना चाहिए, इस विषय का विवेचन भूगोल के विद्वानों ने किया है।

भूगोल में भू-तल का अर्थ

भूगोल एक क्षेत्रीय विज्ञान है। इसमें धरती के बाहरी तल का चित्रण आधार रूप से किया जाता है और उससे संबंधित निचली शैल परतों एवं वायुमंडल की निचली परतों को भी उस आधारभूत अध्ययन में शामिल रखा जाता है। इसी मत से यह कहा जाता है कि भूगोल विज्ञान में पृथ्वी तल अथवा भूतल का अध्ययन होता है। भूगोल के वर्तमान अर्थ को समझने हेतु यह भूतल की आधारभूत संकल्पना ही मुख्य है। इसके हास भूगोल के वर्तमान अध्ययन क्षेत्र का स्पष्ट चित्रण हो जाता है। इस भू-तल में पृथ्वी के समस्त थल खण्डों और महासागरों के ऊपरी तल के अतिरिक्त थोड़ी गहराई तक के वे शैल परतर खनिज आदि भी शामिल हैं जिनका सीधा प्रभाव पृथ्वी पर पैदा वनस्पति वर्ग, जन्तु वर्ग और समस्त मानव वर्ग पर है तथा वायुमंडल की निचली परत का प्रत्यक्ष प्रभावकारी हिस्सा भी इस अध्ययन में शामिल रहता है।

भूगोल में किया जाने वाला पृथ्वी का अध्ययन पृथ्वी को मात्र एक खगोलीय ग्रह मानकर ही पूर्ण नहीं हो जाता अपितु भूतल संबंधी सभी प्रादेशिक अथवा स्थानिक संगठनों का अध्ययन भी जरूरी होता है। इसके साथ ही क्योंकि पृथ्वी तल पर सूर्य एंव चन्द्रमा का प्रत्यक्ष प्रभाव होता है इसलिए पृथ्वी के ग्रहीय संबंधों को भी समझना जरूरी है।

इस तरह भूगोल के अध्ययन में पृथ्वी तल अथवा भू-सतह में निम्नांकित चार पक्ष शामिल होते हैं–

(1) वायुमंडल विशेषतः इसकी निचली परत क्षोभमंडल जिसमें ऋतु जलवायु आदि की विविधताएं रहती हैं।

(2) पृथ्वी के ग्रहीय संबंध जो पृथ्वी के घृर्णन अथवा अक्षभ्रमण और परिक्रमण अथवा कक्षभ्रमण को प्रभावित करते हैं जिससे पृथ्वी के कृत्रिम उपग्रहों का संचालन भी प्रभावित होता है।

(3) पृथ्वी तल पर समस्त थल खण्डों एवं महासागरों के तल।

(4) पृथ्वी तल से थोड़ी गहराई तक की सीधी प्रभावकारी परत।

भूगोल की मान्य परिभाषाएँ

1. हार्टशार्न द्वारा–"भूगोल वह अनुशासन है जो पृथ्वी के एक स्थान से दूसरे स्थान तक परिवर्तनशील स्वरूपों का वर्णन और उनकी व्याख्या मानव के संसार के तौर पर करता है।"

2. रिट्टर द्वारा—"भूगोल में पृथ्वी तल कर अध्ययन किया जाता है जो कि मानव का निवास गृह है।"

3. कान्ट द्वारा—"भूगोल वह विज्ञान है जिसमें पृथ्वी के उस हिस्सा का अध्ययन किया जाता है जो कि मानव का घर है।"

4. शब्दकोश द्वारा परिभाषा—"भूगोल पृथ्वी के धरातल और उसके निवासियों का विज्ञान है।"

5. मोंकहाउस द्वारा—"भूगोल पृथ्वी तल का उसकी क्षेत्रीय भिन्नता के साथ मानवीय निवास के तौर पर अध्ययन है।"

6. रिचथ्रोफेन द्वारा—"भूगोल में पृथ्वीतल के विविध क्षेत्रों का अध्ययन उनकी समस्त विशेषताओं के अनुसार किया जाता है।"

भूगोल को विज्ञान सिद्ध करने वाली परिभाषाएँ

1. ब्रोएक—जॉन ब्रोएक भी एक प्रसिद्ध अमेरिकन भूगोलवेत्ता हैं। उसने भूगोल के सिद्धान्त एवं मन्तव्य पर एक पुस्तक और कई अलेख लिखे हैं, उसने भूगोल के अध्ययन में दो कथनों का सर्वप्रमुखता दी है।

(1) पृथ्वी तल का मानवीय संसार के तौर पर अध्ययन किया कथनों उसने लिखा है कि "मानवीय संसार के तौर पर पृथ्वी तल की विविधता का क्रमबद्ध ज्ञान भूगोल है।"

(2) पृथ्वी तल के क्षेत्रों की विविधता।

2. वूल्डरिज तथा ईस्ट की परिभाषा—"ब्रिटिश भूगोलवेत्ताओं, वूल्डरिज एवं ईस्ट ने अपनी पुस्तक में भूगोल की परिभाषा देते हुए लिखा है कि "भूगोल में भू-क्षेत्र तथा मानव का अध्ययन होता है।" उन्होंने तीन बातों को प्रमुखता दी है।

(1) पृथ्वी तल का वैज्ञानिक अध्ययन,

(2) कथ्यों के आपसी संबंध,

(3) पृथ्वी तल की विविधताओं के आधार पर पृथ्वी के विविध प्राकृतिक हिस्से जिनमें मानवीय क्रियाओं की विविधताएं भी शामिल रहती हैं।

3. डूडले स्टाम्प द्वारा इनकी परिभाषा को तीन तरह से लिखा गया है—

(1) भूगोल में पृथ्वीतल का वर्णन, क्षेत्रों की विविधताओं के आधार पर होता है।

(2) भूगोल में संसार का एवं उसके निवासियों का वर्णन होता है।

(3) भूगोल पृथ्वी का और मनुष्य परिस्थितियों का विज्ञान है।

4. हेटनर—"भूगोल क्षेत्रीय विज्ञान है जिसमें पृथ्वीतल के क्षेत्रों का अध्ययन उन भिन्नताओं तथा स्थनिक संबंधों की पृष्ठभूमि में किया जाता है।"

5. वर्तमान जर्मन भूगोलवेत्ता—"वर्तमान जर्मन भूगोलवेत्ताओं के अनुसार भूगोल वह विज्ञान है जिसमें पृथ्वी के विविध प्रदेशों का अध्ययन होता है।"

6. अमेरिका की विज्ञान अकादमी की भूगोल समिति द्वारा व्याख्यायित—"भूगोल यह पारभिाषित करता है कि पृथ्वी तल पर भौतिक वातावरण का उपनिकायों को किस प्रकार संगठित किया गया है और पृथ्वी पर कोई मानव वर्ग भौतिक लक्षण के संबंध में तथा दूसरे मानव वर्गों के संबंध में अपने को किस प्रकार वितरित किया है।"

7. टाफ्फी—अमेरिकन भूगोलवेत्ता टाफ्फी के विचारनुसार : "भूगोल पृथ्वी तल पर स्थानिक संगठन के प्रक्रम तथा प्रारूपों का अध्ययन है।"

8. सोवियत भूगोलवेत्ता गैरसिमोव—व्याख्यायित भूगोल वह विज्ञान है, जो कि पृथ्वी तल के विविध क्षेत्रों में प्राकृतिक और मानवीय कथनों की पारस्परिक क्रियाओं द्वारा निर्मित सम्मिश्र-समाकल प्रदेशों की व्याख्या करता है।

9. हैगेट—ब्रिटिश भूगोलवेत्ता पीटर हैगेट के अनुसार भूगोल वह विज्ञान है जो पृथ्वीकरण पर मानव-वातावरण के परिस्थितिक तत्त्व और प्रदेशों के स्थानिक तन्त्र की संरचनाओं तथा पारस्परिक क्रियाओं का अध्ययन करता है।

10. हरमेन लॉटन्साव—भूगोल विज्ञान में पृथ्वी के थल का अध्ययन उत्पत्यक कारणात्मक और कार्यात्मक दृष्टिकोणों से किया जाता है।

11. ल्यूकरमैन—"ल्यूकस्मैन ने भूगोल में विविध क्षेत्रों के कथनों की जानकारी को प्रमुखता दी है।"

भूगोल का स्वरूप

भूगोल के स्वरूप को हम निम्न वर्गों में रख सकते हैं। यह वर्गीकरण समय और काल के आधार पर किया गया है। इसका वैज्ञानिक आधार तो प्राप्त नहीं है। किन्तु उपलब्ध ऐतिहासिक सूचना के आधार पर निम्नांकित वर्गों में भूगोल को विभक्त किया गया है।

1. प्राचीन स्वरूप,
2. मध्यकाल में भूगोल का स्वरूप,
3. आधुनिक काल में भूगोल का स्वरूप।

1. भूगोल का प्राचीन स्वरूप

भूगोल के आधुनिक रूप को ठीक तरह से समझने हेतु जरूरी है कि उसके प्राचीन रूप को भी समझा जाए। भूगोल एक ऐसा प्राचीन विषय है। अतीत काल से ही मानव पृथ्वी की आकृति और उसकी विविधता के विषय ने जिज्ञासु रहा है। मानव स्वभाव से ही जिज्ञासु प्राणी है। अपने निवास-स्थान के अतिरिक्त वह दूसरे भागों के निवासियों के विषय में जानकारी प्राप्त करने का प्रयत्न करता रहा है। अर्थात पृथ्वी के दूसरे भागों के निवासी क्या खाते हैं, क्या पहनते हैं, कैसे मकानों में रहते हैं, तथा वहाँ का मुख्य भोजन क्या है, आदि कुछ ऐसे प्रश्न है, जिनकी जानकारी हेतु मानव सदैव प्रयत्नशील रहा है। अपनी जिज्ञासा को तृप्त करने हेतु मनुष्य ने दुर्गम वनों तथा पर्वतों को पार किया है एवं हजारों मील की यात्रा की है। ऐतिहासिक आधार पर भूगोल का उपयोग एक ज्ञान विकास के साधन के तौर पर 300 वर्ष पूर्व हुआ था। नील, सिन्धु, दजला फरात आदि घाटियों में पर्याप्त विकसित सभ्यताएँ निवास करती रही है। यहाँ के निवासी विविध कलाओं में निपुण थे अतएव अवकाश के समय अपनी भौगोलिक जिज्ञासाओं को भी तृप्त किया करते थे परन्तु इस काल में भूगोल का स्वरूप वर्णनात्मक एवं पद्यात्मक था। कहीं-कहीं पर कल्पना का पुट भी मिश्रित दिया जाता था। शक्तिशाली राजाओं की युद्धप्रियता ने भी भूगोल के विकास में परम योग दिया है।

जो शासक जिस प्रदेश को विजित करने की इच्छा रखते थे वे उस प्रदेश में मानचित्र भी बनवाते थे। इस प्रकार मानचित्र बनवाने की कला का भी विकास हुआ। इस कला का प्रमुखता से उपयोग राजनैतिक व सैनिक आवश्यकताओं को ध्यान में रखकर किया जाता था। विजयी सैनिक पराजित देश से लौटकर वहाँ के निवासियों की वेशभूषा तथा खान-पान का वर्णन करने के साथ-साथ उस प्रदेश की नदियों-पर्वतों आदि का वर्णन करते थें

भूगोल की वास्तविक उन्नति यूनानियों के उत्थान के साथ-साथ हुई। उन्होंने ही सबसे भूगोल (geography) शब्द का उपयोग किया। इरेटास्थनीज ने (पृथ्वी संबंधी ज्ञान) के लिए (geography) शब्द का उपयोग किया। 'geo' शब्द का अर्थ है 'भूमि' (earth) और (graphy) शब्द का अर्थ है 'वर्णन' (discription)। इस प्रकार ज्योग्राफी शब्द पृथ्वी के वर्णन के लिए उपयोग किया जाने लगा।

यूनानियों ने भूगोल का विकास समुद्री यात्राओं द्वारा ही किया। इस काल में समुद्री यात्राओं का विशेष प्रचलन था। दूसरे देशों को विजित करने की इच्छा ने

भी समुद्री यात्राओं को उत्साहित किया। इन साहसिक यात्राओं ने वर्णनात्मक भूगोल के विकास ने विशेष योग दिया।

यूनानी भूगोल जिज्ञासुओं ने ज्वालामुखी ज्वारभाटे, सामुद्रिक लही, भूचाल आदि के रहस्य को समझने का प्रयत्न किया। भूगोल की इस शाखा को प्राकृतिक दर्शन के नाम से पुकारा गया। प्रत्येक देश की प्राकृतिक परिस्थितियाँ वहाँ के मानव समुदायों को प्रभावित करती हैं, परन्तु उनका क्या प्रभाव पड़ता है इसका अध्ययन करने के लिए भूगोल की इस शाखा को मानव भूगोल (Human Geography) का नाम दिया गया।

यूनानी समुद्री यात्राओं के माध्यम से विजय के लिए कूप करते थे तो रोमवासी स्थल मार्गों द्वारा विजय यात्रा के लिए चलते थे। रोम की उन्नति का महत्त्वपूर्ण परिणाम यह निकला कि उसके साम्राज्य विस्तार के साथ-साथ यूरोप भर में विशाल स्थल मार्गों का जाल सा बिछ गया। इस स्थल मार्गों द्वारा सेनाये एक स्थान से दूसरे स्थान पर सरलता से आ-जा सकती थी तथा यात्रा में रुचि रखने वाले यात्रियों को भी सुविधा रहती थी। एक स्थान से दूसरे स्थान आते-जाते और देखे गए स्थलों का भी वर्णन करते थे। यह वर्णन राजनीतिक होते थे। कहीं-कहीं पर मानचित्रों का भी उपयोग होता था इस पर भी भूगोल का रूप वर्णनात्मक ही बना रहा।

2. मध्यकाल में भौगोलिक विचारधारा

मध्य युग ईसाई धर्म की मत धाराओं से पूर्णतया ओतप्रोत था। प्रत्येक बात को धार्मिक दृष्टिकोण से देखा जाता था। भौगोलिक कथ्य ईसाई विचारधारा से मेल नहीं खाते थे। अतएव उनकी प्रायः लगभग 1500 वर्ष तक भौगोलिक जिज्ञासाएँ शान्त पड़ी रही और भूगोल के अध्ययन के प्रति उदासीनता बनी रही। यदि कोई विद्वान भौगोलिक कथनों पर प्रकाश खोलता था तो उसे घृण की दृष्टि से देखा जाता था उसे नास्तिक माना जाता था। धर्मान्धता के कारण वैज्ञानिक दृष्टिकोण का ह्रास हो गया था। गैलिलियो एवं कोपरनिकस को पृथ्वी को गोल तथा गतिशील कहने पर कई शारीरिक कष्ट सहने पड़े थे। मुसलिम काल में भूगोल ने पर्याप्त उन्नति की। इस युग ने मानचित्र बनाने पर विशेष तौर पर ध्यान दिया जाने लगा। नक्षत्र विद्या और ज्योतिष विद्या के क्षेत्र में महत्त्वपूर्ण अनुसंधान किए गए। मरुस्थल की यात्रा में रात को मार्ग खोजने हेतु यात्रियों को नक्षत्र विद्या विशेष रूप से मददगार होती थी। पर अभी भी भूगोल को एक स्वतंत्र विषय के तौर पर पाठ्यक्रम में स्थान नहीं दिया गया था।

पन्द्रहवीं सदी में शिक्षा का पर्याप्त विकास हुआ तथा साथ ही व्यापार के लिए नये मार्गों की खोज की गई। नये प्रदेशों के रहस्यों को समझने के लिए मार्कोपोलो, बास्काडिगामा, कोलम्बस, मैगलन आदि ने साहसिक यात्राएँ करके नये प्रदेशों की खोज की एवं उसका सजीव वर्णन कर भूगोल का विस्तार किया। इन यात्रियों ने खोजे गए प्रदेशों के निवासियों, पर्वतों और नदियों का वर्णन किया। मार्कापोलो ने चीन की यात्रा की और वहाँ के प्रदेशों का वर्णन किया। पुर्तगालियों ने भी कई प्रदेशों की खोज की तथा मानचित्रों के निर्माण में भी विशेष योग दिया। पूर्वी द्वीप समूह की खोज का श्रेय भी पुर्तगालियों को ही जाता है।

उपरोक्त वर्णन के आधार पर कहा जा सकता है। इस युग तक भूगोल भौगोलिक यात्राओं के तौर पर पढ़ा जाता था। भूगोल के अध्ययन में विविध नामों को ही याद किया जाता था। विविध स्थानों, पर्वतों तथा बन्दरगाहों आदि के नामों को रट लेना ही भूगोल के ज्ञान को विकसित करना था परन्तु यह नाम आदि भी सब यात्राओं में दिए गए वर्णनों के आधार पर ही स्मरण किए जाते थे। इस कारण ही इस काल में भूगोल का नाविक भूगोल नाम पड़ा। अभी तक भौगोलिक कथ्य अस्त व्यस्त थे। उनको न तो ठीक तरह से व्यवस्थित किया गया था और न ही वैज्ञानिक ढंग से वर्गीकृत ही। एच. एन. सिंह के मतानुसार "भौगोलिक कथनों को कोई समुचित संगठन नहीं था और न कोई वैज्ञानिक वर्गीकर ही हुआ था। यह एक तालिकामों के समान था, जिसमें अस्पष्ट मनमाने बेढंग तौर पर अनेक नाम एकत्रित कर दिए गए थे। उनमें कोई संबंध और एकता न थी पृथ्वी के धरातल विषय की जानकारी को सामूहिक ढंग से भूगोल की सज्ञा दी गई थी बिना सोचे समझे ही सूभ्यों को रटा देना ही भूगोल अध्यापन की मान्य प्रणाली थी छात्र पर्वतो, नदियों, खाडियों आदि के नाम आँख भींचकर याद कर लेते थे चाहे उन्हें उनके महत्त्व का कुछ ज्ञान होता हो अथवा नहीं। दूसरे शब्दों में इस युग की भूगोल अध यापन की प्रणाली पूर्णत अमनोवैज्ञानिक थी।"

3. आधुनिक काल में भौगोलिक विचारधारा

भौगोलिक ज्ञान के विकास हेतु सबसे ज्यादा महत्त्वपूर्ण युग बीसवी सदी का है। उस युग के भूगोलवेत्ताओं ने प्रकृति आदि के अध्ययन के साथ-साथ मानव के अध्ययन की ओर भी रुचि प्रकट करना आरम्भ कर दी। अब पर्वत, नदी सागर आदि की उपेक्षा क्रियाशील मानव को अधिक महत्त्व दिया जाने लगा। वाइडल डीलाब्लास, वून्स आदि भूगोलवेत्ताओं ने उन्नीसवीं सदी की प्रकृति को पृष्ठभूमि में

फेंके हुए मानव को सही स्थान में लाकर खड़ा किया। भौगोलिक वातावरण मनुष्य को प्रभावित करता है परन्तु मनुष्य अपनी बुद्धि गतिशीलता, युक्ति, वैज्ञानिक अन्वेषकों द्वारा प्रकृति के साधनों का उपयोग करता है वास्तव में मनुष्य केवल प्रकृति का दास बनकर ही नहीं रहता वरन् उस पर विजय प्राप्त करने की उसकी प्रवृत्ति भी रही है।

भूगोल के अध्ययन में मनुष्य को महत्त्व देने का सबसे बड़ा लाभ यह हुआ कि भूगोल एक सामाजिक ज्ञान के अन्तर्गत माना जाता था भूगोल के आधुनिक स्वरूप भी प्रकाश डालते हुए हरनारायण सिंह ने लिख है "भूगोल में धीरे-धीरे मानवीय अध्ययन का समावेश हुआ और इसके अध्यापन में भी मानव जीवन को अधिक महत्त्व दिया जाने लगा। भूगोल मनुष्य के क्रिया-कलापों से संबद्ध है। भूगोल का अध्ययन केन्द्र मानव हैं। और मानव को ही प्रधानता देकर भूगोल का विषय और क्षेंत्र निर्धारित किया जाता है। भूगोल एक ऐसा विज्ञान है जिसके द्वारा भूमि और मानव के मध्य संबंध का बोध होता है।" मानव क्रियाएँ-प्रतिक्रियाएँ आवश्यकताएँ ही भौगोलिक अध्ययन का विषय है। स्पष्ट है कि भूगोल में नदी पर्वत तथा ज्वालामुखी का अध्ययन करने के साथ-साथ मनुष्य से संबंधित क्रिया-कलापों का अध्ययन किया जाता है।

वर्तमान काल में भूगोल की परिभाषा

फेयस्ग्रीव के शब्दों में "भूगोल का कार्य भावी नागरिकों को इस भाँति शिक्षित करना है जिससे वे विश्वमंच की परिस्थितियों की सही-सही कल्पना कर सकें और इस प्रकार अपने आसपास बिखरी राजनैतिक और सामाजिक कठिनाइयों पर बुद्धिमतापूर्वक मनन करने पर उन्हें मदद प्राप्त हो सके।"

दूसरे स्कूली विषयों के साथ भूगोल का संबंध

भूगोल की उपयोगिता इसलिए अधिक है कि वह नागरिकता एवं महत्त्वपूर्ण जीवन के लिए व्यावहारिक ज्ञान प्रदान करता है। भूगोल भौतिक एवं सामाजिक विज्ञानों के मध्य की कड़ी है। इस विषय का विस्तार इतना व्यापक हैं कि मानव जीवन का कोई अंग इससे अछूता नहीं रह जाता है। मनुष्य जितने भी कार्य करता है उनके पीछे कुछ न कुछ भौगोलिक महत्त्व है। भूगोल का संबंध एक ओर तो भौतिक विज्ञानों जैसे रसायन शास्त्र, भूगर्भ विद्या आदि से हैं और दूसरी ओर अर्थशास्त्र इतिहास जैसे सामाजिक विज्ञानों से हैं। अपनी महत्ता और स्थिति के

कारण भूगोल का पाठ्यक्रम अन्य विषयों से घनिष्ठ अन्तर्संबंध स्थापित किया जा सकता है। अतएव अध्यापन में भूगोल का सहसंबंध अन्य विषयों से स्पष्ट करना अत्यन्त जरूरी और उपयोगी होता है।

भाषा एवं भूगोल का परस्पर संबंध

भाषा एवं भूगोल दोनों का ही घनिष्ठ संबंध है। भाषा की शिक्षा में हम भौगोलिक तथ्यों को भली प्रकार स्थान दे सकते हैं। प्राचीन समय से ही प्रसिद्ध कवियों ने प्राकृतिक वातावरण की वस्तुओं के विषय में कविताएँ लिखी है। हिमालय, गंगा नदी, भारत भूमि सदैव कवियों के प्रिय विषय रहे हैं। बहुत से लेखकों और कवियों ने भौगोलिक विषयों पर ही अपनी लेखनी चलाई है। इस तरह अध्यापक भौगोलिक विषय का ज्ञान विषय को पढ़ाते समय समय कर सकता है।

इतिहास एवं भूगोल का अन्तर्संबंध

यह दोनों विषय एक ही सिक्के के दो पहलू हैं। इतिहास के ज्ञान हेतु भूगोल का ज्ञान अत्यंत जरूरी है। दोनों ही विषय मनुष्य का अध्ययन करते हैं लेकिन विविध उद्देश्यों से भूगोल विश्व रंगमंच का अध्ययन करता है जिस पर मानव जीवन का नाटक खेला जा रहा है एवं इतिहास नाटक का वर्णन करता है। रंगमंच तथा नाटक में पारस्परिक घनिष्ठ संबंध है उसी तरह भूगोल और इतिहास में भी गहरा संबंध है। इतिहास काल का आधार लेकर चलता है और भूगोल स्थान का। अतएव इन दोनों विषयों में घनिष्ठ संबंध स्वाभाविक है इसीलिए भौगोलिक अवस्था ही इतिहास का आधार है।

भूगोल एवं राजनीति शास्त्र का अन्तर्संबंध

भूगोल तथा राजनीति में भी घनिष्ठ संबंध स्थापित किया जा सकता है। किसी स्थान की भौगोलिक स्थिति उसके राजनीतिक महत्त्व को बढ़ा देती है यथा—दक्षिणी-पूर्वी एशिया तथा कोरिया की स्थिति ने उसके राजनीतिक महत्त्व को इतना बढ़ा दिया है कि रूस एवं संयुक्त राज्य अमेरिका दोनों ही उन्हें अपने प्रभाव में रखने क होड़ लगाए हुए हैं। दक्षिणी पश्चिमी एशिया में पेट्रोलियम पाए जाने के कारण विश्व के बड़े-बड़े राष्ट्र इन पर आधिपत्य पाने की कोशिश करते हैं। भूगोल का राजनीति से इतना घनिष्ठ संबंध है कि भूगोल का एक उपभाग राजनीतिक भूगोल के नाम से विख्यात है। बहुत से राजनीतिक प्रश्नों और कठिनाइयों का समाधान भूगोल की मदद से ज्ञात किया जा सकता है।

भूगोल एवं अर्थशास्त्र का अन्तर्संबंध

भूगोल एवं अर्थशास्त्र में इतना घनिष्ठ संबंध है कि भूगोल के एक विभाग को आर्थिक भूगोल कहा जाता है। कृषि कारोबार पशु चराना मछली शिकार करना आदि कार्य भौगोलिक परिस्थितियों के परिणाम है। कोयले तथां लोहे की निकट स्थिति किसी स्थान के औद्योगिकीकरण में मदद देती है। रेगिस्तान में लोग सदैव खानाबदोश जीवन व्यतीत करते हैं। इन सभी बातों का उत्तर हमें भूगोल से ही प्राप्त होता है। किसी प्रदेश में किसी वस्तु की आवश्यकता तथा उसकी उत्पत्ति और व्यापार भौगोलिक परिस्थितियों पर ही निर्भर रहते हैं। किसी प्रदेश की आर्थिक व्यवस्था का विकास भी भूगोल पर निर्भर रहता है। किसी देश के निवासियों की समृद्धि तथा निर्धनता बहुधा भौगोलिक वातावरण की उपयुक्ता तथा अनुपयुक्तता पर ही निर्भर रहती है।

भूगोल का केवल सामाजिक विषयों से ही घनिष्ठ संबंध नहीं है वरन् उसका संबंध विज्ञान विषयों के साथ भी उतना ही है। जिस का वर्णन नीचे किया जा रहा है।

भूगोल एवं गणित का अन्तर्संबंध

गणित के बहुत से प्रश्नों को जीवन से संबंधित बनाने के लिए भौगोलिक बातों का आश्रय लिया जा सकता है। उपज् आयात-निर्यात् बिक्री तथा जनसंख्या आदि से संबंधित भौगोलिक बातें गणित के प्रश्न बनाए जा सकते हैं। गणित, भूगोल, पैमाना, मानचित्र बनाने कन्टू क्षेत्रफल, जनसंख्या का वितरण ग्राफ, चार्ट, आंकड़े आदि पढ़ान में अध्यापक गणित के ज्ञान से लाभ उठा सकता है। गणित के जिन सिद्धान्तों की आवश्यकता भूगोल में पड़ती है, उनसे सरल संबंध स्थापित कर अध्यापक भूगोल-अध्ययन को उत्तम् बना सकता है। तुलनात्मक दृष्टि से भूगोल का वर्णन करने में गणित की मदद ली जा सकती है।

भूगोल एवं विज्ञान का परस्पर संबंध

भूगोल का निकटतम संबंध विज्ञान से भी है। अतएव भूगोल-अध्यापन में भौतिक विज्ञान, रसायन शास्त्र, भूगोल शास्त्र, जीव विज्ञान, कृषि विज्ञान आदि से सह संबंध करना आवश्यक होता है। भूगोल में अनेक बातें विज्ञान के क्षेत्र से आई है। भौगोलिक कथनों और सिद्धान्तों को समझने के लिए अनेक वैज्ञानिक सिद्धान्तों की जानकारी आवश्यक है। प्राकृतिक भूगोल में जलवायु, वायुसार वायुगति और जल

धाराएँ पृथ्वी की दैनिक तथा वार्षिक गतियाँ, वनस्पति प्रदेश ज्वालामुखी और भूचाल, खनिज पदार्थ और मिट्टी के अध्यापन में संबंध परमावश्यक है। उन सिद्धान्तों को समझे बिना भूगोल का ज्ञान पूर्ण नहीं हो सकता। भूगोल का सुयोग्य अध्यापक पढ़ाते समय विज्ञान से सहसंबंध स्थापित करने का अवसर हाथ से जाने नहीं देता है। भूगोल अध्यापक को विज्ञान के परिणामों का उपयोग करना भी आवश्यक है। यह भी ध्यान रखना चाहिए कि भूगोल की कक्षा विज्ञान की कला नहीं है। आवश्यक संबंधों पर ही बल देना चाहिए।

भूगोल का कला एवं क्रापट से परस्पर संबंध

भूगोल का कला एवं क्रापट से भी सहसंबंध आसानी से स्थापित किया जा सकता है। मानचित्र बनाने, माडल बनाने, चित्रों आदि के बनाने में कला का उपयोग करते हैं। क्रापट का अध्यापक छात्रों से ऐस्किमो के घरों का माडल बनवा सकता है। रेखाचित्र, संकेतक, तिपाई, स्टैण्ड आदि का काम इस कार्य के लिए उपयुक्त है। बालकों के मानसिक विकास के लिए कला की शिक्षा आवश्यक है।

वर्ग अध्यापन में भूगोल

भूगोल की जानकारी के अभाव में हम संसार को अच्छी तरह नहीं समझ सकते। आज के युग में भी विविध सांसारिक कठिनाइयों के लिए जरूरी है कि भूगोल का अध्ययन ठीक प्रकार से किया जाए। किसी भी सांस्कृतिक या व्यावसायिक शिक्षा प्रणाली ने भूगोल का महत्त्वपूर्ण स्थान होना निर्विवाद है। अगर सभी पाठ्यक्रम विषय हटा दिए जाएँ, और बच्चे को प्रकृति से शिक्षा लेने दी जाए तो भी दूसरे विषयों की अपेक्षा उसकी रुचि भूगोल में ज्यादा होगी।

विषय की उपयोगिता के कारण भूगोल को प्राथमिक, माध्यमिक तथा उच्च माध्यमिक तथा उच्च शिक्षा के पाठ्यक्रमों में प्रमुख स्थान प्राप्त है। इधर कुछ दिनों से संयुक्त-राज्य अमेरिका में वहाँ की विशेष परिस्थितियों के कारण भूगोल को सामाजिक अध्ययन का अंग बना दिया गया है। किन्तु विश्व के अधिकांश लोग अनुभव करने लगे हैं कि भूगोल का पाठ्यक्रम में समुचित स्थान और उसका सही अध्ययन होना चाहिए। भूगोल के विस्तृत ज्ञान कोष से विविध स्तर के पाठ्यक्रमों में कितनी बातें रखी जाए? इसका चुनाव भी महत्त्वपूर्ण है। अगर अध्यापक विषय के महत्त्व को भली प्रकार समझता है, और विश्व में उसकी स्वाभाविक रुचि है तो वह सही ढंग से इसका चुनाव कर सकता है।

भू-पटल की समस्त जानकारी कराने में भूगोल का विषय अत्यन्त दुरूह हो जाएगा। अतएव मानव जीवन को प्रभावित कराने वाले उन्हीं संबंधों की समस्त जानकारी कराने वाले उन्हीं संबंधों का चुनाव जरूरी है जो सांस्कृतिक और प्राकृतिक ढांचों के मध्य सामंजस्य स्थापित करते हैं तथा सभी प्रदेश को एक विशेष रूप प्रदान करते हैं। आइजन हॉवर के शब्दों में ''भूगोल मानवता का आधार है। मानवता की शिक्षा के बढ़ते हुए प्रभाव को पूर्ण करने में भूगोल सबसे बड़ा सहायक है।" आधुनिक भूगोल अपनी परिभाषा से ही शक्ति का आधार है। इस उद्देश्य की प्राप्ति हेतु जरूरी है कि भूगोल समुचित ढंग से बुद्धिमानी एवं सच्चाई के साथ पढ़ाया जाए।

भूगोल का दैनिक जीवन में महत्त्व

भूगोल हमें मनुष्य उसके निवास स्थान (पृथ्वी) के विश्व में बताता है, यह स्वाभाविक तथा सही है कि प्रत्येक व्यक्ति पसन्द करेगा कि जिस पृथ्वी पर यह रहता है उसके विषय में कुछ ज्ञान प्राप्त करे।''

पृथ्वी तथा प्राकृतिक वातावरण के विषय में जो हमारे जीवन को सदैव प्रभावित करते हैं, अधिक से अधिक जानने की प्रत्येक मनुष्य को उत्सुकता तथा उत्कण्ठा रहती है। अनेक मानवीय-समस्याओं की जड़ पृथ्वी के धरातल से संबंधित है। भूमि को उपज शक्ति, प्राकृतिक साधन जैसे-वन बनैले पशु खनिज पदार्थ तथा जलवायु के अन्तर आदि की इन कठिनाइयों के समझने तथा सूलझाने के लिए मनुष्य को पृथ्वी के धरातल तथा उसकी प्रकृति को समझना आवश्यक है।

पृथ्वी का भौगोलिक ढांचा, प्रकृति तथा सांस्कृतिक ढांचों को प्रभावित करता है। आधुनिक संसार में इस कथ्य को समझना अत्यन्त आवश्यक है। विविध भौगोलिक परिस्थितियों के मध्य उसके निवासियों के जीवन-सामजंस्य को समझने पर ही हम दूसरों के प्रति सहानुभूति रख सकते हैं। प्राकृतिक वातावरण तथा मानव क्रियाओं का अध्ययन करने के कारण यह केन्द्रीय विषय है। जैसे-मधुमक्खी विविध प्रकार के अनगिनत पुष्पों से मधु संचय करती है, ठीक वैसे ही भूगोल प्राकृतिक एवं सामाजिक विज्ञान के की मध्यस्थ कड़ी होने के नाते विषयों के रस को संग्रह करता है और हमें आवश्यक लाभप्रद ज्ञान प्रदान करता है।

बिना भौगोलिक ज्ञान के इतिहास का अध्ययन निर्जीव व रुचिकर व अरूचिकर होगा। इतिहास भूगोल के बिना निर्जीव मृतक समान है। वास्तव में भूगोल ही इतिहास को जीवन प्रदान कर गतिशील बनाता है तथा स्फूर्ति प्रदान

करता है। मानव विकास तथा ऐतिहासिक घटनाओं की व्याख्या बिना भौगोलिक ज्ञान के नीरस तथा अधूरी रह जाएगी। अतएव देश का राष्ट्र का अतीत और वर्तमान समझने के लिए भूगोल अत्यन्त महत्त्वपूर्ण विषय है। संसार की विविध संस्कृतियों को समझने में भूगोल से मदद मिलती है। इनकी मदद से हम विश्व संस्कृति में विविध स्थानों के निवासियों के योग को समझ सकते हैं।

निष्कर्ष

भूगोल के बारे में निष्कर्ष तौर पर प्रो. पी. ई. जेम्स ने ठीक ही लिखा है कि-

(1) भूगोल मानचित्र, रेखाचित्र आदि को पढ़ने और समझने में मदद पहुँचाता है।

(2) पृथ्वी तल पर विविध स्थानों में जलवायु, प्राकृतिक दशा, पशु तथा खनिज पदार्थों में अन्तरों के परिणामस्वरूप विविध प्रकार का मानव-जीवन देखने को मिलता है।

(3) भूगोल मानव की निरीक्षण शक्ति का विकास करता है। हर स्थल पर भूगोल में हम बहुत से प्राकृतिक एवं मानवीय क्रिया-कलापों को देखते हैं। दोनों में कार्य-करण संबंध स्थापित करने का प्रयास करते हैं।

(4) मानव तथा भूमि के संबंधों के अध्ययन में भूगोल भूमि-तत्त्व का प्रभावपूर्ण चित्र उपस्थित करता है। भूमि तत्त्व गें किसी स्थान की प्राकृतिक दशा, जलवायु, भूमि तथा अन्य प्राकृतिक परिस्थितियां शामिल हैं।

2

भूगोल अध्यापन : उद्देश्य एवं पाठ्यक्रम

भूगोल का अध्यापन करने वाले अध्यापक को अध्यापन के प्रमुख उद्देश्यों की जानकारी अनिवार्य रूप से होनी चाहिए। यह सही है कि किसी विषय के शिक्षण-उद्देश्य ही उसकी शिक्षण-विधियों निर्धारित करते हैं। सफल अध्यापक अपनी योग्यता एवं अध्यापन की क्षमता द्वारा हमेशा इन उद्देश्यों की पूर्ति करने का प्रयास करता है। पाठ्यक्रम के अलग-अलग विषय किसी न किसी सीमा तक शिक्षा के सामान्य उद्देश्यों की पूर्ति में सहायक होते हैं। शिक्षा के उद्देश्य ही विविध विषयों के अध्यापन के उद्देश्य हैं। फिर भी विषय के कुछ ऐसे विशेष उद्देश्य होते हैं, जिनकी पूर्ति उस विश्व के द्वारा ही ज्यादा सीमा तक सम्भव होती है और उन्हीं को ध्यान में रखकर उस विषय का अध्यापन किया जाता है। यही नियम भूगोल के साथ भी है।

किसी विश्व का अध्यापन उद्देश्य निर्धारित किए बगैर किया जाए तो छात्र का व्यवहार दिशाहीन हो जाता है। बालक के व्यवहार में अपेक्षित बदलाव का लक्ष्य ही भूगोल अध्यापन द्वारा निर्धारित किया जाता है। बालक के व्यवहार में कितना किस सीमा तक तथा किस तरह परिवर्तन किया जाए, इसका निश्चित उद्देश्यों से सम्भव है। छात्र उन लक्ष्यों को प्राप्त करने का प्रयास करता है, जो उसके लिए निर्धारित किए जाते हैं। बालक निर्धारित उद्देश्यों को तभी प्राप्त कर सकता है जब अध्यापन उद्देश्य प्रत्यक्ष रूप से निर्धारित किए जाएँ साथ ही शिक्षा

के विविध स्तर पर यथा-प्राथमिक स्तर माध्यमिक स्तर तथा उच्चतर माध्यमिक स्तर पर बालकों की मानसिक आयु एवं वास्तविक आयु के अनुसार निर्धारित किए जाएँ।

शिक्षक भी अपनी अध्यापन क्रिया सुनियोजित तथा व्यवस्थित ढंग से तभी कर सकते हैं जब उसके समक्ष शिक्षा के हर स्तर पर शिक्षा के उद्देश्य स्पष्ट हो। अध्यापक अपनी अध्यापन क्रियाओं अध्यापन के विविध सिद्धान्तों अध्यापन के विविध सूत्रों तथा अध्यापन युक्तियों, विविध सहायक सामग्रियों को तभी व्यवस्थित व सुनियोजित तौर पर प्रयुक्त कर सकते हैं जब अध्यापक हर उद्देश्य को स्पष्ट रूप से समझता है तथा उन्हें प्राप्त करने की दिशा में ईमानदारी से प्रयास करता है।

भूगोल के अध्यापन का प्रयोजन

भूगोल अध्यापन के कई उद्देश्य है जिनमें से निम्न मुख्य हैं–

(1) विश्वबन्धुत्व की भावना का विकास–भूगोल अध्यापन द्वारा छात्रों में देश-विदेश के निवासियों के प्रति सच्ची सहानुभूति पैदा की जा सकती है। संसार के विविध भागों का वर्णन वहाँ के निवासियों के रहन-सहन पर भौगोलिक परिस्थितियों का प्रभाव जान कर हम उनके जीवन को भली-भाँति समझ सकते हैं एवं हमें यह भी ज्ञान होता है कि विश्व के अलग-अलग देश किस प्रकार कच्चा माल तथा बनी हुई वस्तुएँ भेजकर व्यापार द्वारा एक दूसरे की मदद करते हैं और संकट के समय गेहूं तथा अन्य खाद्य पदार्थ द्वारा दूसरे देशों के निवासियों की जीवन रक्षा करते है। सयुंक्त राष्ट्र अमेरिका एवं आस्ट्रेलिया ने संकट काल में भारत को गेहूं देकर यहाँ के निवासियों की जीवन रक्षा की है। वर्तमान युग में कोई भी देश अकेला कूप-मण्डूक सहयोग से अपना कार्य करे। भूगोल का अध्यापक तथा विद्यार्थी सारे संसार को कुटुम्ब समझता है। उसके हृदय में मानवता के प्रति प्रेम एवं सहानुभूति जागृत हो जाती है। वर्तमान युग में जब भयंकर युद्धों से संसार भयभीत हो गया है, इस तरह की विश्वबन्धुत्व की भावना अत्यन्त आवश्यक है। इसके आधार पर विद्यार्थी, अपने देश तथा संसार को सुनागरिक बनाया जा सकता है। इस तरह विश्व में जन-तन्त्र बलवान होता है और हर देश के लोगों में अन्तराष्ट्रीय सद्भावना मैत्री पारस्परिक सहयोग सुख और शान्ति की बढ़ोतरी होती है।

(2) सामाजिक चेतना जागृत करना–भूगोल सामाजिक विषय है। इसके ज्ञान के आधार पर छात्र ठीक तरह अपने सामाजिक वातावरण का अध्ययन कर सकता है। अपने देश तथा दूसरे देशो की वर्तमान सामाजिक तथा राजनीतिक कठिनाइयों का अध्ययन उनकी आशाओं तथा आकांक्षाओं से तथा विश्व के

घटना-चक्र में उनके महत्त्वपूर्ण स्थान से परिचित कराते हुए उनमें एक विवेकपूर्ण दृष्टिकोण की सृष्टि करना ही भूगोल अध्यापक का वास्तविक ध्येय होता है। इंग्लैण्ड की स्पेन्स कमेटी की रिपोर्ट (1988) में भली प्रकार भूगोल अध्यापक के उद्देश्य की चर्चा की गई। भूगोल विश्व तथा उसमें प्राप्त विविध वातावरणों का ज्ञान कराता है जिससे छात्रों को सामाजिक तथा राजनीतिक प्रश्नों का यथार्थ ज्ञान होता है और दूसरे देशों के निवासियों के विषय में सहानुभूतिपूर्ण जानकारी होती है। उत्तम नागरिकता तथा सामाजिक गुणों के विकास में भूगोल का महत्त्वपूर्ण योग है। इस विषय के अध्ययन द्वारा ही हम प्रकृति तथा समाज दोनों में गहरा संबंध स्थापित करते हैं एवं व्यक्तियों और सामाजिक समुदायों के बीच रहने वाले अन्योन्श्रय संबंध से परिचित होते हैं। इस विश्व का अध्ययन करने से छात्रों में सामाजिक चेतना जागृत होती है।

(3) राष्ट्रीय एकता का विकास करना—भूगोल विश्व बन्धुत्व की भावना तो जागृत करता ही है, परन्तु देश-प्रेम की भावना को भी प्रोत्साहित करता है। विद्यार्थी अपने देश के भूगोल का अध्ययन करते हुए प्रकृति द्वारा दिए गए गगनचुम्बी विशाल पर्वत, जंगल, नदियों तथा खनिज पदार्थ आदि सुन्दर प्रकृतियाँ वरदानों का अध्ययन करते हैं जिनके कारण उनका देश प्रगति कर रहा है। इस तरह के अध्ययन तो बालकों के हृदय में देश-प्रेम पैदा होता है। देश-प्रेम की भावना का अधिक संकुचित तौर पर हमें नहीं समझना चाहिए। परन्तु शिक्षकों को मानव-पृथ्वी संबंध का उदार अवलोकन कराना है। देश-प्रेम की भावना जागृत करने के साथ अध्यापक को वसुधैव कुटुम्बकम के उच्च आदर्श की उपेक्षा नहीं करनी चाहिए।

(4) मानसिक शक्तियाँ का विकास करना—भूगोल के अध्ययन द्वारा अध यापक को छात्रों की मानसिक शक्तियों का विकास करना चाहिए। दूसरे देशों के निवासियों के जीवन के विषय में पढ़ते समय बहुधा हमें कल्पना करनी पड़ती है। पिगमीज पेड़ पर अपने मकान किस प्रकार बनाते होंगे। ऐस्किमों झगलू (बर्फ के बने मकानों) में किस प्रकार रहते होंगे। विविध प्रकार के देशों के विषय में पढ़ते समय हमें काल्पनिक चित्र बनाने पड़ते हैं। भूगोल अध्यापक को चाहिए कि वह बालकों की कल्पना शक्ति का भली प्रकार विकास करें।

भौगोलिक सिद्धान्तों के अध्ययन में तर्क, निर्णय तथा निरीक्षण शक्ति का विकास करें बम्बई कपास का तथा रंगून चावल का निर्यात क्यों करता है। गंगा का मैदान इतना चना क्यों हुआ है तथा राजस्थान की आबादी कम क्यों हैं। इन

सभी प्रश्नों का निर्णय क्या, कैसे और क्यों के आधार पर ही किया जाता है। 'कारण' और 'फल' में संबंध स्थापित करना भूगोल अध्यापक का उद्देश्य होना चाहिए। क्योंकि इससे छात्रों में तर्क तथा निर्णय शक्ति का विकास होता है। भौगोलिक तथा सांस्कृतिक वातावरण की सभी वस्तुओं का निरीक्षण करने के लिए प्रोत्साहित करना चाहिए। इस प्रकार अध्यापक को भूगोल द्वारा अन्य वैज्ञानिक विषयों की तरह छात्रों की निरीक्षण शक्ति, कल्पना, तर्क शक्ति, स्मरण शक्ति आदि मानसिक शक्तियों का विकास करना चाहिए। भौगोलिक कथनों की खोज में भी इन सभी मानसिक शक्तियों का विकास होता है। छात्रों में अपने आप सोचने की शक्ति भी पैदा होती है।

(5) जीविकापार्जन का उद्देश्य—भूगोल अध्यापन का उद्देश्य है कि छात्रों को ऐसा ज्ञान देना चाहिए जिससे जीविका कमाने तथा जीवन-यापन में मदद मिले तथा छात्र उस ज्ञान को दैनिक जीवन में विद्योपार्जन काल तथा उसके पश्चात भी उपयोग में ला सके। छात्र को उद्योग-धन्धों के विषय में ज्ञान तथा इस भौगोलिक ज्ञान को वे वाणिज्य-व्यवसायों, कृषि तथा उद्योग-धन्धों में उपयोग कर सकें। आजकल के युग में बहुत से जीवन क्षेत्रों में भौगोलिक ज्ञान की आवश्यकता होती है। सफल भूगोल अध्यापक को इस प्रकार का आवश्यक भौगोलिक ज्ञान प्रदान कर इस उद्देश्य की पूर्ति करता है।

(6) सौन्दर्य भावना का विकास—भूगोल प्रकृति-प्रेम पैदा करता है। कौन ऐसा मनुष्य होगा जिसका हृदय हिमालय की गगनचुम्बी बर्फ से ढकी हुई चोटियों को देखकर हर्ष से आनन्दित न होता होगा। सुन्दर हरे-भरे वन तथा उसमें बसने वाले पशु-पक्षी, झरनों का कलकल नाद हमेशा से मनुष्य की सौन्दर्य भावना तथा कलात्मक भावना को जागृत करता रहा है। भूगोल अध्यापक का कर्त्तव्य है कि छात्रों में सही रूप से सौन्दर्य भावना का विकास करें।

(7) अवकाश काल का सदुपयोग—भूगोल अध्ययन द्वारा छात्रों में यात्रा करने की रुचि, समाचार-पत्रों को पढ़ने की इच्छा तथा उनको प्रिय तथा रुचिकर लगने वाले कार्यों का प्रोत्साहित किया जा सकता है। ये समस्त कार्य अपने अवकाश-प्राप्त समय में कर सकते हैं। इस तरह उनका अवकाश-प्राप्त समय भी व्यर्थ नहीं जाता है।

(8) व्यापक दृष्टिकोण विकसित करना—भूगोल दिमाग को विशाल तथा विस्तृत बनाता है। स्थानीय संकुचित क्षेत्र में ऊंचा उठाकर हमें विशाल विश्व रंगमंच की कल्पना कराता है। अनभिज्ञ स्थलों तथा मनुष्यों के विषय में अध्ययन

करने से हमारी संकीर्णता, जातीयता एवं पृथकत्व की भावना दूर होती है : पृथ्वी के विशाल विस्तार तथा उसमें होने वाली विविध तरह की प्राकृतिक क्रियाओं (वर्ष भूकम्प, आँधी, ज्वालामुखी-उद्‌गार) के विषय में अध्ययन करने से मस्तिष्क उन्नत एवं विस्तृत होता है।

(9) नागारिकता का विकास—भूगोल अध्यापन का प्रयोजन यह भी है कि आज के छात्रों को जो कल के भावी नागरिक हैं, प्राकृतिक साधनों (भूमि, वन, कोयला, पेट्रोलियम और अन्य बहुमूल्य खनिज पदार्थों) का सही तथा मितव्ययिता से उपयोग करना चाहिए। प्रकृति द्वारा दिए हुए वन एवं खनिज पदार्थ सीमित मात्रा में हैं, उनके जल्द समाप्त होने से देश में संकटकालीन परिस्थिति पैदा हो सकती है। भूगोल अध्यापक छात्रों में इस चेतना को जागृत कर सकता है और उन्हें इन बहुमूल्य तथा सीमित मात्रा में प्राप्त होने वाली प्रकृति द्वारा दी हुई वस्तुओं का संरक्षण सिखा सकता है। मानव द्वारा प्राकृतिक साधनों, का जो दुरुपयोग भूतकाल में हुआ है, वह किसी से छिपा नहीं है। लोगों द्वारा लापरवाही से जगल काटे गए, जिसके दुष्परिणामस्वरूप भूकम्प कटाव शुरू हुआ और उपजाऊ भूमि नदियों द्वारा समुद्र में बहा कर ले जायी गई। बाढ़ों का प्रकोप हुआ और विविध प्रकार की बीमारियाँ फैली। इन सबके परिणामस्वरूप खेती की अवनति हुई। एक प्राकृतिक साधन जंगल के नष्ट होने से कितनी आपत्तियाँ मनुष्य पर आई। इस तरह उदाहरणों द्वारा भूगोल अध्यापक छात्रों कोइन प्रकृति द्वारा दिए हुए साधनों का महत्त्व बताकर उन्हें इन सभी प्राकृतिक साधनों का सावधानी से संरक्षण करने की शिक्षा दे सकता है।

(10) आर्थिक विकास करना—भौगोलिक जानकारी की मदद से आज कल के युग में प्रादेशिक आधार पर 'आर्थिक विकास की योजनाएँ बनाई जा सकती है। प्रादेशिक आधार पर किसी विशाल राष्ट्र के प्रकृति वन साधनों को ध्यान में रखकर उसे छोटी-छोटी इकाइयों में बाँटा जा सकता है। इन छोटी प्राकृतिक इकाइयों की नैसर्गिक दशा जलवायु, वनस्पति, खनिज पदार्थ आदि का आकलन कर इस क्षेत्र हेतु सफल आर्थिक योजनाएँ बनाई जा सकती हैं। भारत जैसे विशाल देश हेतु, प्राकृतिक प्रदेशों के आधार पर ही छोटे-छोटे भागों में विभक्त करके सफल योजनाएँ बनाई जा सकती है।

(11) भौगोलिक स्थिति का ज्ञान कराना—भूगोल अध्यापन का प्रयोजन है कि वह छात्रों ने नित्य प्रति होने वाली घटनाओं में रुचि पैदा करे। भूगोल हमें विविध स्थानों का ज्ञान कराता है, किसी महत्त्वपूर्ण घटना में हमारी रुचि अधिक

हो जाती है यदि हमें इस घटना के होने वाले स्थान की स्थिति का ज्ञान होता है। खम्भात की खाड़ी में तेल पाए जाने वाली घटना में हमारी रुचि और भी अधिक हो जाती है। यदि हमें इस स्थान की भौगोलिक स्थिति का ज्ञान होता है, चाहे यह ज्ञान केवल मानचित्र देखने से ही क्यों न हो।

(12) भौगोलिक परिस्थितियों के प्रभाव को स्पष्ट करना—मानव जीवन पर पड़े हुए, भौगोलिक परिस्थिति के प्रभाव को स्पष्ट करना भी भूगोल अध्यापन का उद्देश्य है। मानव जीवन पर प्रकृति नियन्त्रण मनुष्य का स्वयं को प्रकृति के अनुकूल बनाना, भिन्ना-भिन्न भागों के निवासियों के जीवन तथा प्राकृतिक वातावरण के सम्बन्धों को स्पष्ट करना तथा भौगोलिक कथनों कारणों को निश्चत करना, भूगोल अध्यापन के उद्देश्य है।

(13) तुलनात्मक स्थान निर्धारित करना—भूगोल अध्यापन का उद्देश्य है कि मनुष्य को अपनी स्वयं तथा अपने वातावरण की तुलना अन्य लोगों से कराने में सहायक हो सके। भूगोल के ज्ञान द्वारा ही मनुष्य संसार में अपनी वास्तविक स्थिति निश्चित करता है। और यह बताता है कि अन्य व्यक्तियों के बीच उसका क्या स्थान है जिससे वह अपने मूल्य को बिना घटाये-बढ़ाए लगाकर अपना यथार्थ महत्त्व समझ सकता है और अपने से दूसरों के प्रति नागरिकता के कर्त्तव्य भली-भाँति पूर्ण कर सकता है। आज के छात्र भावी नागरिक हैं, भूगोल अध्यापक को छात्रों को प्राकृतिक साधनों का महत्त्व बताना चाहिए तथा उनके संरक्षण की शिक्षा भी उन्हें देनी चाहिए। वन जैसे प्राकृतिक साधन को नष्ट करने से मनुष्य पर कितनी आपत्तियाँ आ सकती है।

उपर्युक्त उद्देश्य शिक्षा के प्रत्येक स्तर के लिए प्रासंगिक है, किन्तु शिक्षा के प्रत्येक स्तर पर जब छात्र-छात्राओं की मानसिक योग्यता का स्तर अलग-अलग होता है, अध्यापन उद्देश्यों का स्पष्ट होना अत्यन्त आवश्यक है। प्राथमिक कक्षाओं, माध्यमिक स्तर की कक्षाओं तथा उच्च स्तर माध्यमिक स्तर की कक्षाओं में छात्र-छात्राओं का मानसिक स्तर ग्रहण करने की क्षमता संवेगात्मकता तथा बोध स्तर अलग-अलग होते हैं। अतएव प्रत्येक स्तर पर भूगोल अध्यापन के उद्देश्य स्पष्ट रूप से निर्धारित किए जा सकते हैं यथा—

बुनियादी स्तर पर भौगोलिक अध्यापन का प्रयोजन

प्राथमिक स्तर पर भूगोल अध्यापन में उद्देश्य बालक की क्षमताओं को देखकर ही क्रियानुसार निर्धारित करना चाहिए। इस स्तर पर बालक की शारीरिक

और मानसिक शक्तियाँ अधिक परिपक्व तथा स्थाई हो जाती है। बाह्य जगत के प्रति बालक की रुचि तथा कुतुहल और भी बढ़ जाता है। उसकी अनुसन्धान की प्रवृत्ति तीव्र हो उठती है। वे वस्तुएँ तथा उनके विषय में जानकारी को एकत्रित करने में रुचि लेने लगते हैं। बालक की निरीक्षण शक्ति भी बढ़ जाती है एवं प्रत्येक वस्तु को सही-सही समझने का प्रयास करता है। घर से स्कूल आते समय अथवा सैर के समय बालक प्रत्येक वस्तु को देखता है। उसकी स्मरण-शक्ति में बढ़ोतरी होती है तथा उसका मस्तिष्क वस्तुओं को शीघ्र ग्रहण कर लेता है। बालक इस समय वस्तुओं तथा अनुभवों को जमा करने में लगे रहते हैं। शुरूआती अवस्था में अविवेक से एकत्रित किए हुए विचारों को बालक क्रम से रखने तथा विश्लेषण करने में अपनी-अपनी बुद्धि का प्रयोग करने लगते हैं।

तकरीबन 11 अथवा 12 वर्ष के निकट उनकी आत्म-चेतना शीघ्रता से विकसित होती है एवं अध्यापक द्वारा की गई प्रशंसा अथवा निन्दा का उनके मस्तिष्क पर शीघ्र प्रभाव पड़ता है। अतएव अध्यापक को बड़ी सतर्कता से कक्षा में इनका उपयोग करना चाहिए। छात्र अपनी रुचि के अनुसार अपने समूह बना लेते हैं एवं अपने कक्षा में से नेता चुन लेते हैं। बच्चों की इस प्रवृत्ति के कारण सामूहिक योजनाएँ अक्सर सफल हो जाती हैं इस वय के बच्चों में संग्रह भाव अनुकरण उत्सुकता रचना आदि प्रवृत्तियों होती है। इस स्तर पर भूगोल अध्यापन के उद्देश्य निम्नांकित हो सकते हैं–

(1) भूगोल अध्यापन का एक मुख्य उद्देश्य यह है कि छात्र-छात्राओं जो राष्ट्र के भावी नागारिक हैं, को प्राकृतिक साधनों का सही एवं मितव्ययिता से उपयोग करना चाहिए।

(2) भूगोल विषय के प्रति बालक की जिज्ञासा एवं रुचि को आकर्षित करना।

(3) छात्र-छात्राओं में भूगोल अध्यापन द्वारा विश्व बन्धुत्व की भावना पैदा करना एवं मानवीय मूल्यों भ्रातृत्व आदि गुणों को विकसित करना।

(4) भूगोल के सामान्य कथनों तथा उसकी पारिभाषिक शब्दावली से बालक को परिचित कराना।

(5) बालक के क्रमशः विकसित होने वाली जीवन की गति को सफल नागरिकता की दिशा में मोड़ना।

(6) भूगोल के अध्ययन द्वारा अध्यापक को बालक-बालिकाओं की मानसिक शक्तियों का विकास करना चाहिए।

(7) भूगोल अध्यापन द्वारा छात्र-छात्राओं में कल्पना, चिन्तन, तर्क शक्ति का विकास करना।

(8) छात्र-छात्राओं में भौगोलिक क्रियाविधि को विकसित कराना।

मध्य स्तर पर भौगोलिक अध्यापन का प्रयोजन

यह किशोरावस्था की शुरूआती अवस्था है। बच्चों का शारीरिक विकास शीध्रता से होता है। इस स्तर पर बालक की मानसिक अवस्था में बदलाव होता है। वह वास्तविकता तथा उपयोगिता की ओर झुकने लगता है। बालक वस्तुओं एवं अनुभवों के संग्रह के साथ-साथ अपने ज्ञान को व्यवस्थित करने का प्रयास करने लगता है वह वस्तुओं के सम्बन्ध उनके कारण और प्रभाव को समझने लगता है। बालक में घटनाओं की विश्लेषण की शक्ति आ जाती है। वह कल्पना के क्षेत्र से वास्तविक चिन्तन की ओर बढ़ता है कुछ दी हुई भौगोलिक सामग्री के आधार पर छात्र कुछ सामान्य नियम ज्ञात कर लेते हैं।

इस स्तर पर बच्चे आत्म चैतन्य होने लगते हैं। उनके लिए मूर्ख बुद्धू आदि शब्दों का उपयोग अध्यापक को कभी भी नहीं करना चाहिए। बच्चे में आलोचना सामूहिक तथा नेतृत्व की भावना का विकास होता है। अतएव इस स्तर पर अधिक व्यवस्थित भूगोल का अध्ययन आरम्भ हो जाना चाहिए। छात्र प्राकृतिक वातावरण तथा मानवीय कार्यों में सम्बन्ध स्थापित करने का प्रयत्न करते हैं। पन्द्रह वर्ष के लगभग किशोरावस्था के छात्र अपनी तर्क शक्ति का उपयोग अधिक करते हैं। जिससे संसार तथा उसमें अपने स्थान को छात्र भली प्रकार समझ सके। किशोर छात्र कभी-कभी यह अनुभव करता है कि उसके चारों ओर का वातावरण तथा वस्तुएँ पुराने फैशन की हैं तथा उनमें सुधार की आवश्यकता है।

किशोरावस्था में छात्रों में रचनात्मक प्रकृति भी जागृत होती है। वह खुद वस्तुओं का निर्माण करना चाहते हैं तथा अधिक शारीरिक तथा मानसिक शक्ति होने के कारण सक्रिय स्कूल से बाहर भौगोलिक यात्राओं में अपना समय यापन करना चाहते हैं। इस स्तर पर भूगोल अध्यापन के निम्नांकित उद्देश्य हो सकते हैं—

(1) पूर्व स्तर पर प्राप्त किए हुए भौगोलिक ज्ञान को व्यवस्थित और संगठित करना।

(2) भौगोलिक नियंत्रण कार्य और कारण से सम्बन्ध का विस्तार करना। प्राकृतिक वातावरण और मानव जीवन के बारे में समझना।

(3) बालकों की जिज्ञासा, कल्पना शक्ति, स्मरण शक्ति तथा तर्क शक्ति की बढ़ोतरी करना।

(4) विविध भौगोलिक प्रदेशों में पाई जाने वाली विशेषताओं को समझना तथा उनके द्वारा मानव जीवन की विविध परिस्थितियों के प्रति सहानुभूति की बढ़ोतरी करना।

(5) चित्र, मानचित्र, ग्लोब, मॉडल, ग्राफ, रेखाचित्र आदि के अध्ययन साधनों को समझना और उनके द्वारा भौगोलिक ज्ञान प्राप्त करने की योग्यता प्राप्त करना। इस स्तर पर भी आजकल भूगोल सामाजिक विषय के अन्तर्गत पढ़ाया जा रहा है।

उच्चतर माध्यमिक चरण में भूगोल अध्यापन का प्रयोजन

इस अवस्था में बालकों की बुद्धि अधिक परिपक्व होने लगती है। यह कार्य कारण के सम्बन्धों को व्यवस्थित रूप से समझने लगते हैं। इस अवस्था में अधिक व्यवस्थित और वैज्ञानिक पाठ्यक्रम होता है। यह पाठ्यक्रम स्वतः पूर्ण होना चाहिए और इसमें मुख्य भौगोलिक कठिनाइयों पर ध्यान केन्द्रित करना चाहिए। कल्पना, तर्क तथा निर्णय शक्तियों के अधिक विकास के कारण विद्यार्थी प्रत्येक भौगोलिक कथ्य को कारणों की कसौटी पर जाँच कर ही स्वीकार करते हैं। छात्र की शारीरिक बढ़ोतरी भी होती है तथा यह वस्तु तथा पर्यटन द्वारा भौगोलिक ज्ञान की बढ़ोतरी करना चाहता है।

(1) भौगोलिक नियन्त्रण से पैदा विविधताओं का अनुभव करते हुए विश्व में निहित मानव समुदायों के प्रति प्रेम एवं सहानुभूति के भाव छात्रों में पैदा करना।

(2) छात्र तथा छात्राओं में आत्मनिर्भर बनने की भावना इस स्तर पर अवश्य पैदा की जानी चाहिए क्योंकि किशोर अथवा किशोरी उच्चतर माध्यमिक शिक्षा प्राप्त कर सामाजिक जीवन में प्रवेश कर अपने पारिवारिक एवं सामाजिक उत्तरदायित्वों का निर्वाह करते हैं। यह उत्तरदायित्व तभी कुशलतापूर्वक निभाया जा सकता है, जब भूगोल अध्यापन द्वारा किशोर-किशोरियों में आत्मनिर्भरता का गुण विकसित किया जाए। यह उद्देश्य भूगोल अध्यापन के प्रमुख उद्देश्यों में से एक हैं।

(3) भूगोल अध्ययन में रुचि पैदा कर बालकों को सफल नागारिकता की तरफ प्रेरित करना और विश्व की भौगोलिक कठिनाइयों के समझने की क्षमता उनमें पैदा करना।

(4) भौगोलिक सिद्धान्तों एवं कथनों से परिचित कराते हुए बालकों की भौतिक वातावरण विषय की जानकारी को पुष्ट करना।

(5) विश्व के विविध प्रदेशों में मानव जीवन एवं भौगोलिक परिस्थितियों की क्रिया-प्रतिक्रियाओं तथा उनके आपसी सम्बन्धों का ज्ञान कराना।

(6) मानचित्र एवं अन्य अध्ययन सामग्री द्वारा भौगोलिक कथनों के संग्रह करने में बालकों को दक्ष बनाना।

(7) बालक का शारीरिक विकास इस अवस्था में बालक के प्रत्येक अंग अपने पूर्ण विकास को प्राप्त कर चुके होते हैं। अतएव इस स्तर पर कक्षा कक्ष की बाहर की क्रियाओं पर विशेष ध्यान देना चाहिए जिनसे बालक अपने इस लक्ष्य को पूरा करने हेतु तेजी से अग्रसर हो सके।

(8) इस अवस्था में छात्र किशोरावस्था के अन्तिम चरण में होते हैं और उनकी मानसिक शक्ति पूर्ण विकास की तरफ अग्रसर होती है। इसलिए भूगोल अध्यापन के द्वारा बालकों में पूर्ण मानसिक विकास करने का विशेष प्रयास करना चाहिए।

(9) बालक को सामाजिक वातावरण, सांस्कृतिक वातावरण एवं राजनैतिक वातावरण का अनुभव भूगोल विषय के विविध पाठ्यांशों द्वारा मुहैया कराना।

किसी भी शिक्षा संगठन में किसी स्तर पर विषयों का निर्धारण इस स्तर पर निर्धारित किए गए उद्देश्यों पर निर्भर करता है। हेनरी जॉनसन के अनुसार ऐतिहासिक चेतना का जब से उदय हुआ तभी से सम्भवतः किसी न किसी तौर पर भूगोल शिक्षा का एक हिस्सा रहा है। यूरोप में यद्यपि 18वीं सदी में भूगोल पढ़ाया जाने लगा था लेकिन 19वीं सदी तक यह वैकल्पिक विषय के तौर पर ही रहा। 1911 में माध्यमिक भूगोल शिक्षा बोर्ड में एक विषय के तौर पर शामिल हुआ। स्वतन्त्र भारत में भूगोल का उद्देश्य राजनैतिक घटनाओं के क्रमबद्ध उल्लेख से हटकर सामाजिक, आर्थिक एवं सांस्कृतिक पक्ष की ओर आकृष्ट हुआ। शनैः शनैः भूगोल के उद्देश्यों में परिवर्तन आया। इसे साथ ही भूगोल पाठ्यक्रम को उद्देश्यों के आधार पर विकसित किया गया।

पाठ्यक्रम का अभिप्राय और परिभाषा

''करीकुलम'' (Curriculum) शब्द की उत्पत्ति लैटिन भाषा के (Race-Course) (दौड लगाना)। पाठ्यक्रम वह दौड़ का मैदान हैं, जिस पर बालक लक्ष्य को प्राप्त करने के लिए दौड़ता है।

पाठ्यक्रम की आधुनिक धारण विस्तृत एवं व्यापक है। लेकिन यह इतनी व्यापक नहीं है कि जीवन के क्रियाकलापों का दिग्दर्शन करा सके। आज पाठ्यक्रम में केवल उन्हीं अनुभवों को शामिल किया जाता है जिन्हें अध्यापक के निर्देशन में छात्र प्राप्त करता है। ऐसे अनुभव प्रायः विद्यालय प्रांगण में, कक्षा तथा खेल के मैदान में, प्रयोगशाला अथवा कार्यशाला में, पुस्तकालय अथवा अन्य शैक्षिक कार्यों के माध्यम से प्राप्त होते हैं। पाठ्यक्रम के सम्बन्ध में स्पष्टता लाने के लिए और परिभाषाएँ दी जा सकती हैं–

1. कर्निचम–"पाठ्यक्रम कलाकार (शिक्षक) के हाथ में एक यन्त्र है जिससे वह अपनी सामग्री (विद्यार्थी) को अपने आदर्श (लक्ष्य) के अनुसार कलागृह (स्कूल) में जोड़ता है।"

2. मुनरो–"पाठ्यक्रम में वे समस्त अनुभव निहित है जिनको विद्यालय द्वारा शिक्षा के उद्देश्यों की प्राप्ति के लिए उपयोग में लिया जाता है।"

3. फ्रोबेल–"पाठ्यक्रम को मानव जाति के सम्पूर्ण ज्ञान तथा अनुभव का सार समझना चाहिए।"

4. माध्यमिक शिक्षा-आयोग–"पाठ्यक्रम का अर्थ केवल उन सैद्धान्तिक विषयों से नहीं है जो विद्यालय में परम्परागत रूप से पढ़ाए जाते हैं, वरन् इसमें अनुभवों की वह समग्रता शामिल होती है, जिसको छात्र विद्यालय की उन बहुमुखी क्रियाओं से प्राप्त करता है जो कक्षा, पुस्तकालय, कर्मशाला, प्रयोगशाला और खेल के मैदान में तथा शिक्षकों एवं छात्रों के अनगिनत अनौपचारिक सम्पर्कों से प्राप्त होती है। इस प्रकार विद्यालय का सम्पूर्ण जीवन पाठ्यक्रम हो जाता है जो छात्रों के जीवन के सभी पक्षों को प्रभावित कर सकता है और उनके सन्तुलित व्यक्तित्व के विकास में मदद देता है।"

5. शिक्षा आयोग–"विद्यालय पाठ्यक्रम अधिगम अनुभव की वह समग्रता है जो विद्यालयों द्वारा छात्रों को विद्यालय में अथवा उसके बाहर की बहुमुखी क्रियाओं द्वारा प्रदान की जाती है। ये समस्त क्रियाएँ विद्यालय के परिनिरीक्षण में संचालित की जाती है।"

पाठ्यक्रम निर्धारण का नियम

आज तक भूगोल का सर्वमान्य पाठ्यक्रम तैयार नहीं किया गया है जो संसार की सभी जातियों के लिए आदर्श हो परन्तु प्रयत्न करने पर ऐसा पाठ्यक्रम बनाया जा सकता है जो सबके लिए उपयुक्त हो। पाठ्यक्रम-निर्माण

करते समय जिन विशेष सिद्धान्तों को ध्यान में रखा जाना चाहिए वे निम्नांकित हो सकते हैं-

एकता का सिद्धान्त—भूगोल मनुष्य के विकास का अध्ययन है। यह अखण्ड प्रतीत होता है और इसमें पूर्ण एकता है। हमें इस बात का स्मरण रखना चाहिए कि मानव जाति का भूगोल विकास का इतिहास है। इसलिए हम मानव-कहानी को विविध विभागों में नहीं ले सकते हैं। इस एकता को बनाए रखने हेतु भूगोल की सामग्री को भूगोल अध्यापन के पूर्व निर्धारित कर लेना चाहिए ताकि उसका अध्यापन प्रभावशाली बना रहे।

रुचि का सिद्धान्त—भूगोल पाठ्यक्रम का निर्माण करते समय ऐसे सामग्री का चयन किया जाना चाहिए जो बालकों में रुचि पैदा कर सके। रुचि होने का तात्पर्य यह नहीं कि वह सत्यता से परे हो। रुचि की डिग्री में अन्तर हो सकता है। विषय-वस्तु अगर रुचिकर है तो उसे आसानी से ग्रहण किया जा सकता है।

केन्द्रीयकरण एवं समन्वय का नियम

हरबर्ट के अनुसार हमारा पाठ्यक्रम विविध कणों से मिलकर बना है। पाठ्यक्रम के कथ्य ऐसे होने चाहिए जिनमें समन्वय किया जा सके। हरबर्ट के शिष्य जिलर (Ziller) का मत था कि एक विषय को केन्द्र बनाकर अन्य विषय पढ़ाए जाएँ। इन्होंने भूगोल को केन्द्रीय विषय माना। इस सिद्धान्त को उपयोग में लाने के पूर्व भूगोल के एसे कथनों को चुना जाए जो समन्वय तथा केन्द्रीयकरण स्थापित करने में मददगार हों। इसके लिए भूगोल को दैनिक जीवन से सम्बन्धित किया जाए और स्थानीय भूगोल की सामग्री को सम्मिलित किया जाए जो एक दूसरे से सम्बन्धित हों।

शैक्षणिक मूल्य का नियम

भूगोल अध्यापन का प्रमुख उद्देश्य छात्रों को मात्र भौगोलिक सूचनाएँ देना ही नहीं है, अपितु वह छात्रों के चरित्र-निर्माण में भी मददगार होती है। इसके द्वारा तर्क शक्ति, मत शक्ति, स्मरण तथा निर्माण शक्ति का विकास होता है। अतएव इसके पाठ्यक्रम का चयन इस तरह किया जाए कि वह छात्र को वातावरण के अनुकूल शिक्षा देकर उसमें सामाजिक चेतना का विकास कर सके।

समय का नियम

पाठ्यक्रम-निर्माण करते समय इस बात का विशेष ध्यान रख जाए कि उतनी ही पाठ्य-सामग्री का चुनाव किया जाए जो निश्चित समय से पूर्ण की जा सके।

अन्दरूनी परिस्थितियाँ

भूगोल विषय के पाठ्यक्रम का निर्माण करते समय उन व्यावहारिक परिस्थितियों का ध्यान रखना चाहिए जो पाठ्यक्रम को प्रभावित करती है। भूगोल कक्ष तथा उसमें रखी सामग्री भूगोल के कथनों को प्रस्तुत करने में सहायक हैं। हमें अध्यापन सामग्री विषय के अनुसार एकत्रित करनी चाहिए। पुस्तकालय भी पाठ्यक्रम के निर्धारण में सहायक होता है।

व्यक्तिगत विविधता का नियम

भूगोल का पाठ्यक्रम-निर्माण करते समय इस बात का ध्यान रहे कि पाठ्य सामग्री बालकों के मनोवैज्ञानिक विकास में सहायक हो तथा उनकी आवश्यकताओं की पूर्ति कर सके।

सामाजिक अनुरूपता का नियम

भूगोल-पाठ्यक्रम में उस विषय वस्तु को स्थान दिया जाना चाहिए जिसके द्वारा समाज की आवश्यकताओं की पूर्ति की जा सके आर छात्र अपने भावी जीवन में समाज में सक्रिय हिस्सा ले सके। भूगोल के प्रस्तुतीकरण की समस्या मूलत उस विषय की प्रकृति से सम्बन्धित है। भूगोल-अध्ययन अन्य विषयों से भिन्न है। भूगोल एक ऐसा विषय है जिसकी विषय वस्तु और पात्र युगों पहले गुजर चुके हैं। उनसे सीधा सम्पर्क कर पाना असम्भव है। भूगोलवेत्तो की चर्चा में बढ़ते हुए विषयों के भार के कारण भूगोल के अन्तर्गत कितनी सामग्री का चुनाव किया जाए? वह कौन सी सामग्री हो? उसे बालकों के योग्य कैसे बनाया जाए? स सब प्रश्न भूगोल के पाठ्यक्रम को तय करते समय ध्यान में रखना चाहिए।

कथ्यों का चयन

बालकों का शिक्षा उनके मानसिक स्तर के अनुसार दी जानी चाहिए। भूगोल के अध्यापकों एवं पाठ्यक्रम निर्धारकों को चाहिए कि वे विविध अवस्था के

छात्रों के लिए भूगोल अध्यापन की व्यवस्था करें। इस मत की पुष्टि के लिए दो प्रमुख विचारकों ने प्रयत्न किए हैं–

सांस्कृतिक युग सिद्धान्त अथवा पुनरावृत्ति के सिद्धान्त के प्रवर्तक एवं पोषक अमेरिका के स्टेनली (Stanley Hall) हैं, इन्होंने मनुष्य जीवन के शुरूआत से लेकर वर्तमान तक के विकास पर गम्भीरतापूर्वक मत किया है एवं मनुष्य के क्रमिक विकास का अध्ययन कर यह तय किया कि मानव अपने जीवनकाल में ही मानव विकास के सम्पूर्ण क्रमों की पुनरावृत्ति करता है। अतएव भूगोल की विषय वस्तु सांस्कृतिक विकास की उस अवस्था से लेनी चाहिए जिस अवस्था से छात्र गुजर रहा है। मानव जाति की शैशव अवस्थाः का भूगोल शिशुओं हेतु उपयुक्त होगा। बाल्यवस्था का भूगोल बालकों को और मानव जाति के अन्तिम का भूगोल प्रौढ़ों को पढ़ाया जाना चाहिए। इस दृष्टि से भूगोल अध्यापन में निम्नांकित व्यवस्था की जा सकती है–

(1) मध्यकाल का भूगोल माध्यमिक स्तर पर ही पढ़ाया जाए।

(2) वर्तमान काल का भूगोल उच्च-स्तर पर ही पढ़ाया जाए।

(3) प्राचीन काल का भूगोल बुनियादी स्तर पर ही पढ़ाया जाए।

(4) आधुनिक का आलोचनात्मक भूगोल उच्च कक्षाओं में ही पढ़ाया जाए।

इस सिद्धान्त ने भूगोल के शिक्षकों एवं भूगोलवेत्तों को पाठ्यक्रम के निर्धारण में बड़ी मदद दी है। यह सिद्धान्त छात्रों के समुचित तथा संगठित विकास पर जोर देता है। विषय प्रतिपादन तथा अध्यापन पद्धतियों में इस सिद्धान्त ने पर्याप्त मदद की है।

उत्तम पाठ्यक्रम की प्रकृति

प्रचलित पाठ्यक्रम से अक्सर सम्पूर्ण विश्व में असन्तोष है। प्रायः सभी देशों में यह अनुभव किया जा रहा है कि द्रुतगति से ज्ञान के विस्तार के साथ पाठ्यक्रम का समुचित विकास नहीं हो पा रहा है और न ही प्रचलित पाठ्यक्रम वैयक्तिक और सामाजिक जरूरतों एवं आकांक्षाओं की पूर्ति कर पा रहा है। अगर इस सन्दर्भ में प्रचलित पाठ्यक्रम को देखें तो यह यह विश्वास और भी दृढ़ होता है।

माध्यमिक शिक्षा-आयोग (1952-53) ने माध्यामिक शिक्षा के अवगुणों को स्पष्ट करते हुए प्रचलित पाठ्यक्रम के दोषों पर भी प्रकाश डाला है जिनमें से कतिपय भूगोल के पाठ्यक्रम पर भी लागू होते हैं–

1. पाठ्यक्रम ऐसा हो जो सामुदायिक जीवन से जुडा हो।
2. पाठ्यक्रम स्थानीय जरूरतों की पूर्ति करने में सहायक हो।
3. उत्तम पाठ्यक्रम का आधार विद्यालय का सम्पूर्ण जीवन होना चाहिए।
4. पाठ्यक्रम में पर्याप्त विभिन्नता तथा लचीलापन होना चाहिए जिससे वैयक्तिक विभिन्नताओं, रूचियों एवं जरूरतों की पूर्ति की जा सके।
5. पाठ्यक्रम इस तरह नियोजित किया जाना चाहिए जो छात्रों को मात्र ज्ञान के लिए ही परीक्षित न करें अपितु उनके अवकाश के क्षणों का भी सदुपयोग निर्धारित करें।
6. वर्तमान को समझने में मदद कर सके तथा समाज में पुर्नजीवन पैदा कर सके ऐसा पाठ्यक्रम हो।
7. पाठ्यक्रम में समन्वय के सिद्धान्त को ग्रहण करना चाहिए जिससे उसकी पाठ्यवस्तु का जीवन की कठिनाइयों से तारतम्य स्थापित हो सके।
8. भूगोल के पाठ्यक्रम में क्रमबद्धता तथा निरन्तरता को भी ध्यान में रखना चाहिए।
9. आधुनिक शैक्षिक विचारधारा के अनुसार हमें बालक की क्षमता-रूचि एवं आवश्यकत आदि को पाठ्यवस्तु का आधार बनाना चाहिए।
10. पाठ्यक्रम की विषय वस्तु बालक एवं समाज दोनों की दृष्टि से चुनी जानी चाहिए।
11. आज हमारे देश के समक्ष राष्ट्रीय एकीकरण की समस्या है अतएव पाठ्यक्रम में व्यक्ति समाज एवं राष्ट्र की स्थिति एवं माँगों का मत निहित होना चाहिए।
12. जो भी इकाइयाँ पाठ्यक्रम में शामिल हो उनमें पूर्व कथनों तथा विवरणों में सम्बन्ध होना चाहिए।

प्रो. सी. पी हिल ने अच्छे पाठ्यक्रम में निम्नांकित बातों का होना आवश्यक बताया है—

1. पाठ्यक्रम इस प्रकार का हो जो विद्यालय की आवश्यकताओं को पूर्ण कर सके।
2. पाठ्यक्रम का सम्बन्ध अन्य विषयों से होना चाहिए।
3. बालकों की रूचि, अवस्था आदि का ध्यान रखकर पाठ्यक्रम का निर्माण करना चाहिए।

4. पाठ्यक्रम लचीला हो ताकि नये कथनों एवं अनुभवों को स्थान दिया जा सके।
5. उच्च कक्षाओं के लिए विशेष काल का निर्धारण किया गया हो।
6. भूगोल के पाठ्यक्रम को सामाजिक पुनर्जीवन के लिए बनाया जाना चाहिए।

निष्कर्ष

उपरोक्त के आधार पर हम कह सकते हैं कि भारतीय माध्यमिक विद्यालय एवं अन्य स्तरों पर भूगोल अध्यापन के कुछ सामुहिक प्रमुख उद्देश्य निम्न प्रकार से हो सकते हैं, जो प्राथमिक विद्यालयों, माध्यमिक विद्यालयों तथा उच्चतर माध्यमिक विद्यालयों में न्यूनाधिक मात्रा में शामिल होते हैं, जिनके आधार पर भूगोल के पाठ्यक्रम की संरचना की जाती है। इनके अतिरिक्त तीनों शिक्षा के स्तरों पर बालकों के व्यवहार परिवर्तन हेतु विशिष्ट उद्देश्य निर्धारित किए जाते हैं। विद्यालयी स्तर पर शिक्षा के प्रमुख उद्देश्य निम्नांकित हैं–

(1) छात्रों की मानसिक शक्तियों का विकास करना।
(2) छात्रों में जीविकापार्जन की क्षमता पैदा करना।
(3) छात्रों में प्रकृति के प्रति प्रेम पैदा करना।
(4) छात्रों में देशाटन के प्रति रुचि पैदा करना।
(5) भूगोल अध्यापन द्वारा सामाजिक वातावरण का अध्ययन किया जाता है।
(6) विश्वबन्धुत्व की भावना तथा देशप्रेम की भावना पैदा करना।
(7) छात्रों के दृष्टिकोण को व्यापक बनाना।
(8) भूगोल अध्यापन द्वारा छात्रों में देश-विदेश के निवासियों के प्रति सच्ची सहानुभूति पैदा की जा सकती है।

3

भूगोल अध्यापन : पाठ्य-पुस्तक

भारत में किए गए विविध उपयोगों के आधार पर पाठ्य-पुस्तकों को अध्यापन प्रक्रिया का एक जरूरी साधन माना गया है। अगर पाठ्य-पुस्तक वास्तव में अच्छी हो और उस विषय के विद्वान द्वारा लिखी गई हो। ऐसी पुस्तक से छात्र को फायदा होता है। इस के साथ ही अध्यापक का कार्य सहज हो जाता है। परन्तु कई वजहों से छात्रों को अच्छी भूगोल की पुस्तक प्राप्त नहीं हो जाती है।

हॉल क्वेस्ट (Hall Quest) के अनुसार पाठ्य पुस्तक अपने आप ही में पूर्ण नहीं हो सकती है। उसको सिर्फ एक सहायक सामग्री की प्रकार ही मानना चाहिए। अन्यथा छात्रों को पुस्तक सामग्री को रटने की आदत पड़ जाती है। यहाँ पर अध्यापक की उत्तरदायित्व बढ़ जाती है। इस लिए अध्यापकों को भूगोल की पुस्तक के साथ ही दूसरे सहायक भूगोल पुस्तको को पढ़ने के लिए छात्रों को प्रेरित करते रहना चाहिए।

अतः पाठ्य-पुस्तकों को साध्य के तौर पर उपयोग नहीं किया जाना चाहिए। छोटी कक्षाओं से लेकर उच्च कक्षाओं तक भूगोल विषय के ज्ञान के प्रचार-प्रसार के लिए पाठ्य-पुस्तक अत्यंत जरूरी है। "पाठ्य-पुस्तक एक अधिगत्यात्मक साधन है जिसका उपयोग स्कूलों में शैक्षिक कार्यक्रम को सम्पादित करने के लिए किया जाता है।"

भूगोल पाठ्य-पुस्तक

शैक्षिक तकनीक के विकास के साथ-साथ अनुदेशक सामग्रियों (Instuctional Materials) में भी विकास एवं विस्तार हो रहे हैं। संख्यात्मक और गुणात्मक दोनों

ही दृष्टियों से इन सामग्रियों का विकास हो रहा है। इन्हें दो कोटियों में रखा जा सकता है–

(क) अमुद्रित सामग्रियाँ

(ख) मुद्रित

(क) अमुद्रित सामग्रियाँ–इस वर्ग में प्रमुखतः श्यामपटट्, ग्राफ, चार्ट, फ्लेनम पटट्, मॉडल, फिल्म, स्लाइड, बी.सी.आर टी.वी. कैसिट प्लेयर, प्रोजेक्टर एवं कम्प्यूटर इत्यादि शामिल है।

(ख) मुद्रित सामग्रियाँ–इसके अन्तर्गत पाठ्य-पुस्तक, अध्यापक मार्गदर्शिका, नियम पुस्तिका, कार्य पुस्तिका, आँकड़ा पुस्तक, पत्रिकाएँ, पम्पलेट एवं अनुपूरक पठन सामग्रियाँ आती हैं।

उपयुक्त सामग्रियों के समूह में प्रमुखता पाठ्य पुस्तक की है। इसकी प्रभुता को सभी स्वीकार करते हैं। इसका उपयोग अध्यापक-छात्र की दृष्टि से सार्वभौमिक है। पाठ्यक्रम सामाजिक और राष्ट्रीय ध्येयों की ओर बाँटने के लिए औपचारिक मार्ग का निर्माण करता है। इसके आधारपर **भूगोल** (Geography) आदि विषयों पर विविध स्तरों के लिए पाठ्य-पुस्तक उसके रचयिता का व्यक्तिगत सर्जन होता है। परिणामस्वरूप इसके प्रारूप, यांत्रिक संरचना, विषय वस्तु का संगठन, अधिगम, स्थितियाँ आदि लेखक की सूझ, समझ कौशल और व्यक्तित्व से सहज तौर पर प्रभावित होते हैं।

भूगोल पाठ्य-पुस्तक का चुनाव

सभी राज्यों की क्षेत्रीय भाषाओं में हमें विविध विषयों की पाठ्य-पुस्तकों की बहुत आवश्यकता है। विशेष रूप से सामाजिक विज्ञान और भूगोल विषयों के क्षेत्र में इनकी कमी है। वर्तमान में विषय वस्तु के संगठन और प्रस्तुतीकरण के निम्न स्तर के साथ-साथ भूगोल ;ळमवहतंचीलद्ध पाठ्य पुस्तकों की सज्जा, कागज जैसी यान्त्रिक रूपक भी निम्न स्तरीय है। इसलिए निम्नांकित महत्त्वपूर्ण पक्षों पर मत करने के पश्चात् ही भूगोल ;ळमवहतंचीलद्ध पाठ्य-पुस्तक का चुनाव करना चाहिए।

1. लेखक–भूगोल (Geography) पाठ्य पुस्तक के लेखक को अनुभवी एवं उच्च शैक्षिक योग्यता धारक होना चाहिए। भूगोल (Geography) की नवीनतम अवधारणाओं सिद्धान्तों और विधियों में उसको पारंगत होना चाहिए।

2. साज-सज्जा–पुस्तक के बनाने में उच्च कोटि का कागज प्रयुक्त होना चाहिए। भूगोल (Geography) की पुस्तक का जिल्द सुन्दर और मजबूत होना चहिए। आवरण आकर्षक होना चाहिए।

3. पाठ्य-पुस्तक की व्यवस्था—भूगोल (Geography) के पाठों का संगठन क्रमबद्ध एवं सुसम्बद्धता से किया जाना चाहिए। पाठ के अन्त में सारांश को भी दिया जाना चाहिए।

4. प्रस्तुतीकरण—भूगोल (Geography) की पाठ्य पुस्तक में विषयवस्तु को मनोवैज्ञानिक और तार्किक कम में व्यवस्थित करना चाहिए। विषय वस्तु का स्तर शिक्षार्थियों के मानसिक स्तर के अनुकूल हो तथा उनकी रुचियों और आवश्यकताओं की दृष्टि से संगत होनी चाहिए। वैज्ञानिक अवधारणाओं को समुचित उदाहरणों एवं उद्धरणों की मदद से स्पष्ट करना चाहिए।

5. विषय वस्तु—पाठ्य-पुस्तक के आरम्भ में विषय-सूची को प्रभावी ढंग से दिया जाना चाहिए। इससे इकाई संख्या शीर्षक उप इकाईयों एवं अध्यापन बिन्दुओं का उल्लेख आकर्षक ढंग से किया जाना चाहिए।

6. परिशिष्ट—इसके अन्तर्गत वे सभी तालिकाएँ आती हैं, जो भूगोल (Geography) कठिनाइयों के हल के लिए मानक तौर पर तैयार रहती हैं।

7. अनुक्रमणिकाएँ—पाठ्य-पुस्तक के अन्त में इकाई अनुसार हर प्रश्न का ज्ञात हो और सही उत्तर दिए जाएँ। भूगोल (Geography) में भाषा सम्बन्धी गलत नहीं होनी चाहिए।

उत्तम पाठ्य-पुस्तक की जरूरत एवं उसकी विशेषताएँ

भारत में अच्छी भूगोल (Geography) की किताबों की सदैव ही कमी रही है। समय के बदलते दौर में अब बालक समय अभाव में पुस्तकों की जरूरत को नहीं समझ पाते हैं। वे अध्यापक द्वारा प्रायोजित पुस्तकों को ठीक मानते हैं। जो सही नहीं है। इसका मुख्य वजह है कि उन्हें पुस्तकों को पढ़ने एवं चुनाव के कौशल से अलग रखा गया है। आज के समय की माँग के अनुसार हमें उन्हें पुस्तक के अध्ययन हेतु प्रेरित करना होगा। इसके साथ ही अच्छी भूगोल (Geography) पुस्तकों की रचना करनी होगी। (Geography) की पुस्तक की छात्र को क्यों जरूरत है? पुस्तक की क्या-क्या विशेषताएँ होनी चाहिए। इस पर लेखक के माध्यम से प्रकाश डाला गया है। जो निम्न प्रकार से है :

अ : अच्छी पाठ्य पुस्तक की जरूरत

सभी भूगोल (Geography) विषय में पाठ्य पुस्तक का होना आवश्यक होता है। पाठ्य पुस्तक में विषय का संगठित ज्ञान एक जगह पर ही उपलब्ध हो जाता है। पाठ्य पुस्तक के आधार पर कक्षा कार्य तथा छात्रों का मूल्यांकन सम्भव

होता है। अतः भूगोल (Geography) की पाठ्य पुस्तकों का प्रयोग संसाधन सामग्री के तौर पर होता है। एक अच्छी भूगोल (Geography) पाठ्य पुस्तक अनुमान एवं निष्कर्ष निकालने के लिए मौका प्रदान करती है। कुछ शिक्षाविदों का मत है कि–"छात्र पुस्तकों के विषय में अत्यधिक और सत्य के विषय में बहुत कम जानते हैं।" इसका मुख्य वजह है कि पाठ्य पुस्तक का निर्माण पाठ्यक्रम के अनुसार किया जाता है तथा विषय सामग्री का संगठन, छात्रों के माध्यम से अधिगम और पाठ्य पुस्तक पर ही आधारित होता है। पाठ्य पुस्तक में अभिगम के अधिकांश मौकों के लिए समुचित अभ्यास कार्य होता है।

ब : उत्तम पाठ्य-पुस्तक की विशेषताएँ

अध्यापकों को भूगोल (Geography) पाठ्य पुस्तको का चयन करते समय सही कथनों का सही तरह से विवेचना कर लेना चाहिए। निम्नांकित विशेषताओं से युक्त पाठ्य पुस्तक ही चयनित करना चाहिए।

1. पुस्तक का लेखक अनुभवी व्यक्ति को होना चाहिए।
2. पुस्तक सुन्दर एवं मनोवैज्ञानिक शैली में लिखी हो।
3. पाठ्य पुस्तक छात्रों की आयु, स्तर, बुद्धि के अनुकूल होनी चाहिए।
4. पाठ्य पुस्तक में चित्र, ग्राफ एवं उदाहरण अधिक एवं छात्रों के स्तरानुकूल हो।
5. पुस्तक की छपाई आवश्यक रूप से स्पष्ट एवं सुग्राह्य होनी चाहिए।
6. पुस्तक देखन में सुन्दर एवं आकर्षक होनी चाहिए।
7. पुस्तक का सही मूल्य होना चाहिए।
8. पाठ्य पुस्तक छात्रों के पाठ्यक्रम को पूरा करने वाली होनी चाहिए।
9. नवीन प्रकार के वस्तुनिष्ठ प्रश्न पाठ के अन्त में होने चाहिए।
10. पांठ्य पुस्तक सरलता से छात्रों के लिए उपलब्ध होनी चाहिए।
11. समय-समय पर पाठ्य पुस्तक में आवश्यक संशोधन किए जाने चाहिए।

भूगोल पुस्तक की उपयोगिता

पाठ्य-पुस्तक एक अधिगत्यात्मक साधन है। भूगोल (Geography) की पाठ्य पुस्तकों की महत्ता निम्न पदों द्वारा स्पष्ट की जा सकती है।

1. अभ्यास कार्य में सहायक–भूगोल (Geography) में अधिगम को अधिकांश पुष्ट करने के लिए ज्यादा से ज्यादा कोशिश करना एक अनिवार्यता है।

2. अभिप्रेरणा एवं रुचि के लिए—इसमें दिए गए उदाहरण और उद्धरण विद्यार्थी के जीवन में उसकी आवश्यकताओं, अभिरुचियों के अनुकूल होते हैं।

3. अध्यापन संसाधन के तौर पर—पाठ्य-पुस्तक में भूगोल (Geography) विषय की सामग्री समुचित तौर पर दी होती है। इससे अधिगम की स्थिति का सृजन किया जाता है। अध्यापक की अनुपस्थिति में छात्र पुस्तक की मदद से अध्ययन कर संसाधन के रूप में उसका उपयोग कर सकता है।

4. जानकारियों के संग्रह के तौर पर—भूगोल (Geography) की पाठ्य पुस्तक में कथा स्तर के लिए उस विषय से सम्बन्धित जानकारियों, तथ्यों, प्रश्नों आदि सामग्री को क्रमबद्ध ढंग से व्यवस्थित किया जाता है।

5. ज्ञानार्जन की भांति—प्रश्नों को हल करने के लिए पाठ्य-पुस्तक में उदाहरण दिए होते हैं। विद्यार्थी पाठ्य-पुस्तक की मदद से स्वयं अभ्यास कर कक्षा अधिगम की कमी को पूरा कर पुस्तक का उपयोग मार्गदर्शक की भांति कर सकता है।

6. समन्वयक के तौर पर—भूगोल (Geography) के पाठ्यक्रम में निर्धारित पाठ्य-वस्तु का व्यापक क्षेत्र होता है। सन्दर्भ ग्रन्थों और साहित्य में इसकी प्रस्तुति का क्षेत्र और उसके विश्लेषण हो सकते हैं। अध्यापक के भी इस सम्बन्ध में मत विभिन्नता को नकारा नहीं जा सकता है।

7. मानक के निर्धारण के लिए—पाठ्य-पुस्तक में कक्षा के माध्यम से भूगोल (Geography) विषय के स्तर को प्राप्त करने के लिए मानक निर्धारित रहता है। इसमें कक्षा के स्तर के लिए उपयोगी उद्धरण और उपक्रम होते हैं जो कक्षा स्तर के लिए मददगार सिद्ध होते हैं।

8. अनुदेशक की भांति—कक्षा में अध्यापक और छात्र प्रत्यक्ष रूप में एक दूसरे से अन्तःक्रिया करते हैं यह स्थिति अनुदेशक कहलाती है। कक्षा में अध्यापक अनुदेशक होता है। तथा विषय-वस्तु को अपने तरीके से कक्षा में प्रस्तुत करता है।

9. पुनरावृत्ति का साधन—पुनरावृत्ति किसी प्रक्रिया को दुबारा करना है। कक्षा में अनुदेशन को पुनः दोहराना मुशकिल है। इसके माध्यम से तात्कालिक मूल्यांकन भी होता है। शिक्षार्थी कक्षा की संस्थितियों को पाठ्य-पुस्तक की मदद से दोहरा कर अधिगम को स्थायी करने का प्रयत्न करता है।

भूगोल पाठ्य-पुस्तक की विशिष्टताएँ

(1) पाठ्य-पुस्तक का मूल्य भी यथोचित कम होना चाहिए।

(2) पाठ्य-पुस्तक की रूप सज्जा ऐसी होनी चाहिए कि छात्र उसे अपने पास रखने में गौरव का अनुभव करे।

(3) एक ही पाठ्य पुस्तक में समस्त भूगोल देने की बजाए भूगोल को युगों में विभक्त कर लिया जाए और हर युग पर अलग से पाठ्य पुस्तक होनी चाहिए।

(4) भूगोल की पाठ्य पुस्तक में कालक्रम और पाठ्यवस्तु के संगठन के सिद्धान्तों का पूरा-पूरा ध्यान रखना चाहिए।

(5) पाठ्य पुस्तकों की भाषा-शैली सरल और आकर्षक होनी चाहिए। छात्रों के मानसिक स्तर को ध्यान में रखकर पाठ्य-पुस्तकों का चयन करना चाहिए।

(6) पाठ्य पुस्तकों में घटनाओं एवं कथ्यों के वर्णन के साथ उनमें साहित्यिक गुण भी होने चाहिएँ।

(7) एक उत्तम पाठ्य-पुस्तक में मानचित्र, समय चार्ट एवं क्रियाशील चित्र होने चाहिए।

(8) पाठ्य-पुस्तक देखने में आकर्षक प्रतीत हो, उसका मुद्रण कागज अति सुन्दर, स्वच्छ, छात्रों के स्तर के अनुसार होना चाहिए।

(9) पाठ्य सामग्री में विविधता के साथ-साथ क्रमबद्धता भी अवश्यक होनी चाहिए।

भूगोल अध्यापन के पुस्तकों की समीक्षाएँ

पुस्तक समीक्षाएँ

(1) पुस्तक का नाम

(2) लेखक अथवा लेखकगण

(3) प्रकाशक

(4) पृष्ठों की संख्या

(5) पुस्तक का मूल्य

(6) प्रकाशन की तिथि

संख्यात्मक वर्गक्रम

(अ) पुस्तकों के यांत्रिक तत्त्व

(1) अत्यन्त निकृष्ट
(2) सामान्य
(3) अच्छा
(4) बहुत अच्छा
(5) पुस्तक का आकार तथा साज-सज्जा
(6) जिल्द की सुदृढ़ता
(7) कागज
(8) छपाई
(9) हाशिये (मारजिन) की चौड़ाई

(ब) संगठन

(1) पाठों का संगठन
(2) पाठों का तर्कसम्मत विभाजन
(3) पाठों की सम्बद्धता
(4) क्रमबद्धता
(5) सारांश
(6) मौलिक एकता

(स) प्रस्तुतीकरण

(1) भाषा
(2) शैली
(3) निष्पक्षता
(4) स्थूलता
(5) प्रायोगिक शब्दावली
(6) आधुनिक तथा पूर्ण

(द) उदाहरण

1. शुद्धता
2. गुणात्मकता

3. उपयुक्तता
4. अनुपात
5. स्पष्टता
6. वस्तुनिष्ठता
7. जीवन से सम्बन्ध

(य) मानचित्र, चार्ट, सिक्के इत्यादि

(1) स्थूलता
(2) शुद्धता

4

भूगोल अध्यापन : पाठ योजना

हर शिक्षक का यह कर्त्तव्य है कि वे विद्यार्थियों को कठिन-से-कठिन पाठ को भी रोचक तरीके से बतायें कि छात्र उसे आसानी से कंठाग्र कर सकें। भूगोल अध्यापन में निपुण होने हेतु जरूरी है कि बालकों को ज्ञान प्रदान करने के लिए पाठ की तैयारी भली प्रकार की जाए। किसी कार्य में सफलता प्राप्त करने के लिए यह जरूरी है कि उस कार्य की योजना सही ढंग से बना ली जाए। इस कारण ही पाठ को पढ़ाने के पूर्व पाठ की योजना बना लेना आवश्यक है। प्रायः देखा गया है कि अप्रशिक्षित अध्यापक बिना योजना बनाए कक्षा में पाठ पढ़ाना शुरू कर देते हैं तथा बार-बार छात्रों से अप्रासंगित प्रश्न करने लगते हैं। ऐसी दशा में कभी-कभी लम्बे तथा नीरस व्याख्यानों द्वारा समय काटने का प्रयत्न किया जाता है। इन सबके फलस्वरूप कक्षा में नीरसता आ जाती है। इसके प्रतिकूल जब अध्यापक पाठ की योजना बनाकर कक्षा में अध्यापन कार्य करता है तो कक्षा का वातावरण सजीव एवं जागरूक हो जाता है। वह ऐसी तभी कर सकता है जब उस पाठ योजना के सामान्य सिद्धान्तों का पूरा ज्ञान हो।

आधुनिक वैज्ञानिक एवं तकनीकी युग में योजनाबद्ध कार्य का एक विशेष महत्त्व है। हर कार्य को उसकी पूर्व योजना बनाकर सम्पन्न करना अब जरूरी समझा जाने लगा है। अतएव प्रत्येक प्रशिक्षित अध्यापक से यह अपेक्षा की जाती है वह सत्रारम्भ के पूर्व वार्षिक योजना बनाकर उसे इकाई योजनाओं में विभाजित कर ले, जिसके आधार पर वह क्रमशः हर सप्ताह अपनी सुविधानुसार पाठ योजना बनाकर पढ़ाता रहे। स्पष्ट है कि अध्यापन में पाठ योजना एक आधारभूत आवश्यकता है।

पाठ योजना के अभाव में अध्यापन कार्य अव्यवस्थित, अमनौवैज्ञानिक एवं प्रभावहीन साबित होता है।

साधारण तौर पर जब कोई अध्यापक कक्षा अध्यापन करता है अथवा करने की तैयारी करता है उस समय वह सोचता है कि आज उसको कक्षा में क्या अध्यापन करना है? यहाँ पर शिक्षक की कक्षा अध्यापन की कोई पूर्व योजना नहीं है। वह कक्षा अध्यापन का कार्य पूर्ण करेगा किन्तु उसका कार्य सन्तोषजनक नहीं होगा। अतएव किसी भी शिक्षक को अध्यापन से पहले अपनी कार्य योजना बना लेनी चाहिए, जिससे वह योजनाबद्ध तरीके से अपना कार्य पूर्ण कर पाएगा। अतएव कोई भी कार्य करने के पूर्व कार्य की योजना बना लेना जरूरी होता है। काम के द्वारा हमें किन उद्देश्यों को प्राप्त करना है, कार्य की रूपरेखा एवं कार्य विधि क्या होगी, कार्य को सफलतापूर्वक पूरा करने के लिए हमें क्या-क्या सावधानियाँ बरतनी चाहिएँ, कार्य में किन संसाधनों का उपयोग होना है। कार्य पूरा होने पर उसका प्रतिफल प्राप्त होगा इत्यादि बातों का अच्छी तरह से मत कर लेना चाहिए। यही वैज्ञानिक पद्धति है। इसी को हम **"योजना"** (Planning) शब्द से सम्बोधित करते हैं। उदाहरणस्वरूप सेतु (Bridge) के निर्माण में अभियंता और तकनीकी व्यक्ति उपर्युक्त बातों पर मत कर सेतु का प्रारूप (Structural Design of Bridge) तैयार करते हैं। तब उस योजना को वे कार्य रूप देकर सफलता प्राप्त करते हैं। एकाएक कार्य करना शुरू नहीं कर देते हैं। ठीक इसी तरह एक शल्य चिकित्सक (Surgeon) शल्य क्रिया पर सोच-विचार कर योजना बनाने के उपरांत ही शल्य क्रिया किया करता है और सफलता प्राप्त करता है। इसी तरह शिक्षा के क्षेत्र में भी अध्यापक को पाठ्य योजना का महत्त्व समझना चाहिए, एवं सफलता प्राप्त करने हेतु योजनानुसार अध्यापन कार्य करना चाहिए। भूगोल अध्यापक के लिए तो पाठ योजना का निर्माण एवं पूर्व नियोजन अत्यंत आवश्यक है। वह एक महत्त्वपूर्ण विषय का शिक्षण करता है। जिससे छात्रों को पूर्णा लाभ हो, उसका ऐसा प्रयत्न होना चाहिए।

पाठ योजना का प्रयोजन

इस इकाई का अध्यापन पाठ योजना निर्माण सिखाने के उद्देश्य से है क्योंकि भूगोल अध्यापन में एक पाठ योजना बनाने के निम्नलिखित उद्देश्य हैं—

1. विद्यार्थियों को ज्ञान सरलता से आत्मसात कराना।
4. कक्षागत आने वाली समस्याओं की पूर्ण तैयारी।
2. कक्षा का वातावरण सजीव एवं जागरूक बनाना।
3. भूगोल अध्यापक साहस तथा आत्मसात के साथ अध्यापन कार्य करता है।
5. समस्याओं के सुव्यवस्थित तथा रोचक होने के कक्षा में पूर्णतया अनुशासन बना रहता है।

पाठ योजना का अभियान

आई. के. डेवीज (I. K. Davis) ने अपने पहले सोपान में पाठ योजना की रचना को बहुत ज्यादा महत्त्व दिया है। अध्यापन व्यवस्था के प्रत्येक पक्षों के व्यावहारिक रूप का आलेख ही पाठ योजना है। कक्षा अध्यापन की पूर्व अवस्था (pre-active stage) में पाठ योजना तैयार की जाती है।

डेविस–'कक्षा में जाने से पहले अध्यापक को पूरी तैयारी कर लेनी चाहिए क्योंकि अध्यापक की उन्नति के लिए कोई बात इतनी बाधक नहीं है जितनी कि अध्यापक की अपूर्ण तैयारी।'

बिनिंग और बिनिंग (Bining & Bining)–'दैनिक पाठ-योजना में उद्देश्यों को परिभाषित करना, पाठ्य-वस्तु का चयन, उसे क्रम में व्यवस्थित करना और विधियों तथा प्रक्रिया को निर्धारित करना शामिल है।'

एन. एल. बॉसिंग–'पाठ योजना उन उद्देश्यों के कथनों और विशिष्ट तरीकों को प्रदान किया गया शीर्षक है जिनके द्वारा क्रियाओं के परिणामस्वरूप उन्हें प्राप्त किया जाता है।'

डॉ. जी. एस. वर्मा के अनुसार–'शिक्षण में पाठ योजना का अर्थ अध्यापन अधिगत सम्बन्धी क्रियाओं की विस्तृत रूपरेखा तैयार करना है जिसमें अध्यापक एक निश्चित समय में विषयवस्तु सम्बन्धी निश्चित लक्ष्यों की प्राप्ति हेतु समुचित विधियों, प्रविधियों एवं सहायक सामग्री का निर्धारण करता है।'

थोड़े में हम कह सकते हैं कि ध्यानपूर्वक योजना का निर्माण करना अच्छे अध्यापन के लिए आवश्यक है। **रायबर्न** (Ryburn) ने यह भी कहा है–'शिक्षण के लिए हमें पूर्व प्राप्त अनुभव का उपयोग अपने कार्य को करने के लिए करना चाहिए।'

पाठ योजना निर्माण की जरूरत

पाठ योजना की आवश्यकता निम्नांकित कारणों से होती है—

1. पाठ योजना के माध्यम से छात्रों के मानसिक विकास-रुचि और ज्ञान के अनुरूप पाठ्यवस्तु।
2. पाठ का प्रस्तुतीकरण, तार्किक एवं प्रभावशाली ढंग से हो सकता है।
3. पाठ योजना अध्यापन लक्ष्यों के निर्धारण में सहायक है।
4. पाठ योजना के माध्यम से श्रम, समय एवं साधनों की बचत होती है।
5. पाठ योजना अध्यापन प्रक्रिया को प्रभावशाली बनाने में सहायक है।
6. पाठ योजना अध्यापक को विविध विधियों एवं स्वयं के विचारों के उपयोग का अवसर प्रदान करती है।

पाठ योजना का महत्त्व

अध्यापक की सफलता का रहस्य उसके पाठों की पूर्व योजनाएँ होती हैं। इसलिए अध्यापक के लिए पाठों की पूर्व योजना बहुत आवश्यक है। पूर्व योजना की मदद से अध्यापन उद्देश्यों की प्राप्ति में आसानी होती है। पाठ योजना की जरूरत तथा महत्त्व निम्नांकित हैं—

1. अध्यापन अधिगम में सम्बन्ध स्थापित करना—शिक्षा के क्षेत्र में अध्यापन और अधिगम का सम्बन्ध बहुत जरूरी होता है। इनमें व्यावहारिक तौर पर सम्बन्ध स्थापित करने हेतु पाठ योजना बहुत आवश्यक है।

2. पाठों की निरन्तरता—किसी भी विषय के उपविषयों (Topics) में एक निरन्तरता बनाए रखना जरूरी होता है। पाठ योजना के आधार पर शिक्षक ये जान सकता है कि विषय के कौन-कौन से उप-विषय पढ़ाए जा चुके हैं एवं कौन-कौन से उपविषय शेष रह गए हैं। छात्रों के पूर्व जानकारी का पता लगाना भी इससे आसान होता है।

3. रूप-रेखा प्रदान करना—अध्यापकों के प्रशिक्षण हेतु पाठ योजना कक्षा की क्रियाओं के लिए रूप-रेखा प्रदान करती है।

4. पूर्व ज्ञान के आधार पर नया ज्ञान—पाठ योजना से अध्यापन में सरलता एवं नवीनता आ जाती है। पहले से ही सभी क्रियाएँ कक्षा-स्तर तथा पाठ्य-वस्तु के अनुरूप चुन ली जाती हैं। इससे पूर्व जानकारी के आधार पर नया ज्ञान मिलता है। पाठ में छात्रों की रुचि भी बढ़ती है।

5. अनुशासनहीनता पर नियंत्रण—अगर शिक्षक तैयार होकर कक्षा में नहीं आता और उसका अध्यापन अरुचिकर रहता है तो अनुशासनहीनता फैल

जाती है। इस तरह की समस्या के समाधान के लिए पाठ योजना का होना बहुत ही जरूरी होता है। इससे छात्र योजनानुसार क्रिया करने में व्यस्त रहते हैं।

6. व्यक्तिगत विविधताओं का उपयोग—कक्षा के छात्रों की विविधताओं को स्मरण में रखकर उनके अनुसार अलग-अलग तरह की पाठ योजनाएँ तैयार की जा सकती हैं। इस तरह निजी विविधताओं का उपयोग पाठ योजना द्वारा ठीक तरह से किया जा सकता है।

7. अध्यापन क्रियाओं तथा सहायक सामग्री की जानकारी—पाठ योजना की मदद से अध्यापक पहले ही तय कर लेता है कि कक्षा में उसे कौन-कौन सी अध्यापन क्रियाएँ करनी हैं और कैसे करनी हैं। इस बात का भी निर्णय शुरू में ही कर लिया जाता है कि सहायक सामग्री कौन-कौन सी और कैसे उपयोग में लाई जाती है।

8. विषय-वस्तु का संगठन—पाठ योजना के महत्त्व के कारण निर्धारित उद्देश्यों की प्राप्ति के लिए विषय-वस्तु का संगठन करना आवश्यक है। इस योजना में प्रस्तुतीकरण के क्रम तथा पाठ्य-वस्तु के रूप को निश्चित कर लिया जाता है।

9. उद्देश्यों को परिभाषित करना—निर्धारित उद्देश्यों को परिभाषित करने के लिए पाठ योजना को बनाना आवश्यक हो जाता है। अध्यापन उद्देश्यों तथा परीक्षण परिस्थितियों का निर्धारण होता है।

10. अध्यापन उद्देश्यों की स्पष्टता—कक्षा में पढ़ाई जाने वाली विषय-वस्तु के अध्यापन उद्देश्यों की स्पष्टता के लिए पाठ योजना का तैयार करना अति आवश्यक है। पाठ योजना के कारण अध्यापक अपने पाठ के उद्देश्यों पर ही केन्द्रित रहता है और इधर-उधर की बातों में समय नष्ट नहीं करता।

11. कक्षा क्रियाओं की व्यवस्था—छात्रों की व्यक्तिगत भिन्नता के आधार पर कक्षा की क्रियाओं की व्यवस्था करने में पाठ योजना सहायक होती है। छात्राध्यापकों को प्रशिक्षण के लिए पाठ योजना कक्षा क्रियाओं के लिए रूप-रेखा प्रदान करती है।

12. कठिनाइयों का समाधान—पाठ के सम्बन्ध में पैदा होने वाली कठिनाइयों तथा कठिनाईयों को पाठ योजना के माध्यम से हल किया जा सकता है।

13. व्यवस्थित ज्ञान—विद्यार्थियों को क्रमबद्ध तथा व्यवस्थित रूप से ज्ञान प्रदान करना अति आवश्यक होता है। इस उद्देश्य के लिए पाठ योजना का बहुत महत्त्व होता है।

14. पुनर्वलन—छात्रों की क्रियाओं के नियन्त्रण तथा पुनर्वलन की प्रविधियों के उपयोग की परिस्थिति भी निर्धारित की जाती है। यह पाठ योजना द्वारा ठीक हो सकती है।

ऊपरलिखित तत्त्वों को देखते हुए ये कहा जा सकता है कि पाठ योजना का कितना महत्त्व तथा आवश्यकता है। कक्षा में अध्यापक को नैतिक बल प्रदान करने के लिए पाठ योजना आवश्यक है। इसलिए अध्यापक को कक्षा में अध्यापन के लिए जाने से पहले, चाहे वह छोटी कक्षा क्यों न हो, अपने पाठ की योजना तैयार कर लेनी चाहिए इससे अध्यापक का विश्वास बढ़ता है।

भूगोल अध्यापन के उद्देश्यों की प्राप्ति में पाठ योजना का महत्त्वपूर्ण स्थान है। पाठ योजना के निम्नांकित महत्त्व हैं, जिन्हें हमें विशेष ध्यान रखना चाहिए :—

1. प्रयोगात्मक अध्यापन की सफलता काफी हद तक अच्छी तरह बनाए गए पाठ योजना पर ही निर्भर है।
2. पाठ योजना बनाकर अध्यापन कार्य करने से कक्षा का वातावरण सजीव एवं जागरूक हो जाता है।
3. इसके द्वारा अध्यापक साहस तथा आत्म-विश्वास के साथ अध्यापन कार्य करता है।
4. पाठ योजना के द्वारा अध्यापक को आगे आने वाली समस्याओं का ज्ञान हो जाता है और उनका सामना करने हेतु वह तैयार हो जाता है।
5. पाठ योजना के द्वारा ही अध्यापक, पाठ के प्रयोजन एवं उद्देश्य प्राप्ति हेतु उपयोग की जाने वाली विधियाँ निर्धारित होती हैं।
6. पाठ योजना के द्वारा ही अध्यापक उद्देश्य की प्राप्ति के लिए विषयवस्तु व उपकरणों का चुनाव करता है।
7. पाठ योजना का सबसे बड़ा लाभ यह है कि अध्यापन के रोचक एवं सुव्यवस्थित होने से कक्षा पूर्णतया अनुशासित रहती है।

पाठ योजना के महत्त्व को स्पष्ट करने हेतु योकम एवं सिम्पसन के शब्दों में कह सकते हैं—"शिक्षक अपनी विषय-वस्तु और अपने छात्रों के बारे में जो कुछ भी जानता है उन सबका उपयोग पाठों की योजना में किया जाना आवश्यक है।"

पाठ योजना से लाभ और इसकी उपादेयता

1. नियोजित पाठ से शिक्षकों को पाठ वस्तु का वर्गीकरण एवं समायोजन करने में मदद मिलती है। इससे पाठ का विकास सुव्यवस्थित एवं तर्कसंगत हो जाता है।

2. पाठ योजना के बनाने के पूर्व अध्यापक उपयुक्त अध्यापन पद्धति पर मत कर लेता है।
3. कक्षा में कितना समय सुलभ है, उसका सदुपयोग तथा कक्षा कार्य कराने के लिए सही अवसर का आभास अध्यापक को हो जाता है।
4. नियोजित पाठ से शिक्षा का कार्य उद्देश्यपूर्ण होता है अर्थात् पाठ के उद्देश्यों और लक्ष्यों को स्पष्ट करके अध्यापन उसी के अनुरूप होता है।
5. नियोजित पाठ पढ़ाने से अध्यापक के भीतर आत्मविश्वास का संचार होता है और वह कक्षा में धैर्य एवं विश्वास के साथ अध्यापन करने में तत्पर रहता है।
6. छात्रों की योग्यता और मानसिक स्थिति का पूर्वानुमान अध्यापक को हो जाता है और उसी के अनुकूल अध्यापन करना सरल हो जाता है।
7. पाठ नियोजित करते समय छात्रों के पूर्वाज्ञान, अनुभव पर अध्यापक ध्यान देता है एवं अर्जित ज्ञान का सम्बन्ध वर्तमान ज्ञान से जोड़ता है। जिससे सूत्र, ज्ञान से अज्ञान की ओर का पाठ में प्रयोग होता है।
8. नियोजित पाठ से अध्यापक को प्रेरणादायक प्रश्नों को पूछने का अवसर मिल जाता है।
9. नियोजित पाठ से अध्यापक को शैक्षिक उपकरणों की व्यवस्था एवं उपयोग करने में मदद मिलती है। इससे पाठ सरल, सरस एवं रुचिकर ढंग से प्रस्तुत किया जाता है।
10. नियोजित पाठ का विकास योजनानुसार सुचारु रूप से होता है।
11. नियोजित पाठ से अध्यापक को छात्रों का व्यक्तिगत विविधता का ज्ञान हो जाता है जिससे वह कक्षा में अधिक-से-अधिक छात्रों को सक्रिय बनाए रखता है।
12. पाठ योजना बनाते समय अध्यापक अगले पाठों को भी क्रमबद्ध संगठित कर लेता है।
13. पाठ योजना से अध्यापक को छात्रों के ज्ञान को धारण करने के मूल्यांकन में मदद मिलती है और कहाँ-कहाँ असफल होने की सम्भावना है, उसे दूर करने में भी नियोजन से मदद मिलती है।
14. नियोजित पाठ से शिक्षकों को अप्रसांगिक निष्कर्षहीन बातचीत और बेमेल व्याख्यान से बचने में मदद मिलती है।

पाठ योजना से पहले की जाने तैयारी

1. शिक्षा के उद्देश्यों एवं प्रस्तुत प्रकरण के लक्ष्यों पर मत कर लिख लेना चाहिए ताकि पाठ इसी दिशा में बढ़ता रहे।
2. पाठ्य सामग्री की स्पष्टता एवं पूर्णतया से सम्बन्धित तथ्यों, प्रसंगों, सूचनाओं और कक्षा में उठने वाली कठिनाइयों को ज्ञात कर लेना चाहिए।
3. शिक्षक को पाठ्य योजना बनाने के पूर्व छात्रों की प्रवृति, शैक्षिक स्तर सम्बन्धी ज्ञान, मानसिक योग्यता, ग्रहण शक्ति, रुचि एव मनोवृत्तियों का अनुमान कर लेना चाहिए। उसी के अनुसार अध्यापन करना लाभकारी होगा।
4. शिक्षक को अध्यापन विधियों का सीखने के मनोविज्ञान एवं अध्यापन युक्तियों का अध्ययन कर लेना चाहिए। ताकि वह अध्यापन कौशल (Teaching Skill) में पारगंत होकर कक्षा में उसका उपयोग कर सकें।
5. सरलतापूर्वक पढ़ाने की कई पाठ्य योजनाएँ बन सकती हैं। इसलिए अध्यापक को ध्यान रखना चाहिए कि वह पाठ्य योजना का निर्माता है, दास नहीं। उसे कक्षा की तात्कालिक आवश्यकतानुसार योजना में थोड़ा परिवर्तन भी करना पड़ सकता है।
6. पाठ्य योजना को केवल मौखिक रूप से मत कर लेना पर्याप्त नहीं है अपितु पाठ्य योजना लिखित तौर पर होनी चाहिए।

आदर्श पाठ्य योजना की तैयारियाँ

भूगोल अध्यापक को पाठ्य तैयार करते वक्त कुछ बातों पर विशेष महत्त्व देना चाहिए।

1. भूगोल अध्यापन में मौखिक (Moral) मानसिक (Mental) और लिखित (Written) काम साथ-साथ मिलना चाहिए।
2. भूगोल अध्यापन से छात्रों में मुश्किल की व्याख्या करने और परिकल्पना करने की योग्यता आनी चाहिए।
3. शिक्षक को छात्रों के बीच भाषा की समस्या इस प्रकार रखनी चाहिए कि छात्र सूक्ष्म बातों पर ध्यान दें और समस्या का हल खुद निकालें।
4. पाठ योजना इस प्रकार तैयार की जाए कि समस्या का हल बालक विश्लेषण की मानसिकता से करें और यह उनकी आदत बन जाए।

5. पाठ योजना निर्माण इतनी सावधानीपूर्वक किया जाना चाहिए कि छात्र अध्यापन की सभी विधियों को समझें।
6. भूगोल तथा साहित्य का ज्ञान सत्य और तथ्यात्मक (Accurate and Facts) के आधार पर निर्भर करता है। छात्रों में कल्पना शक्ति का विकास एवं रस के भावों को महसूस करने की क्षमता पैदा करना भी पाठ अध्यापन का मूल प्रयोजन होन: चाहिए।

अतः पाठ योजना बनाते और अध्यापन करते समय जो सत्य है वही सुनाई और दिखाई पड़ना चाहिए। उदाहरण के रूप में यदि चाँद के बारे में वाचन अथवा अध्यापन हो रहा हो तो छात्रों के मध्य सौन्दर्य के भाव ही प्रकट होने चाहिएँ। इसी दिशा में काम करने से छात्रों के अन्दर भी आत्मविश्वास, लगन और निर्भयता इत्यादि गुणों का विकास होता है। उनके अन्धविश्वास दूर होते हैं।

पाठ योजना की तैयारी

पाठ योजना तैयार करने के पूर्व भूगोल में पढ़ाया जाने वाला प्रकरण निर्धारित करना चाहिए। इसके उपरान्त ही उस कक्षा के छात्रों की योग्यता उनके समझने की क्षमता, एवं समय की अवधि पर ध्यान देना चाहिए। बाद में पाठ योजना को लिखित रूप देना चाहिए।

(1) हरबर्ट की पंच पद पद्धति

पाठ योजना पाठ की पूर्व तैयारी की रूपरेखा है। यह पूर्व तैयारी मनोविज्ञान के नियमों पर आधारित है। जर्मन अध्यापक Herbart ने रुचि के सिद्धान्त पर बल देकर अध्यापन को मनोवैज्ञानिक रूप प्रदान किया और अध्यापन की एक नई प्रणाली का प्रतिपादन किया जो हरबर्ट की पंचमद प्रणाली के नाम से विख्यात है। इसी को लेखकों ने Herbart's Five Formal Steps of Method कहा है।

पदों का आधार

रुचि मस्तिष्क को क्रियाशील बनाती है और नये विचारों को ग्रहण करने में सहायक होती है। क्रियाशील होने के लिए मस्तिष्क को चार सोपानों से होकर गुजरना पड़ता है--निरीक्षण (Observation), आशा (Expectation), माँग (Demand), क्रिया (Action) तथा हरबर्ट के इन चार आधारों के अनुरूप कक्षा अध्यापन के लिए चार-पदों का निर्माण किया था।

1. स्पष्टता–बालक के समक्ष कथनों अथवा विषय सामग्रियों को स्पष्ट रूप से प्रस्तुत करना।
2. सम्बन्ध–प्रस्तुत किए जाने वाले कथनों अथवा नये ज्ञान का बालक के पूर्व ज्ञान से सम्बन्ध करना।
3. व्यवस्था–बालक के ज्ञान को क्रमबद्ध कर व्यवस्थित करना।
4. विधि–बालक द्वारा प्राप्त किए गए ज्ञान का व्यावहारिक जीवन में विधिपूर्वक उपयोग करना।

शिक्षण में पाँच पद

हरबर्ट द्वारा प्रतिपादित चार पदों को उसके शिष्यों में प्रमुख जिलर (Ziller) ने स्पश्ष्टताः दो भागों में बाँट दिया।

1. प्रस्तावना
2. प्रस्तुतीकरण

हरबर्ट के अन्य शिष्य राइन (Rien) ने इन दोनों पदों के बीच में एक और पद जोड़ दिया जिसे उद्देश्य कथन (Statement of AIM) का नाम दिया गया। इस प्रकार अब पदों का विभाजन इस प्रकार हो गया–

(अ) प्रस्तावना

(ब) उद्देश्य कथन

(स) प्रस्तुतीकरण

कुछ समय बाद हरबर्ट के अनुयायियों ने शेष तीन पदों के नामों में परिवर्तन इस प्रकार किया–

1. सम्बन्ध – तुलना
2. व्यवस्था – सामान्यीकरण
3. विधि – उपयोग

हरबर्ट के चार सोपानों को कालान्तर में और बदला गया। लेकिन वे सभी पद हरबर्ट के माध्यम से स्थापित ज्ञानार्जन की प्रक्रिया पर ही आधारित हैं। शिक्षा जगत में ये पद Herbartian Steps के नाम से प्रसिद्ध हैं।

अध्यापन के इन पदों का अन्तिम रूप इस तरह बना।

1. (अ) प्रस्तावना

   (ब) उद्देश्यकथन
2. प्रस्तुतीकरण

3. अपेक्षा
4. सामान्यीकरण
5. उपयोग

दैनिक अध्यापन के तहत पाठ योजना के आधार स्वरूप ये योपान विषयगत या कक्षागत प्रयोजनों के अनुरूप प्रयुक्त किए जाने चाहिएँ। ये सोपान केवल साधन मात्र होने चाहिएँ, साध्य नहीं। साध्य तो छात्र का ज्ञानार्जन है जिसमें ये मददगार होते हैं। अतएव इनका प्रयोग विवेकपूर्ण ढंग से करना चाहिए।

क्षेत्रीय शिक्षा महाविद्यालय की पाठ्य योजना तथा अन्य पाठ योजनाएँ

क्षेत्रीय शिक्षा महाविद्यालय, मैसूर में एक नये नियम का उपयोग किया गया इस नियम को आर.सी.ई.एम विधि–(Regional College of Education Mysore System) कहा गया। इस नये विधि की विशेषता है कि यह विधि प्रक्रिया को अधिक महत्त्व देती है।

यह विधि ब्लूम टेक्सोनामी (Bloom Taxonomy) पर आधारित है। जबकि जहाँ Bloom ने छः प्रयोजनों में ज्ञानात्मक प्रयोजनों को बाँटा है वहाँ इस विधि ने 4 में बाँटा है। उद्देश्य विश्लेषण, संश्लेषण तथा मूल्यांकन को इस विधि में सर्जनात्मक (Creativity) नाम दिया गया है चार प्रयोजनों को मानसिक क्रियाओं के तौर पर 17 भागों में बाँटा गया है। इस प्रकार मानसिक क्रियाओं के माध्यम से शिक्षा के प्रयोजनों को व्यावहारिक तौर पर वर्णित किया जा सकता है।

क्षेत्रीय शिक्षा महाविद्यालय मैसूर के अनुसार प्रयोजनों का विभक्तिकरण

प्रयोजन मानसिक क्रियाएँ

1.0 ज्ञान
1.1 प्रत्यास्मरण
1.2 अभिज्ञान
2.0 बोध
2.1 सम्बन्ध देखना
2.2 उदाहरण देना
2.3 भेद करना

2.4 वर्गीकरण करना
2.5 अर्थापन
2.6 पुष्टि करना
2.7 सामान्यीकरण
3.0 प्रयोग
3.1 तर्क करना
3.2 परिकल्पना का प्रतिपादन
3.3 परिकल्पना की स्थापना
3.4 निष्कर्ष निकालना
3.5 पूर्व कथन करना
4.0 सृजनात्मक
4.1 विश्लेषण करना
4.2 संश्लेषण करना
4.3 मूल्यांकन करना

इस विधि में उद्देश्यों को व्यावहारिक तौर पर लिखने के लिए पहले उद्देश्यों का निर्धारण करना पड़ता है। तदोपरान्त मानसिक क्रियाओं को पाठन सामग्री के तत्वों के साथ शामिल करके व्यावहारिक रूप दिया जाता है।

पाठ योजनाएँ और उनकी संरचना

पाठ योजना के निर्माण में विविध उपागमों का उपयोग किया गया है। प्रथमतः हम हरबर्ट उपागम (Herbartian Approach) के बारे में मत कर लेते हैं जिसके आधार पर समस्त ज्ञान बाहर से शिक्षार्थी को प्रदान किया जाता है और वह संचित होता रहता है। यदि नये ज्ञान को पूर्व ज्ञान से जोड़ दिया जाए तो सीखने में सुगमता होती है। इकाई की क्रियाओं को एक व्यवस्थित क्रम में प्रस्तुत करना चाहिए। हरबर्ट ने पाँच सोपानों में बाँटा है। इसमें प्रस्तावना, प्रस्तुतीकरण, व्यवस्था, तुलना तथा मूल्यांकन है। इस योजना में पाठ्य विषय को प्रधानता दी जाती है। दूसरे Bloom's Approach का उपयोग होता है और यह भी थोड़े परिवर्तन के साथ प्रस्तुत की जाती है। प्रोफेसर ब्लूम ने पाठ्य वस्तु के स्थान पर शैक्षिक उद्देश्यों को अध्यापन का आधार माना है। इन्होंने शैक्षिक उद्देश्यों को तीन वर्गों में बाँटा है—ज्ञानात्मक, क्रियात्मक और भावात्मक। उनके साथियों ने सब मिलकर 17 भागों में पुनः वितरण किया।

तीसरे राष्ट्रीय शैक्षिक अनुसन्धान एवं प्रशिक्षण परिषद ने भी अध्यापन क्रिया में उद्दीपन तथा अनुक्रिया की अपेक्षा मानसिक प्रक्रिया को महत्त्व दिया है।

चौथे Bloom's के मूल्यांकन उपगम के आधार पर हमारे देश में क्षेत्रीय शिक्षा महाविद्यालय, मैसूर ने शैक्षिक प्रयोजनों को केवल चार पदों में प्रस्तुत किया और हरएक के लिए केवल 17 मानसिक योग्यताओं की सूची तैयार की। उसे R.C.E.M. System कहा गया। भारत के तमाम प्रशिक्षण महाविद्यालयों में थोड़े बहुत बदलाव के साथ इसे ही व्यवहार में लाया जा रहा है।

कुछ पाठ योजनाओं के प्रारूप (यहाँ संलग्न है)–

हरबर्ट पंचपदीय पाठ योजना

हरबर्ट ने रुचि के सिद्धान्तों पर बल देकर अध्यापन को मनोवैज्ञानिक रूप प्रदान किया और अध्यापन की एक नये प्रणाली का प्रतिपादन किया जो हरबर्ट की पंचपद प्रणाली के नाम से प्रसद्धि है। इसी को लेखकों ने हरबर्ट की अध्यापन विधि के औपचारिक पद कहा है। इस तरह अध्यापन के ये पद, जो हरबर्ट के पंचपदी के नाम से विख्यात हैं, निम्नांकित हैं–

1. (अ) प्रस्तावना
   (ब) उद्देश्य-कथन
2. प्रस्तुतीकरण
3. अपेक्षा
4. सामान्यीकरण
5. उपयोग

(अ) प्रस्तावना

इस पद में बालकों को नये पाठ का परिचय दिया जाता है एवं उसके मस्तिष्क को नए ज्ञान को ग्रहण करने हेतु तैयार किया जाता है। इस तैयारी में नये ज्ञान का कोई जगह नहीं होता है। इसके लिए विद्यार्थियों द्वारा अर्जित पूर्व ज्ञान का उपयोग किया जाता है। इस पूर्व ज्ञान पर ही नए ज्ञान को आधारित किया जाता है। अतएव जैसा कि बरनाई (Benard) ने लिखा है–'इस पद का प्रयोजन छात्रों को पूर्व ज्ञान के आधार पर नए ज्ञान को ग्रहण करने के लिए तैयार करना है।'

(ब) उद्देश्य कथन

प्रयोजन कथन उपपद है पर प्रस्तावना और प्रस्तुतीकरण का संयोजक होने की वजह से इसका महत्त्व किसी पद से कम नहीं है। अगर प्रस्तावना पाठ-रूपी भवन तक पहुँचने का प्रवेश मार्ग है तो प्रयोजन कथन इस भवन की देहरी है। उस पर पैर रखते ही आप भवन में प्रवेश कर सकते हैं। रेमाण्ट (Raymont) का तथ्य है कि 'पाठ का प्रयोजन सीधे तौर पर बताया जाना चाहिए। प्रयोजन–कथन बिलकुल स्पष्ट होना चाहिए और उसमें किसी तरह के दुर्बोध शब्द अथवा मत नहीं होने चाहिएँ।'

1. विषय प्रवेश

इस पद में नए ज्ञान को छात्रों के समक्ष प्रस्तुत किया जाता है। इस पद में पाठ्यवस्तु को स्पष्ट करने, प्रमाण को पुष्ट करने, तर्क तथा कल्पना को विकसित करने, रुचि और जिज्ञासा को जाग्रत करने एवं ध्यान को केन्द्रित करने के लिए श्यामापट, नक्शे, चार्ट, आदि सहायक सामग्री का उपयोग किया जाता है।

2. तुलना

इस पद को अब अलग न मानकर प्रस्तुतीकरण में शामिल कर दिया गया है। इसका उपयोग केवल उन छात्रों के लिए करना चाहिए जो पर्याप्त ज्ञान अर्जित कर चुके हों। तुलना का उपयोग भूगोल, विज्ञान, गणित, इतिहास आदि के अध यापन में विशेष रूप से लाभप्रद है।

3. नियम निरूपण

इस पद का प्रयोजन बताते हुए स्टर्ट व ओकडन (Sturt & Oakden) ने लिखा है–'इस पद में सम्पूर्ण पाठ की सामग्री संकलित की जाती है–सारांश तैयार किया जाता है, सामान्य नियम निर्धारित किया जाता है, अथवा किसी तौर पर पुनावृत्ति की जाती है।'

4. प्रयोग

अर्जित ज्ञान पर पूर्ण अधिकार होने का सबसे सबल प्रमाण यह है कि आवश्यकता और अवसर पर उसका उपयोग किया जा सके। इस पद में अध यापक विविध प्रकार से छात्रों को अपने अर्जित ज्ञान का उपयोग करने का अवसर देता है। गणित, विज्ञान, व्याकरण आदि में वह उनको करने के लिए

कक्षा कार्य देता है। अन्य विषयों में वह उपयोग को गृह-कार्य के तौर पर देकर सन्तोष कर लेता है।

पाठ योजना का स्वरूप

पाठ योजना क्रम-संख्या

संस्था— तिथि—

कालांश— समय—

कक्षा— छात्रों की औसत आयु

विषय—

प्रकरण—

छात्राध्यापक का नाम—

सामान्य उद्देश्य—

विशिष्ट उद्देश्य—

सहायक सामग्री—

प्रस्तावना—

प्रयोजन तथ्य—

प्रस्तुतीकरण—

पुनरावृत्ति—

श्यामपट सारांश—

गृह-कार्य—

पाठ योजना के स्वरूप में दिए गए शीर्षकों का वर्णन इस तरह है—

1. **कक्षा**—यहाँ वह कक्षा तथा समूह लिखा जाता है जिसको पाठ पढ़ाया जाता है।
2. **छात्रों की औसत आयु**—यहाँ उस क्लास के छात्रों की औसत आयु लिखी जाती है जिनको पाठ पढ़ाया जाता है।
3. **विषय**—यहाँ वह विषय लिखा जाता है जिसके तहत पढ़ाया जाने वाला पाठ आता है।
4. **सामान्य प्रयोजन**—यहाँ विषय के अध्यापन के साधारण प्रयोजनों को लिखा जाता है।
5. **विशिष्ट प्रयोजन**—यहाँ पाठ के विशेष उद्देश्यों को लिखा जाता है।

6. **सहायक सामग्री**—पाठ विशेष को पढ़ाने के लिए अध्यापक जिस मददगार सामग्री का उपयोग करता है उसे यहाँ लिखा जाता है।
7. **पूर्व ज्ञान**—यहाँ छात्रों के पूर्व ज्ञान को लिखा जाता है।
8. **प्रस्तावना**—इस पद में छात्रों को नये ज्ञान को ग्रहण करने हेतु तैयार किया जाता है। तैयारी हेतु जिन साधनों का उपयोग किया जा रहा है उनको यहाँ लेखबद्ध किया जाता है।
9. **पाठ योजना की क्रमसंख्या**—इस शीर्षक में पाठ योजना की क्रम संख्या लिखी जाती है जिससे यह मालूम हो जाता है कि अब तक कितने पाठ पढ़ाए जा चुके हैं।
10. **संस्था**—यहाँ उस विद्यालय का नाम लिखा जाता है जहाँ पाठ पढ़ाया जाता है।
11. **तिथि**—यहाँ वह दिनांक लिखा जाता है जिस दिनांक को पाठ पढ़ाया जाता है।
12. **घण्टा**—यहाँ वक्त विभाग चक्र के हिसाब से यह घण्टा लिखा जाता है जिसमें पाठ पढ़ाया जाता है।
13. **समय**—यहाँ घण्टे की अवधि लिखी जाती है।
14. **उद्देश्य कथन**—प्रस्तावना के उपरान्त अध्यापक अपने पाठ के विशिष्ट उद्देश्य को छात्रों के समक्ष प्रस्तुत करें। यह सरल भाषा में संक्षिप्त तौर पर प्रस्तुत किया जाना चाहिए। इसके माध्यम से 'हम' की भावना पैदा की जाती है।
15. **प्रस्तुतीकरण**—इस पद में नये पाठ को प्रस्तुत किया जाता है। इसमें पाठ का दूसरे विषयों में यथास्थान समन्वय स्थापित करना चाहिए। पाठ को प्रस्तुत करने के लिए छात्राध्यापक को पाठ के अनुसार अध्यापन पद्धतियों का उपयोग करना चाहिए। इस स्तर पर ही सहायक सामग्री का उपयोग किया जाता है।
16. **श्यामपद सारांश**—पाठ को सुविधानुसार दो अथवा तीन अन्वितियों में विभक्त किया जा सकता है। प्रत्येक अन्विति की समाप्ति पर श्यामपद सारांश दिया जाना चाहिए।
17. **पुनरावृत्ति**—इसका मुख्य उद्देश्य छात्रों द्वारा अर्जित किए हुए ज्ञान की जाँच करना है। यह स्तर अध्यापक के कार्य की भी परीक्षा लेता है। इसमें अधिक समय नहीं लगाना चाहिए।

18. **गृह-कार्य**—गृह-कार्य का मुख्य उद्देश्य छात्रों में स्वाध्ययन की आदत का निर्माण करना है तथा अर्जित किए हुए ज्ञान को स्थिर एवं विस्तृत बनाना है। इसको निर्धारित करते समय अध्यापक को छात्रों की रुचि, योग्यता, वैयक्तिक विविधताओं आदि का ध्यान रखना चाहिए। अध्यापक को दिए हुए गृह-कार्य को प्रतिदिन जाँचना चाहिए।
19. **प्रकरण**—यहाँ पाठ का शीर्षक लिखा जाता है।
20. **छात्राध्यापक का नाम**—यहाँ उस छात्राध्यापक का नाम लिखा जाता है जो उस पाठ को पढ़ाता है।

हरबर्ट पाठ योजना

कक्षा-9 विषय—भूगोल प्रकरण—भूमध्य रेखीय प्रदेश

कालांश—प्रथम समय—36 मिनट

सामान्य उद्देश्य—

1. छात्रों ने स्वदेश प्रेम तथा राष्ट्रीय भावना का विकास करना।
2. विश्व बन्धुत्व तथा अन्तर्राष्ट्रीय भावना का विकास करना।
3. भौगोलिक परिस्थितियों के अनुकूलन की क्षमता का विकास करना।
4. छात्रों में जीविका उपार्जन की क्षमता का विकास करना।
5. छात्रों को व्यवसाय, कृषि, वाणिज्य आदि से अवगत करना।

विशिष्ट उद्देश्य—

1. भूमध्य रेखीय प्रदेशों की स्थिति व जलवायु से अवगत कराना।
2. भूमध्य रेखीय वनस्पति का ज्ञान देना।
3. भूमध्य रेखीय जीव-जन्तुओं से अवगत कराना।
4. भूमध्य रेखीय प्रदेशों के मनुष्यों के उद्यम, कृषि, आदि से अवगत कराना।

पूर्व ज्ञान—छात्र प्राकृतिक प्रदेशों के अर्थ से परिचित हैं तथा जलवायु को प्रभावित करने वाले कथनों का ज्ञान है।

सहायक सामग्री—संसार का प्राकृतिक मानचित्र, तापक्रम एवं वर्षा बताने वाला ग्राफ, खाका चित्र, जीव-जन्तु तथा अत्पादन सम्बन्धी विश्व मानचित्र आदि।

प्रस्तावना—(मानचित्र में देखकर बताइए)

प्रश्न 1. विश्व को मानचित्र पर किस रेखा द्वारा दो हिस्सों में बाँटा जा सकता है?

प्रश्न 2. हमारा राष्ट्र किस जलवायु प्रदेश में स्थित है?

प्रश्न 3. भूमध्य रेखा से प्रभावित होने वाले किस नाम से पुकारे जाते हैं?

उद्देश्य कथन—आज हम भूमध्य रेखीय प्रदेशों का अध्ययन करेंगे।

प्रस्तुतीकरण—(विश्व मानचित्र द्वारा)

स्थिति—

प्रश्न :—

1. भूमध्य रेखीय प्रदेश संसार के किन-किन हिस्सों में पाए जाते हैं?
2. इन प्रदेशों में स्थिति भूमध्य रेखा के दोनों तरफ किन-किन अक्षांशों के मध्य पड़ती है?
3. अफ्रीका में ये प्रदेश कहाँ पर पाए जाते हैं?
4. दक्षिणी अमेरिका में यह जलवायु किन-किन हिस्सों में पाई जाती है?
5. पूर्वी द्वीप समूह में यह प्रदेश कहाँ पर स्थित है?

शिक्षक कथन—

भूमध्य रेखीय प्रदेश भूमध्य रेखा के 50 डिग्री उत्तरी एवं 5 डिग्री दक्षिणी अक्षांशों के बीच पाए जाते हैं। यह प्रदेश अमेरिका में अमेजन का बेसिन, अफ्रीका में कांगों बेसिन एवं पूर्वी द्वीप समूह में जावा, सुमात्रा, मलाया इत्यादि द्वीपों में स्थित है।

1. यहाँ पर औसत वर्षा कितने सेमी होती है?
2. इन प्रदेशों में औसत तापमान कितना होता है?
3. यहाँ की जलवायु की प्रमुख विशेषताएँ क्या हैं?

शिक्षक कथन—

इन प्रदेशों में सामान्य तापक्रम 80 डिग्री फा. पर रहता है। वर्ष का औसत 200 से 250 सेमी है। यहाँ पर दोपहर के बाद प्रतिदिन वर्षा होती है।

वन्य जीव-जन्तु एवं वनस्पति

प्रश्न

1. इन प्रदेशों की महत्वपूर्ण वनस्पति क्या-क्या हैं?

2. यहाँ किस तरह के वन पाए जाते हैं?
3. यहाँ के मुख्य जीवन-जन्तुओं के नाम बताइए।

शिक्षक कथन–

इन प्रदेशों में अधिक वर्षा होने के कारण सघन वनस्पति पाई जाती है तथा पेड़ अधिक ऊँचे तथा सदैव हरे रहते हैं। इसीलिए यहाँ पर सदाबहार वन पाए जाते हैं मुख्य रूप से यहाँ पर मगर, दरियाई घोड़ा, बन्दर, साँप, हाथी गेंडा, सुअर आदि जानवर पाए जाते हैं।

पुनरावृत्ति प्रश्न–

1. भूमध्य रेखीय प्रदेश संसार में कहाँ-कहाँ पर स्थित हैं?
2. इन प्रदेशों की जलवायु की विशेषताएँ क्या हैं?
3. इन प्रदेशों की मुख्य वनस्पति क्या है?
4. यहाँ कौन-कौन से जीव-जन्तु पाए जाते हैं?

मूल्यांकन उपागम पाठ योजना

दिनाँक कक्षा–9 विषय–भूगोल

कालांश-प्रथम प्रकरण–भूमध्य रेखीय प्रदेश

शिक्षण उद्देश्य–

1. भूमध्य रेखीय प्रदेशों की स्थिति से अवगत कराना।
2. इन प्रदेशों की जलवायु का बोध कराना।
3. वनस्पति व जीवन जन्तुओं से परिचित कराना।
4. यहाँ के मानव उद्योगों से अवगत कराना।

प्रस्तुतीकरण–

शिक्षक क्रियाएँ	छात्र क्रियाएँ	शिक्षण विधि	मूल्यांकन (उद्देश्य)
प्रस्तावना–	(मानचित्र द्वारा)	(सम्भावित उत्तर)	प्रशनोत्तर

मानचित्र

1. संसार को दो भागों में किस रेखा द्वारा विभक्त किया गया है?
– भूमध्य रेखा द्वारा

2. भूमध्य रेखा के दोनों ओर कौन-सी जलवायु पाई जाती है?
— भूमध्य रेखीय जलवायु

उद्देश्य कथन—आज हम भूमध्य रेखीय प्रदेशों का अध्ययन करेंगे।

3. भूमध्य रेखा किन महाद्वीपों से गुजरती है,
— यह दक्षिण अफ्रीका तथा एशिया से गुजरती है।
(मानचित्र द्वारा)

ज्ञान उद्देश्य

4. यह प्रदेश भूमध्य रेखा के उ. व द. में कितने अक्षांशों में पाए जाते हैं?
— 50 डिग्री उत्तर एवं 5 डिग्री दक्षिण।
5. यह प्रदेश संसार में कहाँ-कहाँ पर पाए जाते हैं?
— निरूत्तर
स्पष्टीकरण—
यह प्रदेश विश्व में अमेजन नदी का बेसिन, कांगों का बेसिन, गिनी तट, जावा, सुमात्रा, मलाया इत्यादि में पाए जाते हैं।
छात्र ध्यानपूर्वक मानचित्र देखेंगे।
6. इन प्रदेशों में सामान्य तापक्रम कितने डिग्री होता है?
— औसतन 80 डिग्री फै.
ग्राफ द्वारा
बोध
7. यहाँ पर कितनी वर्षा होती है?
— औसत वर्षा 200 सेंमी.
8. यहाँ की जलवायु की महत्वपूर्ण विशेषताएँ क्या-क्या हैं?
— निरूतर
स्पष्टीकरण
सायंकाल में रोजाना वर्षा होना, ज्यादा गर्मी पड़ना, आकाश में बादल छाए रहना, तापक्रम ज्यादा ऊँचा न होना इत्यादि हैं।
छात्र ध्यानपूर्वक सुनेंगे
कथन
9. इन प्रदेशों में सघन वनस्पति क्यों पाई जाती है?
— वर्ष भर वर्षा होने के वजह से

प्रश्नोत्तर

10. यहाँ की मुख्य वनस्पति क्या-क्या हैं?

— निरूत्तर

कथन—

यहाँ पर सदाबहार वन पाए जाते हैं। सागौन, चीड़, बाँस इत्यादि के वृक्ष मुख्य हैं।

छात्र ध्यानपूर्वक सुनेंगे

कथन

विश्लेषण

11. यहाँ पेड़ों पर रहने वाले कौन-कौन से जीव-जन्तु पाए जाते हैं?

— गिलहरी, साँप, बन्दर

प्रश्नोत्तर

विश्लेषण

12. नदियों व झीलों में कौन-कौन से जानवर रहते हैं?

— मगर, दरियाई घोड़े

प्रश्नोत्तर

विश्लेषण

13. यहाँ जंगलों में कौन-कौन से जानवर रहते हैं?

— हाथी, गेंडा, सुअर

प्रश्नोत्तर

विश्लेषण

14. यहाँ के मनुष्यों के मुख्य धन्धे का क्या-क्या साधन है?

— निरूत्तर

प्रश्नोत्तर

स्पष्टीकरण—

मुख्य धन्धा शिकार करना, रबड़ एकत्रित करना तथा चावल की खेती करना है।

छात्र ध्यानपूर्वक सुनेंगे

स्पष्टीकरण

मूल्यांकन—

1. भूमध्य रेखीय प्रदेश कहाँ-कहाँ पाए जाते हैं?

2. यहाँ की जलवायु की क्या-क्या विशेषताएँ हैं?
3. यहाँ पर किस प्रकार के वन पाए जाते हैं?
4. यहाँ पर कितने प्रकार के जीव-जन्तु पाए जाते हैं?

नवीन पाठ योजना

दिनाँक कक्षा—9 वर्ग—(ब)
विषय—भूगोल कालांश.... समय....

उपविषय—भारत की भौतिक रचना

अदा (Input) अपेक्षित व्यवहार उपलब्धियाँ (E.B.Os.)

प्रक्रिया (Process) अधिगम अनुभव (L.E.)

प्रदा (Output) वास्तविक अधिगम उपलब्धियाँ (R.L.Os)

शिक्षण बिन्दु अध्यापन उद्देश्य क्रियाएँ छात्र क्रियाएँ अध्यापन विधि, प्रविधि एवं सहायक सामग्री मूल्यांकन

प्रस्तावना

प्रश्न—हमारे देश का क्या नाम है?
उत्तर—भारतवर्ष
प्रश्न—भारत के सुदूर उत्तर में कैसे हिस्से पाए जाते हैं?
उत्तर—ऊँची पर्वत मालाएँ।
प्रश्न—भारत के दक्षिण हिस्से की कैसी बनावट है?
उत्तर—पठारी।
प्रश्न—भारत के उ. तथा द. हिस्सा के बीच कैसे हिस्से पाए जाते हैं?
उत्तर—विशाल मैदान।
प्रश्न—इसलिए भारत को कितने भौतिक भागों में बाँटा गया है?
उत्तर—चार भौतिक हिस्सों में बाँटा गया है।

उद्देश्य कथन—

आज हम भारत की भौतिक रचना का अध्ययन करेंगे।

प्रस्तुतीकरण—

भारत के भौतिक हिस्से

भारत के भौतिक हिस्सों का प्रत्यास्मरण कर लेते हैं।

प्रश्न—भारत के उत्तर में कौन-सा पर्वत है?

उत्तर—भारत के उत्तर में हिमालय पर्वत है।

प्रश्न—हिमालय जलवायु सम्बन्धी कौन-सा काम करता है?

उत्तर—हिमालय जलवायु सम्बन्धी रोक लगाता है

प्रश्न—हिमालय की मुख्य कोटियों के क्या नाम हैं?

उत्तर—हिमालय की कोटि एवरेस्ट, कंचनजंगा, शिवालिक इत्यादि।

प्रश्न—उत्तरी विशाल मैदान कैसा है?

उत्तर—उत्तरी विशाल मैदान अत्यधिक उपजाऊ है।

प्रश्न—दक्षिण का पठार कैसा भूखण्ड है?

उत्तर—द. पठार सबसे प्राचीन भूखण्ड है।

प्रश्न—भारत को कितने प्राकृतिक हिस्सों में बाँटा गया है?

उत्तर—निरूत्तर

स्पष्टीकरण—

भारत को चार प्राकृतिक हिस्सों में विभाजित किया गया है—

प्राकृतिक मानचित्र

(सही विकल्प चुनिए)

1. उत्तर भारत का हिस्सा	1. उत्तर भारत का पर्वतीय हिस्सा
2. उत्तर का विशाल मैदान	2. उत्तर का विशाल मैदान
3. दक्षिण का पठार	3. दक्षिण का पठार तथा समुद्रीय तटीय मैदान
4. समुद्रतटीय भाग	4. उपरोक्त सभी

उत्तर का पर्वतीय क्षेत्र

छात्र भारत के मानचित्र में उत्तरी पर्वत श्रेणियों का विस्तार एवं स्थिति की पहचान कर लेते हैं।

प्रश्न—सबसे ऊँचे पर्वत का क्या नाम है?

उत्तर—सबसे ऊँचा पर्वत माउण्ट एवरेस्ट है।

प्रश्न—यह कहाँ पर स्थित है।

उत्तर—यह नेपाल में स्थित है।

प्रश्न—हिमालय से निकलने वाली नदियाँ कौन-सी हैं?

उत्तर—हिमालय से गंगा, यमुना, सतलुज आदि निकलती हैं।

प्रश्न—उत्तरी पर्वतीय श्रेणियाँ कहाँ-से-कहाँ तक फैली हैं?

उत्तर—छात्र निरूत्तर

स्पष्टीकरण–

भारत का प्राकृतिक मानचित्र प्रदर्शित करते हुए उत्तरी पर्वत श्रेणियाँ उत्तर में काश्मीर से अरूणाचल प्रदेश तक फैली हुई हैं।

छात्र ध्यानपूर्वक सुनेंगे

स्पष्टीकरण भारत का प्राकृतिक (मानचित्र) भाग

उत्तर पर्वत श्रेणियो का विस्तार

नेपाल से असम तक है।

राजस्थान से कन्याकुमारी तक है।

काश्मीर से अरूणाचल प्रदेश तक

उपरोक्त सभी

(उपरोक्त में सही विकल्प चुनिए)

उत्तर का विशाल मैदान

छात्र उत्तर के विशाल मैदान में पैदा होने वाली उपजों को वर्णित कर लेते हैं।

प्रश्न–उत्तरी विशाल मैदान किसके द्वारा मिट्टियाँ लाकर बना है?

उत्तर–यह नदियों द्वारा मिट्टियाँ लाकर बना है।

उत्तरी विशाल मैदान की प्रमुख विशाल फसलें–

1. गेहूँ
2. चावल
3. गन्ना
4. उपरोक्त सभी।

प्रश्न–इसकी प्रमुख नदियाँ कौन-सी हैं?

उत्तर–इसकी मुख्य नदियाँ गंगा तथा यमुना हैं।

(सही विकल्प चुनिए)

प्रश्न–गंगा तथा यमुना नदियों के बीच के हिस्से को क्या कहा जाता है?

उत्तर–यह दोआब कहकर पुकारा जाता है।

प्रश्न–उत्तरी विशाल मैदान में कौन-सी फसलें उगाई जाती हैं?

उत्तर–छात्र निरूत्तर

स्पष्टीकरण–उत्तरी विशाल मैदान में गेहूँ, चावल, गन्ना इत्यादि मुख्य फसलें उगाई जाती हैं। गेहूँ तथा गन्ना ज्यादा उत्पन्न किया जाता है।

छात्र दक्षिण पठार की बनावट एवं पर्वत कोटियों का विवेचन कर लेते हैं।

प्रश्न—भारत का प्राचीन भूखण्ड किसे कहा जाता है?

उत्तर—दक्षिण पठारों को।

प्रश्नोत्तर

प्रश्न—इस पठार की महत्वपूर्ण नदियाँ कौन-सी हैं?

उत्तर—इसकी महत्वपूर्ण नदियाँ गोदावरी, नर्मदा, कावेरी तथा ताप्ती हैं।

प्रश्नोत्तर

प्रश्न—इस पठार की महत्वपूर्ण नदियाँ कौन-सी हैं?

उत्तर—छात्र निरूत्तर

प्रश्नोत्तर

स्पष्टीकरण—उत्तरी विशाल मैदान में गेहूँ, चावल, गन्ना इत्यादि महत्वपूर्ण फसलें उगाई जाती हैं। गेहूँ तथा गन्ना ज्यादा उगाया जाता है।

दक्षिण का पठार

छात्र दक्षिण पठार की बनावट एवं पर्वत श्रेणियों का विवेचन कर लेते हैं।

उत्तर—दक्षिण पठार का।

प्रश्न—भारत का प्राचीन भूखण्ड किसे कहा जाता है?

उत्तर—इसकी मुख्य नदियाँ गोदावरी, नर्मदा, कावेरी तथा ताप्ती हैं।

प्रश्नोत्तर

प्रश्न—इस पठार की प्रमुख पर्वत श्रेणियाँ कौन-सी हैं?

उत्तर—छात्र निरूत्तर

प्रश्नोत्तर

स्पष्टीकरण—समुद्रतटीय मैदान दक्षिण पठार की मुख्य श्रेणियों विन्ध्याचल पर्वत, महादेव मैकाल तथा सतपुड़ा इत्यादि कोटियाँ पाई जाती हैं। यह समुद्रतटीय हिस्सा की बनावट को व्यक्त करते हैं।

छात्र ध्यान सुनेंगे

स्पष्टीकरण

दक्षिणी पठार की पर्वत श्रेणियाँ

विन्ध्याचल व सतपुड़ा

महादेव

मैकाल

उपरोक्त सभी

प्रश्न–भारत का चौथा भौमिक हिस्सा कौन-सा है?

उत्तर–समुद्रतटीय हिस्सा है।

प्रश्नोत्तर

प्रश्न–तटीय हिस्सा की बनावट पश्चिम में कैसी है?

उत्तर–प. में तटीय हिस्सा संकरे पाए जाते हैं।

प्रश्नोत्तर

प्रश्न–समुद्रतटीय मैदान कहाँ पाए जाते हैं?

उत्तर–समुद्रतटीय मैदान दक्षिण पठार के पूर्व प. किनारों पर यह संकरा समुद्रतटीय मैदान है।

प्रश्नोत्तर

स्पष्टीकरण–

समुद्रतटीय मैदान को दो भागों में बाँटा गया है–

1. पूर्वी तटीय मैदान
2. पश्चिमी तटीय मैदान

छात्र ध्यानपूर्वक सुनेंगे

स्पष्टीकरण

समुद्रतटीय मैदान के भाग

1. पश्चिमी तटीय मैदान
2. पूर्वी तटीय मैदान
3. प. व पूर्वी तटीय मैदान
4. उपरोक्त सभी।

(सही विकल्प चुनिए)

श्यामपट सारांश–भारत के भौतिक प्रदेश

1. उत्तरी पर्वतीय प्रदेश
2. उत्तर का विशाल मैदान
3. दक्षिण का पठार
4. समुद्रतटीय मैदान

गृहकार्य–

भारत की भौतिक रचना की दृष्टि से इसको कितने भागों में बाँटा गया है। प्रत्येक का अलग-अलग वर्णन कीजिए।

सुझाव

भारतीय विद्यालयों में परम्परागत् पाठ योजना से ही पढ़ाया जा रहा है। विशेषरूप से ग्रामीण विद्यालय इससे प्रभावित हैं। चूँकि वहाँ पर सरकार एवं दूसरे अधिकारी निरीक्षण के लिए समय-समय पर नहीं पहुँच पाते हैं। इसके साथ ही मेरी निजी रूप से राय है कि शहर एवं ग्रामीण विद्यालयों के सभी स्तर के अध्यापकों को प्रोत्साहित किया जाए कि वे अच्छी आधुनिक नियम पर आधारित पाठ योजना बनाकर ही कक्षा अध्यापन करें जिससे उनका अध्यापन प्रभावी हो चूँकि बालक राष्ट्र की धरोहर हैं। उन्हें अच्छी शिक्षा प्रदान करना राष्ट्र के अध्यापकों का कर्त्तव्य है। इस बात को ध्यान में रखकर ही अध्यापक को अध्यापन कार्य करना चाहिए यही राष्ट्र के प्रति उनकी सच्ची सेवा और देशभक्ति है।

5

भूगोल अध्यापन : सहायक सामग्री

प्राचीन काल से लेकर वर्तमान काल तक अध्यापन पद्धति के कई तरीके प्रचलन में रहे हैं जिनमें उद्देश्यों की समानता के होते हुए भी विधि एवं प्रविधियों तथा साधनों की विभिन्नता देखने को मिलती है। एक समय था जब विद्यालय एक ऐसी संस्था थी, जिसमें अध्यापन कार्य स्वयं अध्यापक द्वारा मौखिक रूप से किया जाता था। उसको किसी भी अन्य साधन से इस कार्य में मदद नहीं मिलती थी और बालक निष्क्रिय श्रोता बना रहता था। वर्तमान शिक्षा बाल-केन्द्रित है। शिक्षा का मुख्य उद्देश्य बालक का सर्वांगीण विकास करना है। इस उद्देश्य की प्राप्ति हेतु बालक की योग्यता, रूचि, मनोवृत्तियाँ, जरूरत आदि को आधार बनाया जाता है। अतएव अध्यापक क्रिया को सरल, सजीव तथा प्रभावी बनाने के लिए जरूरी है कि नये सामग्री को इस प्रकार प्रस्तुत किया जाए कि उसका स्वरूप विद्यार्थी को अधिकांश सरल एवं स्पष्ट हो जाए। ऐसा करने के लिए शैक्षिक उपकरणों की जरूरत पड़ती है। इन शैक्षिक उपकरणों को शिक्षण-सामग्री के नाम से पुकारा जाता है।

आधुनिक शिक्षाशास्त्री इस विचारधारा के मानने वाले हैं कि छात्र सक्रिय रहकर ज्ञान की प्राप्ति करे। इसके लिए अध्यापक विविध प्रकार के साधन जुटाता है जिससे पाठ्यक्रम स्पष्ट तथा सरल बन जाए और छात्र उसमें रुचि ले तथा क्रियाशील बना रहे। सहायक सामग्री एक छोटा सा साधन है, जिसके द्वारा विषय में विशेष रुचि जाग्रत की जाती है।

अर्थात् सहायक सामग्री वह साधन है जिसके द्वारा किसी विषय को सहजता से स्पष्ट किया जाता है। भूगोल विषय अध्यापक के पास इन साधनों का

भण्डार होता है जिनके उपयोग से वह अपने विषय को पाठकों हेतु रुचिकर और सजीव बना सकता है तथा विषय में रुचि पैदा सकता है। सफल अध्यापन के लिए यह जरूरी है कि बालकों की शिक्षा का सम्बन्ध उनकी अधिक से अधिक ज्ञानेन्द्रियों के साथ हो। इसीलिए मान्टेसरी ने अपनी पद्धति में ज्ञानेन्द्रियों के प्रशिक्षण पर विशेष जोर दिया। बालक कक्षा में प्रश्न सुनते-सुनते या उत्तर देते-देते ऊब जाते हैं। क्योंकि उनकी एक ही ज्ञानेन्द्रिय कानों के साथ-साथ नेत्रों आदि का भी सही उपयोग हो। इससे पाठ सरस और सुबोध हो जाता है।

भूगोल अध्यापन ने रोचकता लाने हेतु विविध सहायक शिक्षण-सामग्री का प्रयोग किया जाता है। सामग्री की परिभाषा एक विद्वान ने इस प्रकार दी है–"विषय को स्पष्ट करने तथा उसे आकर्षक, रुचिकर बनाने के लिए जटिल विषय को सरल तथा सुबोध बनाने के लिए जिस वस्तु का भी उपयोग किया जाता है, वह सब सहायक अध्यापन सामग्री कहलाती है।"

श्री आत्मानन्द मिश्र इस विषय में लिखते हैं–"प्रत्यक्षानुभूति हर तरह के ज्ञान-प्राप्ति का सर्वोत्तम साधन है। अनुभूति द्वारा प्राप्त-ज्ञान पुस्तकीय ज्ञान की अपेक्षा अधिक प्रभावोत्पादक है, अतएव चिरस्थायी है और सम्पूर्ण होता है। ज्ञानेन्द्रियों के उपयोग से वह ज्ञान परिपक्व और व्यापक बनता है। बालक का भौगोलिक ज्ञान तब तक परिपक्व और समृद्ध नहीं होगा जब तक वह प्रत्यक्ष अवलोकन और सप्रयोजन अनुभव पर आधारित न हो, और उनके निष्कर्ष प्रत्यक्षानुभूति से समन्वित न हो।" सहायक सामग्री द्वारा बालक प्रत्यक्ष अवलोकन करता है और उसे प्रत्यक्षानुभूति का अवसर मिलता है।

भूगोल अध्यापन में सहायक सामग्रियाँ

भूगोल अध्यापन में सहायक सामग्री अध्यापन कला की कुन्जियाँ कहलाती है। अध्यापन व सहायक सामग्री एक-दूसरे की पूरक है। भूगोल अध्यापन में इनका महत्त्वपूर्ण स्थान है। सहायक सामग्री का भूगोल अध्यापन मेंर वही महत्त्व है जैसा, मानव शरीर में प्राण का है। भूगोल अध्यापन में निम्नांकित तौर पर सहायक सामग्रियाँ को विभक्त किया जाता है–

भूगोल अध्यापन में प्रयुक्त उपकरणों का उद्देश्य

1. विषय वस्तु को स्पष्ट करना,
2. पाठ को सरल बोधगम्य बनाना,

3. बालक की जिज्ञासा पाठ के प्रति बनाए रखना,
4. पाठ के प्रभाव को बढ़ाना,
5. निरीक्षण शक्ति का विकास करना।

सहायक सामग्री का विभक्तिकरण

साधारण सहायक सामग्री को तीन भागों में विभक्त कर सकते हैं—

(1) वास्तविक पदार्थ,
(2) अवास्तविक पदार्थ,
(3) पाठ्य पुस्तकें।

प्रमुख भौगोलिक स्रोत

इसमें संग्रहालय, भौगोलिक अवशेष तथा काल विशेष की सामग्री आ जाती है। स्रोतों से विद्यार्थी विधि को जान जाते हैं। वे कथनों की तुलना, व्याख्या, समीक्षा आदि कर सकते हैं। जारविस के अनुसार—भौगोलिक स्रोत वह मौलिक द्रव्य है जिसके द्वारा भूगोलवेत्ता अतीत की पुरर्नचना करता है।

अवास्तविक स्रोत

(1) श्रव्य उपकरण
(2) दृश्य उपकरण
(3) दृश्य-श्रव्य उपकरण

दृश्य उपकरणों में निम्नांकित उपकरण आते हैं।

(क) लेखाचित्रीय उपकरण—(1) चित्र (2) समय रेखाएँ (3) मानचित्र (4) रेखाचित्र (5) ग्लोब (6) पोस्ट।

(ख) प्रदर्शन पट्ट—(1) श्यामपट्ट (2) घोषणा पट्ट (3) फलालेन पट्ट

(ग) पक्षेपी उपकरण (1) मायापी (2) चित्र दर्शक

(घ) त्रिघातीय उपकरण—(1) प्रतिरूप (2) अवशेष (3) कठपुतली

(ङ) क्रियात्मक उपकरण—विविध स्थलों तथा संग्राहलयों की यात्रा।

श्रव्य उपकरणों में निम्नांकित उपकरण लिए जा सकते हैं—

(1) ग्रामोफोन (2) रेडियो (3) टेपरेकार्डर।

भूगोल अध्यापन में प्रयुक्त होने वाले दृश्य-श्रव्य यंत्र

दृश्य-श्रव्य उपकरणों में यह उपकरण लिए जा सकते हैं

(1) दूरदर्शन,

(2) चलचित्र।

प्रतिरूप—बहुधा यह सम्भव नहीं होता कि विद्यार्थियों को वास्तविक वस्तु दिखाई जा सके, ऐसी स्थिति में उन्हें उस पदार्थ का प्रतिरूप दिखलाया जा सकता है। प्रतिरूप में वस्तु का हू-ब-हू रूप दिखलाई देता है। जो चित्र में नहीं पाई जाती वे कई कोणों से देखे जा सकते हैं। प्रतिरूप कक्षा एवं छात्रों को देखते हुए बनाना चाहिए ताकि कक्षा का प्रत्येक विद्यार्थी उसे देख सकें। प्रतिरूप दो प्रकार से बनाए जा सकते हैं—

(1) भौगोलिक साहित्य के विवरण के आधार पर,

(2) वास्तविक पदार्थों के आधार पर।

यह अनेक पदार्थों से बनाए जा सकते हैं। जैसे मिट्ट, मोम, काठ, धातु इत्यादि। भौगोलिक प्रतिरूपों में निम्नांकित विशेषता होनी चाहिए—

(1) सरलता

(2) शुद्धता

(3) उपयोगिता।

चित्र

1. रंगीन चित्र सदा मोहक लगते हैं।
2. चित्र में रेखाचित्र भी आते हैं।
3. जो पेंसिल से बने होते हैं।

चित्र का उद्देश्य—

(1) छात्रों की कल्पना शक्ति का विकास

(2) छात्रों की निरीक्षण क्षमता को विकसित करता है।

भौगोलिक चित्रों की विशेषताएँ—

(1) चित्र आकर्षक हरो

(2) उनमें मूर्त वस्तु की प्रधानता हो।

(3) इन चित्रों के द्वारा वास्तविकता का पता लगे।

प्रमुख स्मरणीय बातें—

(1) चित्र पाठ से सम्बन्धित हो,

(2) चित्र ऊँचाई पर टाँगा जाए जिससे सभी विद्यार्थी देख सकें।

(3) चित्र का प्रदर्शन करने के बाद उसे समेटकर रख देना चाहिए।

भित्ति चित्र–

यदि विद्यालय में भूगोल कक्ष है तो (Wall Pictures) भी अंकित करवा लेने चाहिए।

उद्देश्य

(1) भौगोलिक वातावरण का निर्माण,

(2) छात्रों में भौगोलिक अभिवृत्ति का निर्माण

पोस्टर–विशेषताएँ–

(1) प्रत्यक्ष रूप से अपना सन्देश देना।

(2) अवधान को स्थिर रखना।

(3) अवधानको आकर्षित करना।

(4) एक पोस्टर द्वारा एक भाव ही प्रदर्शित करना चाहिए।

मानचित्र–मानचित्र का भूगोल के अध्यापन में बड़ी उपयोगिता है। इनसे स्थलों, सीमाओं का ज्ञान होता है। राज्यों की सीमाएँ, युद्ध के स्थान, राजधानियाँ आदि इन सभी को दिखाने के लिए मानचित्र की आवश्यकता पड़ती है। मानचित्र, भूगोल अध्यापन का उपकरण मात्र ही नहीं है, यह उसका एक आवश्यक अंग है।

एटलस–भूगोल अध्यापन ने एटलस का एक महत्त्वपूर्ण हिस्सा सहायक सामग्री के तौर पर उपयोग किया जाता है। इसके अभाव में भूगोल अध्ययन अधूरा है। एटलस एक प्रकार का भौगोलिक कोष होता है इसके द्वारा मुख्यतः निम्नांकित बातों का ज्ञान प्राप्त होता है–

(क) देश व विदेश के विख्यात नगरों, पर्वतों, झीलों, नदियों, उद्योग-केन्द्रों, बन्दरगाहों, वर्षा का वितरण, जनसंख्या का वितरण एवं भूमि के धरातल इत्यादि सभी के ज्ञान में इसका उपयोग अति जरूरी है।

(ख) प्रसंग को ढूँढने में सहायता।

(ग) नए नाम वे नए सम्बन्धों की खोज एटलस में की जाती है।

(घ) मानचित्रों की सही व स्पष्ट जानकारी प्राप्त होती है।

(ङ) मानचित्रों के तुलनात्मक अध्ययन करने में उपयोग किया जाता है।

(च) दूरी, दिशा, आकार, विस्तार, स्थिति का सही प्रकार नाम और ज्ञान प्रदान करना।

(छ) भूगोल में स्वाध्याय को बढ़ावा देने का एटलस एक साधन है।

अच्छे एटलस की विशिष्टताएँ

1. विविध पक्षेपों पर मानचित्र का निर्माण किया जाना चाहिए।
2. विविध प्रक्षेपों पर मानचित्र का निर्माण किया जाना चाहिए।
3. मानचित्र का शुद्ध मापक (Scale) अनुक्रमणिका (Index) सूची इत्यादि भी बना हो।
4. एटलस मे विविध उद्देश्यों के लिए विविध प्रकार के मानचित्र होने चाहिए जैसे—राजनैतिक, आर्थिक, प्राकृतिक, खनिज व जनसंख्या सम्बन्धी मानचित्र।
5. एटलस में विविध उद्देश्यों के लिए विविध प्रकार के मानचित्र होने चाहिए जैसे—राजनैतिक, आर्थिक, प्राकृतिक, खनिज व जनसंख्या मानचित्र।
6. ऊँचाई—निचाई प्रदर्शित करने हेतु बेचमार्क (Bench Mark) तथा समोच्च रेखाएँ दिखाई जानी चाहिए। साथ ही विविध तरह के रंगो द्वारा थल व जलीय भागों को प्रदर्शित करना चाहिए।
7. मानचित्र की बनावट, आकार, कागज छपाई, शीर्षक इत्यादि सभी स्पष्ट, आकर्षक शुद्ध व उत्तम होने चाहिए।
8. मानचित्रों का क्रम तथा उपयोग करने की जानकारी स्पष्ट दी जानी चाहिए।

ग्लोब—ग्लोब पृथ्वी की आकृति की प्रतिमूर्ति है। ग्लोब के माध्यम से ही यह स्पष्ट किया जा सकता है कि पृथ्वी गोल है। दूसरे पृथ्वी पर महाद्वीपों के शुद्ध मानचित्र (प्रक्षेपों की अशुद्धता को दूर करना), जलमण्डल का वितरण, पृथ्वी एवं सूर्य तथा चन्द्रमा एवं पृथ्वी का सम्बन्ध, चन्द्र कलाएँ, दिन-रात का होना, अक्षाँश एवं देशान्तर के माध्यम से स्थितियों इत्यादि के अध्ययन का एक मात्र साधन ग्लोब है। अतएव ग्लोब को पृथ्वी के आकार का छोटा रूप अथवा नमूना कहा जाता है जो यह प्रदर्शित करता है कि पृथ्वी को किसी भी स्थिति में रखा जा सकता है। अतएव सभी विद्यालय में ग्लोब होना जरूरी है, तब ही भूगोल के माध्यम से अध्यापन उत्तम तौर पर प्रदान किया जा सकता है। इसमें छोटे व बड़े दोनों

तरह के ग्लोब होने चाहिए जिसमें लकड़ी, प्लास्टिक, टीन, रबर एवं स्लेट इत्यादि के बने होने चाहिए।

उत्तम ग्लोब में निम्न गुण होने चाहिए–

1. उपयोगी ग्लोब कम से कम 16 इन्च व्यास का अथवा 1 इन्च ≥ 500 मी के मापक पर हो।
2. टाँगने वाला बड़ा ग्लोब 19-20 इन्च से 24 तक के व्यास का हो।
3. ग्लोब स्पष्ट रूप में होना चाहिए।
4. ग्लोब शुद्ध तथा आकर्षक होना चाहिए।

श्यामपट–

1. श्यामपट अध्यापक का सबसे बड़ा मित्र है। श्यामपट के द्वारा श्रवणेन्द्रिय की मदद के लिए नेत्रेन्द्रिय की सेवाएँ प्राप्त की जाती है। भूगोल अध यापक को इसका उपयोग रेखाचित्र, मानचित्र तथा शुद्ध योजना समझाने के लिए करना चाहिए।
2. अध्यापक को श्यामपट पर लिखने का अभ्यास करना चाहिए। श्यामपट पर सीधी पंक्तियों में लिखा जाए। जो कुछ भी श्यामपट पर लिखा जाए शुद्ध होना चाहिए।
3. श्यामपट पर लिखते समय अध्यापक को बोलते भी जाना चाहिए। इससे बालकों की श्रवणेन्द्रिय तथा कर्णेन्द्रिय दोनों सक्रिय होगी।
4. अध्यापक को श्यामपट पर केवल महत्त्वपूर्ण कथ्य ही लिखना चाहिए। पाठ का सारांश श्यामपट पर लिखा जाता है। भूगोल के पाठ को कई अन्वितियों में बाँटा जाता है, उसकी रूपरेखा पर दी जाती है। इस प्रकार अध्यापक के लिए श्यामपट महत्त्वपूर्ण साधन है।

घोषणा पट्ट का प्रयोग–(1) सम्बन्धित सामग्री क्रमबद्ध रूप से तथा व्यवस्थित ढंग से अंकित की जाए। (2) घोषणा पट्ट को विद्यालय की सर्वकालीन पत्रिका कहा गया है। (3) छात्रों के रचनात्मक कार्यों की झलक घोषण पट्ट में मिलती है।

मायाद्वीप–मायादीप में शीशो की स्लाइडो का उपयोग होता है। जो दृश्य चित्र अथवा अन्य कोई बात बालक को बतलानी होती है उसे पहले काँच की स्लाइडो पर अंकित कर लिया जाता है। फिर प्रक्षेपक Projector की मदद से

स्लाइड का चित्र बड़े आकार में रजतपट पर दिखलाया जा सकता है। Magic Lantern का उपयोग भूगोल अध्यापन में बड़ी सफलता के साथ किया जाता सकता है। जब किसी स्लाइड का चित्र प्रक्षेपित किया जा रहा हो तो उस समय अध्यापक को साथ-साथ उसका स्पष्टीकरण भी करते जाना चाहिए। ताकि यदि कोई छात्र नोट करना चाहे तो कर सके। छात्रों के साथ-साथ अभिभावक भी मायाद्वीप के द्वारा लाभ उठा सकते हैं।

चित्रदर्शक—यह भी एक प्रक्षेपण यन्त्र है, यह यन्त्र विद्युत के द्वारा संचालित होता है। इसके लिए अलग-अलग चित्र, मानचित्र अथवा पत्र-पत्रिका आदि का कोई पृष्ठ बड़े आकार में पर्दे पर दिखलाया जा सकता है। इसके लिए अन्धेरा कमरा होना चाहिए। इसका मूल्य अधिक होता है। उपयोग करने की विधि उसी प्रकार है जिस प्रकार मायादीप का उपयोग किया जाता है।

श्रव्य यंत्र

ग्रामोफोन—शिक्षा के क्षेत्र में जिन श्रव्य उपकरणों का उपयोग किया जाता है उनमें यह सबसे सस्ता उपकरण है। यद्यपि कैसेट एवं टेपरिकार्ड के सामने आजकल इसका चलन बहुत कम हो गया है। फिर भी इसका महत्त्व कुछ और है। रेकार्ड बजा कर अध्यापक छात्रों को महत्त्वपूर्ण ज्ञान मुहैया कर सकता है।

ध्वनि-लेख—आजकल टेपरेकार्डर का उपयोग बढ़ता जा रहा है। ध्वनि की विशेषता यह है कि कोई भी गाना अथवा भाषण जो चल रहा होता है उसकी ध्वनि टेप में अंकित होती रहती है। बाद में चाहे जब उस भाषण, नाटक अथवा वार्ता का सुन सकते हैं।

रेडियो नभवाणी—वर्तमान युग में रेडियो ज्यादा लोकप्रिय श्रव्य उपकरण है। तथापि नभवाणी का उपयोग प्रायः मनोरंजन के लिए ही होता है फिर भी भूगोल अध्यापन में इसका अत्यधिक लाभ उठाया जा सकता है नभवाणी सभी स्थानों पर तथा सभी तरह के श्रोताओं तक पहुँच सकती है। जन अध्यापन का कार्यक्रम नभवाणी द्वारा बड़ी सुगमता से हो सकता है। भौगोलिक जानकारियों को एवं देश विदेश की चर्चाओं का प्रसारण समय-समय पर होता रहता है। इस के साथ ही नाटकों एवं गीतों के द्वारा भी भूगोल के ज्ञान को बालकों तक पहुँचाया जा सकता है। विदेश यात्राएँ का वर्णन भी इसमें सहायक होता है।

प्रमुख लाभ

बच्चों को कार्यक्रम के द्वारा इतिहास, भूगोल, नागरिक शास्त्र एवं शिक्षा सम्बन्धी कहानियाँ आदि सुनाई जाती है। विद्यालयों के सभी कक्षाओं हेतु समय-समय पर विशेष पाठ एवं विशेष कार्यक्रम प्रस्तुत किया जाता है।

दृश्य श्रव्य यंत्र

स्लाइड प्रोजेक्टर—स्लाइड प्रोजेक्टर के माध्यम से स्लाइड की बड़ी प्रतिकृति को दीवार पर दिखाया जाता है।

फिल्म स्ट्रिप प्रोजेक्टर—यह प्रोजेक्टर फिल्म स्ट्रिप के प्रक्षेपण के काम में लाया जाता है।

ओवर हेड प्रोजेक्टर—ओवर-हेड प्रोजेक्टर अध्यापक की टेबल पर रखा होता है एवं श्यामपट पर प्रदर्शित की जाने वाली वस्तु इस प्रोजेक्टर की मदद से अध्यापक के पीछे करके ऊपर लगी स्क्रीन पर स्पष्ट दिखाई देती है।

चलचित्र

शिक्षाविदों का कहना है कि सिनेमा नवयुवकों को शिक्षित करने का बहुत ही लाभप्रद साधन है। शैक्षिक फिल्मों का निर्माण करने हेतु केन्द्रीय सरकार अत्यन्त महत्त्वपूर्ण कार्यक्रम कर रही है। भूगोल अध्यापन में इन भौगोलिक फिल्मों का काफी योगदान है।

फिल्मों के लाभ

(1) छात्रों को सीखने की प्रेरणा मिलती है।
(2) छात्रों की ग्राह्य शक्ति को विकसित किया जाता है।
(3) नये पाठ प्रारम्भ करने के लिए लाभदायक है।
(4) मन्द बुद्धि बालकों के लिए महत्त्वपूर्ण उपकरण है।
(5) इसके द्वारा को सजीव और वास्तविक बनाया जाता है।

भूगोल अध्यापन में चलचित्रों का उपयोग करने से पूर्व—

(1) छात्र निर्देश पुस्तक का अध्ययन करे।
(2) बैठने का प्रबन्ध सन्तोषजनक हो जिससे विद्यार्थी भली भाँति देख-सुन सके।

(3) प्रकाश की सही व्यवस्था हो।

(4) चलचित्र प्रक्षेपित करने के बाद विषयवस्तु पर परिचर्चा कर ली जाए।

टेलीविजन

चलचित्र के समान दूर दर्शन भी आँख और कान दोनों इन्द्रियों को प्रभावित करता है। रेडियो का उपयोग शिक्षा के क्षेत्र में वर्षों से हो रहा है, दूरदर्शन को कुछ ही वर्ष हुए है। भारत में इसका प्रारम्भ 1961 में हुआ। दूरदर्शन के द्वारा भूगोल के साथ-साथ सभी विषयों का ज्ञान प्रदान किया जाता है।

सहायक सामग्री के लाभ

सहायक सामग्री में विशेष कर दृश्य-श्रव्य अध्यापन का आधार पूर्णतः मनोवैज्ञानिक है। इस अध्यापन में मौखिक शब्दों के बजाए प्रदर्शनात्मक वस्तुओंर पर अधिक बल दिया जाता है। इस प्रकार बालक अपनी सुनने की इन्द्रियों के साथ-साथ देखने और स्पर्श करने की इन्द्रियों का भी उपयोग करता है। श्रव्य-दृश्य अध्यापन के महत्त्व तथा लाभ प्रकाश डालते हुए मेक्कल्स जी ने लिखा है कि दृश्य-श्रव्य अध्यापन शाब्दिकता का प्रतिकार है। सीखने वालों के देखे गए अनुभवों को सुने गए अनुभवों से सम्बन्धित करके अध्यापक अध्यापन को अर्थपूर्ण बना सकते हैं।

शिक्षण उपकरण के तौर पर दृश्य-श्रव्य सामग्री के लाभ का मूल्याँकन उसके उपयोग के निम्नांकित उद्देश्यों से उपलब्धि के आधार पर किया जा सकता है।

1. दृश्य-श्रव्य सामग्री के उपयोग से ऐसी सूक्ष्म बातें जिन्हें चॉक एवं टॉक से नहीं समझ पाते हैं, उन्हें वे सहायक सामग्री के उपयोग से सफलतापूर्वक समझ जाते हैं।
2. शिक्षक द्वारा अध्यापन में परम्परागत अध्यापन की अपेक्षा दृश्य-श्रव्य सामग्री द्वारा पढ़ने से बालकों को सीखने की क्रिया में प्रेरणा एवं उत्सुकता मिलती है।
3. शिक्षक द्वारा अध्यापन में दृश्य-श्रव्य सामग्री के उपयोग से बालकों को अनेक प्रकार की क्रियाओं जैसे—प्रश्न पूछना, उत्तर देना, परस्पर बातचीत करना आदि को करने के अवसर प्राप्त होते हैं।
4. दृश्य-श्रव्य सामग्री के उपयोग से बालक पाठ्य-सामग्री के ज्ञान को स्पष्ट रूप से ग्रहण कर लेते हैं।

5. दृश्य-श्रव्य सामग्री के उपयोग से बालक रटने के स्थान पर स्वयं क्रिया करके ज्ञान ग्रहण करते हैं।
6. इसके उपयोग से छात्रों की शब्दावली में बढ़ोतरी होती है।

भूगोल अध्यापन कम समय, कम शक्ति एवं कम धन के आधार पर प्रभावी बनाया जा सकता है।

दृश्य-श्रव्य सामग्री का महत्त्व

मेक्कल्स जी के अन्य शब्दों में–उचित तरह से उपयोग किए जाने पर श्रव्य-दृश्य सामग्री उन कई भ्रमों को पैदा नहीं होने देती है जो साहित्यिक भाषा के कारण पैदा होते हैं। क्रो और क्रो के शब्दों में श्रव्य-दृश्य उपकरण सीखने वालों को व्यक्तियों, घटनाओं, वस्तुओं और कारणों तथा प्रभाव सम्बन्धों के नियोजित अनुभवों से लाभ उठाने का मौका देते हैं।

निष्कर्ष

1. जॉन गाई फोक्स ने उचित ही लिखा है–"समस्त श्रव्य-दृश्य उपकरणों को शैक्षिक कार्यक्रमों के लक्ष्यों को प्राप्त करने के लिए सहायक सामग्री अथवा विधियाँ और साधन माना जाना चाहिए। श्रव्य-दृश्य उपकरण स्वयं साध्य नहीं है वरन् सीखने के साधन है।"

2. सीखने और सिखाने की प्रक्रिया में 'श्रव्य-दृश्य' उपकरणों के महत्त्व एवं उपयोगिता को हर शिक्षाविदों द्वारा स्वीकार किया जाता है। उनमें विविध परिस्थितियों में सीखने और सिखाने के ऐसे गुण है जो अन्य साधनों में नहीं है पर उन्हें मात्र साधन के तौर पर ही उपयोग करना चाहिए।

6

भूगोल शिक्षक

शिक्षा के महत्व को पृथक्-पृथक् शिक्षाविदों ने पृथक्-पृथक् ढ़ग से व्यक्त किया है। इस सन्दर्भ में नेल्सन एल. बॉसिंग ने कहा है–**"शिक्षा की किसी भी योजना में मैं अध्यापक को केन्द्रीय स्थान देता हूँ।"** इस विषय में बॉसिंग का कथन पूरा तरह सत्य है, क्योंकि शैक्षणिक प्रक्रिया के प्रमुख संचालक के तौर पर अध्यापक का स्थान निश्चित रूप से केन्द्रित है। वह न सिर्फ अपने मौखिक शब्दों द्वारा वरन् अपनी रुचि-अरुचि, आचार-विचार, रहन-सहन एवं अन्य मानव-तत्त्वों द्वारा छात्रों पर गहरा प्रभाव डालता है। सच्चे अर्थों में प्रत्यक्ष एवं अप्रत्यक्ष तौर पर छात्रों पर प्रभाव डालने वाला अध्यापक के समान कोई तत्त्व नहीं है। शिक्षा के महत्त्व के विषय में हार्न ने ठीक ही लिखा है–**"अपने छात्रों के साथ अध्यापक के सम्पर्क न केवल उस स्थिति के द्वारा अप्रत्यक्ष होते हैं, जिसे वह संचालित करता है, वरन् उस व्यक्ति के साथ प्रत्यक्ष भी होते हैं जिसमें उसे रुचि होती है।"**

एक सफल अध्यापक के गुण

अच्छे अध्यापक के गुणों, विशेषताओं एवं योग्यताओं को हम निम्नलिखित बिन्दुओं द्वारा व्यक्त कर सकते हैं–

1. वैयक्तिक गुण
2. शारीरिक गुण
3. नैतिक गुण
4. मानसिक गुण

1. वैयक्तिक गुण–अच्छे अध्यापक में अधोलिखित वैयक्तिक गुणों का सम्मिलन होना चाहिए–

(क) नेतृत्व–एक उच्च चरित्र वाले अध्यापक में नेतृत्व का गुण होना चाहिए। कक्षा में अक्सर ऐसी परिस्थितियाँ पैदा हो जाती हैं, जब अध्यापक को स्वयं नेतृत्व करना पड़ता है। ऐसा करके ही छात्रों का ज्ञान के पथ पर आरूढ कर सकता है और अपने अध्यापन को सफल बना सकता है। वास्तव में नेतृत्व एवं अध्यापन में पर्याप्त समानता है। इस कथ्य की पुष्टि करते हुए **पेन्टन** (Penton) ने लिखा है–**"नेतृत्व और अध्यापन में पर्याप्त समानता है, जो स्वाभाविक और अर्जित गुण एक में योग देते हैं, वे दूसरे में भी पर्याप्त योग देते हैं।"**

(ख) विनोद प्रियता–अच्छे अध्यापक में विनोद-प्रियता का गुण होना चाहिए। कक्षा की नीरसता को दूर करने हेतु वह किसी परिस्थिति से लाभ उठाकर स्वयं हँसता है एवं छात्रों को हँसने का मौका देता है। नीरसता दूर हो जाने पर अध्यापन का कार्य सरल एवं रोचक हो जाता है और छात्रों को स्वयं ही उनमें रुचि आने लगती है। इस सम्बन्ध में **रायबर्न व फोर्ज** का कथन है–**"हँसी के बिना कक्षा कक्ष बहुत नीरस स्थान होता है। सीमित हँसी अध्यापन में मदद देती है।'**

(ग) उत्साह व आशावादिता–अच्छे अध्यापक में उत्साह एवं आशावादिता के गुण का समावेश होना चाहिए। इन गुणों की उपयोगिता पर प्रकाश डालते हुए **रिस्क** ने कहा है–**"शिक्षक का उत्साह और आशावादिता छात्रों में संवेगात्मक प्रतिक्रियाएँ पैदा करने में महत्त्वपूर्ण कार्य करते हैं।"**

(घ) पहलकदमी व साधन सम्पन्नता–अच्छे अध्यापक में पहलकदमी एवं साधन-सम्पन्नता के गुण होने चाहिए। पृथक्-पृथक् छात्रों में आदेश, रुचियों, पूर्व-द्वेष, आदतें तथा समस्यायें पृथक्-पृथक् होती हैं। यदि अध्यापक में पहलकदमी और साधन सम्पन्नता नहीं है, तो वह अपने छात्रों की जरूरतों को पूर्ण नहीं कर सकता है।

(ङ) अच्छी आदतें–अच्छे अध्यापक में अच्छी आदतें होनी चाहिए। अपनी अच्छी आदतों के कारण वह विद्यार्थियों के सम्मान, विश्वास और प्रशंसा का पात्र बनता है। इस सन्दर्भ में **रिस्क** (Risk) का मत है–**"जो अध्यापक अच्छे वैयक्तिक गुणों–परिश्रम, आत्म-नियन्त्रण, सन्तुलन आदि–का उदाहरण प्रस्तुत करता है, वह छात्रों को उत्तरदायित्व और आत्म-नियन्त्रण व मूल्यवान आदर्शों व निर्माण करने में महत्त्वपूर्ण योग देता है।"**

(च) कक्षा-व्यवहार—कक्षा में अच्छे अध्यापक का व्यवहार नम्र और शिष्ट होना चाहिए। अनम्र और अशिष्ट व्यवहार छात्रों को हतोत्साहित करके उनकी कार्य-क्षमता को कम कर देता है।

(छ) कक्षा-नियन्त्रण—सफल कक्षा-शिक्षण का मुख्य आधार कक्षा-नियन्त्रण है। यदि कक्षा के छात्र नियन्त्रण में नहीं हैं तो अध्यापक का सब प्रयत्न और परिश्रम व्यर्थ हो जाता है। इसलिए अच्छा अध्यापक इस बात को कभी नहीं भूलता है कि सफल अध्यापक का मूल मन्त्र कक्षा-नियन्त्रण है। इस सन्दर्भ में **बालकृष्ण जोशी** ने लिखा है—**"शिक्षण के लिए निर्धारित यह एक नैतिक कर्त्तव्य है कि वे तरुण छात्रों को स्वस्थ नियन्त्रण में रखें।"**

2. शारीरिक गुण—प्रायः सभी विद्वान् इस बात पर एक मत है कि अच्छे अध्यापक में निम्नलिखित शारीरिक गुण होने चाहिए—

(क) अच्छा स्वास्थ्य—अच्छे अध्यापक का सबसे पहला गुण उसका अच्छा स्वास्थ्य है। ऐसे स्वास्थ्य वाला अध्यापक ही अपने कार्य को सरलता, सत्यता और सफलता से सम्पन्न कर सकता है। अस्वस्थ अध्यापक के कार्य में तत्परता और तल्लीनता, नियमितता और निरन्तरता का अभाव होता है।

(ख) स्फूर्ति व उत्साह—अच्छे अध्यापक में सदैव स्फूर्ति और उत्साह होना चाहिए। जिससे छात्र उसके इन गुणों का अनुकरण करके उन्नति कर सकते हैं। उत्साहहीन अध्यापक की कक्षा उत्साहहीनता का स्पष्ट चित्र प्रस्तुत करती है। **रायबर्न** का कथन है—**"निर्जीव अध्यापक का अर्थ है—निर्जीव कक्षा। सजीव अध्यापक का अर्थ है—सजीव कक्षा। सजीव और उत्साहपूर्ण अध्यापक की कला में निष्कपटता का वातावरण होता है।"**

(ग) वेश-भूषा—अच्छे अध्यापक की वेश-भूषा नेत्र-प्रिय अवश्य होनी चाहिए। मैले जूते, गन्दे कपड़े, बढ़ी दाढ़ी और बिखरे हुए बालों वाला अध्यापक छात्रों को आकर्षित न कर सकने के कारण अपने अध्यापन को सफल नहीं बना सकता है।

(घ) स्वर—अच्छे अध्यापक के स्वर के सन्दर्भ में रिस्क ने अपना मत व्यक्त करते हुए लिखा है—**"स्वर एक शक्तिशाली साधन है।"** अतएव अच्छे अध्यापक का स्वर कोमल और स्पष्ट होना चाहिए। इसके अतिरिक्त, पाठ्य-विषय और उसमें निहित भावों के अनुसार उसमें उतार-चढ़ाव भी होना चाहिए। ऐसा स्वर आकर्षक और प्रभावोत्पादक होता है। इसके विपरीत, धीमा अथवा कर्कश स्वर सदैव आकर्षणहीन और प्रभावहीन होता है। अतएव एक अच्छे अध्यापक का स्वर शान्त व संतुलित होना चाहिए।

(ङ) भाषा—भाषा, मत अभिव्यक्ति का साधन है। अतएव अच्छे अध्यापक की भाषा सरल, ज्ञात और स्वाभाविक होनी चाहिए। छात्रों को ऐसी भाषा से पाठ के प्रति रुचि पैदा होती है और वे कठिन से कठिन पाठ को सरलता से समझ जाते हैं। अतएव वे उसे समझने का प्रयास ही नहीं करते हैं।

(च) व्यक्तित्व—एक अच्छे अध्यापक के व्यक्तित्व के सन्दर्भ में **पेन्टन** (Panton) ने अपने मत व्यक्त करते हुए लिखा है—**"व्यक्तित्व का सम्बन्ध उन प्रभावों से हैं; जो अध्यापक दूसरे व्यक्तियों पर पैदा करता है।"**

3. नैतिक गुण—उत्तम अध्यापक में निम्नलिखित नैतिक गुण होने चाहिए—

(क) अच्छा स्वभाव व प्रसन्नता—उत्तम अध्यापक का स्वभाव मधुर और प्रसन्नमुख होना चाहिए। अध्यापक का मधुर व प्रसन्नमुख स्वभाव छात्रों के मस्तिष्क पर इस बात को अंकित कर देता है कि कार्य का नीरस एवं अरुचिकर होना जरूरी नहीं है। क्रुद्ध चेहरे, मलिन मुख और तनी हुई भौंहों वाले अध्यापक का न तो कक्षा में स्वागत होता है और न वह छात्रों के मस्तिष्क को जानकारी से आलोकित करने में सफल होता है। इस सन्दर्भ में **गारलिक** ने लिखा है—**"शिक्षक की अपेक्षा और किसी को भी इतनी उद्विग्नता से नहीं निहारा जाता है। अतएव उसे अपने स्वभाव के बारे में सावधान रहना चाहिए, जिससे कि वह अपनी कक्षा के सामने सदैव प्रसन्नमुख रहे।"**

(ख) दया व सहानुभूति—अच्छा अध्यापक अपने छात्रों के प्रति दया और सहानुभूति का व्यवहार करता है। इस विषय में **पेन्टन** (Penton) ने लिखा है—**"इसका अर्थ कोमलता नहीं है वरन् छात्रों के दृष्टिकोण और उनकी भावनाओं को समझने की योग्यता है।"** अध्यापक में यह योग्यता जितनी ही अधिक होगी, उसका अध्यापन उतना ही ज्यादा सफल होगा। दया एवं सहानुभूति के गुणों के अभाव में छात्रों को सीखने हेतु केवल बाध्य किया जा सकता है, उसमें सीखने के प्रति रुचि उत्पन्न नहीं की जा सकती है।

(ग) न्याय और निष्पक्षता—उत्तम अध्यापक में न्याय एवं निष्पक्षता के गुण होने चाहिए। अच्छा अध्यापक विविध वर्गों और जातियों के छात्रों में किसी तरह का भेदभाव नहीं रखता है। ऐसा करने से छात्रों पर उसका प्रभाव खत्म हो जाता है और वह उसके विश्वास तथा सम्मान का पात्र नहीं रह जाता है। इस सन्दर्भ में **रायबर्न** का मत है—**"न्यायपूर्ण होने का प्रयत्न करने की आदत अध्यापक को अनुशासन और कार्य करने में मदद देती है।"**

(घ) आत्म-विश्वास व इच्छा-शक्ति—उत्तम अध्यापक में आत्म-विश्वास एवं इच्छा-शक्ति के गुण का होना परम जरूरी है। जब भी अध्यापक किसी वर्ग के छात्रों में सामने खड़ा होता है और उनकी आँखों को अपने ऊपर लगा हुआ देखता है, तभी वह अपने में इन गुणों की उपस्थिति की आकांक्षा करता है। इसके अभाव में वह अपना मानसिक सन्तुलन खो देता है तथा छात्रों के उपहास का पात्र बन जाता है।

(ङ) धैर्य व लगन—अच्छा अध्यापक अपने धैर्य एवं लगन से प्रत्येक कठिनाइयों पर विजय प्राप्त करता है। कक्षा में सभी छात्र बुद्धिमान और आज्ञाकारी नहीं होते हैं। कुछ मन्द बुद्धि एवं शरारती भी होते हैं। ऐसे छात्रों को अध्यापक सिर्फ धैर्य और निरन्तर चेष्टा से ही ज्ञान और सद्व्यवहार के क्षेत्रों में प्रविष्ट कर सकता है।

4. मानसिक गुण—अच्छे अध्यापक में निम्नलिखित मानसिक गुणों का सम्मिलन होना चाहिए—

(क) विषय का ज्ञान—उत्तम अध्यापक को अपने विषय का पूर्ण ज्ञान होना चाहिए तभी वह कुशलता से बच्चों को पढ़ा सकता है। ज्ञानविहीन अध्यापक न तो छात्रों का सम्मान प्राप्त करता है और न उनके मस्तिष्क का विकास करता है। इस सन्दर्भ में के.जी. सैयदेन ने ठीक ही लिखा है—**"यदि अध्यापक ज्ञान की दृष्टि से हीन और खोखला है तो वह अपने बालकों के मस्तिष्क को प्रखर नहीं बना सकता है।"**

(ख) अध्यापन सिद्धान्तों व विधियों का ज्ञान—अच्छे अध्यापन को अध्यापन सिद्धान्तों और विधियों की पूर्ण जानकारी होनी चाहिए। इस सन्दर्भ में रायबर्न ने अपना मत प्रकट करते हुए कहा है—**"अच्छा अध्यापक शिक्षण-विधियों के सम्बन्ध में अपने ज्ञान की बढ़ोतरी करने के लिए सदैव सचेष्ट रहता है। वह अपने ज्ञान को नया और आधुनिक रखने की चेष्टा करता है।"**

(ग) मनोविज्ञान का ज्ञान—अच्छे अध्यापक को मनोविज्ञान की सब शाखाओं का तो नहीं, पर उन शाखाओं का ज्ञान निश्चित रूप से होना चाहिए, जिनका अध्यापन से घनिष्ठ सम्बन्ध है। उदाहरण के लिए—शिक्षा-मनोविज्ञान, बाल-मनोविज्ञान, व्यावहारिक मनोविज्ञान, प्रयोगात्मक मनोविज्ञान आदि।

(घ) बाल-प्रकृति का ज्ञान—आधुनिक युग में शिक्षा प्रक्रिया बाल-केन्द्रित है। अतएव अध्यापक के लिए बाल-प्रकृति का ज्ञान परम आवश्यक है। कहने का तात्पर्य यह है कि उसे बालकों की रुचियों, इच्छाओं, मूलप्रवृत्तियों, अभिवृत्तियों और आवश्यकताओं से अवगत होना चाहिए, तभी वह बालकों की शारीरिक और मानसिक विशेषताओं को समझ कर उनका सही पथ-प्रदर्शन कर सकेगा। इसीलिए

हिगेट (Highet) अध्यापक को परामर्श देता है–**"बालकों के विचारों और संवेगों के अनोखे प्रतिमानों का ज्ञान प्राप्त कीजिए।"**

(ङ) संस्कृति व सभ्यता का ज्ञान–बालक को उसकी संस्कृति एवं सभ्यता का ज्ञान प्रदान करना और उनमें आवश्यक परिवर्तन करके एक पीढ़ी से दूसरी को हस्तान्तरित करना शिक्षा का महत्त्वपूर्ण उद्देश्य है। अतएव अच्छा अध्यापक अपने समाज की संस्कृति और सभ्यता का इतना काफी ज्ञान रखता है कि वह उनके प्रतिमानों से अपने छात्रों को पूर्णतया परिचित करा देता है।

(च) वातावरण का ज्ञान–इस सन्दर्भ में **टामसन** (Thomson) का कथन है–**"वातावरण अध्यापक है और शिक्षा का कार्य छात्र को उस वातावरण के अनुकूल बनाना है।"** अतएव अच्छा अध्यापक छात्रों को अपने वातावरण से अनूकूलन करने में मदद देने के लिए जानकारी रखता है।

(छ) व्यक्ति और समाज की आवश्यकताओं–व्यक्ति और समाज एक-दूसरे के पूरक हैं। व्यक्ति समाज की और समाज व्यक्ति की आवश्यकताओं की पूर्ति करता है। अध्यापक इन आवश्यकताओं से पूर्णतया परिचित होता है और अपने छात्रों को उनसे अवगत कराके उनकी और समाज की उन्नति में सहयोग देता है।

अच्छे अध्यापक का व्यक्तित्व प्रभावोत्पादक होता है। अच्छा व्यक्तित्व वाला अध्यापक स्वस्थ, नीरोग, विद्वान्, चरित्रवान् तथा कार्य-कुशल तथा अच्छी आदतों, रुचियों तथा व्यवहार वाला होता है। इन गुणों के अभाव में अध्यापक का व्यक्तित्व प्रभावहीन हो जाता है। परिणामस्वरूप वह छात्रों को कुछ भी नहीं सिखा पाता है।

भूगोल शिक्षक

दूसरे विषयों की अपेक्षा भूगोल विषय की यह विशेषता है कि यह अतीत से सम्बन्धित है और इसका कार्य विषय मानवीय है। भूगोल-अध्यापक को भूतकाल की घटनाओं की यथार्थ एवं सजीव तौर पर व्याख्या करनी होती है। भूत एवं वर्तमान को जोड़ने के लिए अध्यापक कड़ी के तौर पर काम करता है जिसे वह अपनी योग्यता तथा कुशलता से पूर्ण करता है।

भूगोल कला और विज्ञान दोनों ही है। जब भूगोल सत्य कथनों के अन्वेषण, निर्माण, वर्गीकरण तथा व्यवस्था के तौर पर काम करता है तब वह वैज्ञानिक पद्धति का अनुसरण करतर है, परन्तु उन्हीं कथनों को रोचक और प्रभावी भाषा-शैली में रव्यक्त करते समय वह कला का सहारा लेता है इन दोनों के सही सामंजस्य से ही अध्यापन को लाभदायक एवं प्रभावी बनाया जा सकता है। भूगोल अध्यापक में

एक अध्यापक के गुणों के अलावा भी कुछ और गुण होने चाहिए जिन्हें अधोलिखित तौर पर प्रकट किया जा सकता है।

1. व्यावसायिक–शिक्षा
2. शैक्षणिक योग्यताएँ

भूगोल अध्यापक को विषय का अच्छा बुनियादी ज्ञान प्राप्त होना चाहिए। हाय सेकेण्डरी अथवा सीनियर-सेकेण्डरी स्कूल में अध्यापन करने हेतु सम्बन्धित विषय में एम.ए. (M.A) होना चाहिए। हाई-स्कूल स्तर तक अध्यापन करने हेतु भूगोल हिन्दी एवं अंग्रेजी भाषा के साथ बी. ए. (B.A.) की शैक्षणिक योग्यता होनी चाहिए।

व्यावसायिक शिक्षा की योग्यता प्राप्त करने के लिए प्रत्येक अध्यापक को बी.एड. (B.Ed.) का प्रशिक्षण कोर्स करना आवश्यक है क्योंकि नित्य प्रति नये अध्यापन विधियों–विकास-प्रणालियों, हरत निर्मित भूगोल उपकरणों तथा क्रियाओं का प्रचलन हो रहा है, जिनसे अवगत होना जरूरी है।

भूगोल अध्यापक की योग्यताएं

एफ. डी. स्टवेंग (F.D.sterweg) ने लिखा है कि ''एक बुरा अध्यापक सत्य सिखाता है और एक अच्छा अध्यापक सिखाता है कि उसको कैसे ज्ञात करे (A bad teacher teaches the truth; but a good teacher teaches how to find it) इसलिए एक अच्छा भूगोल अध्यापक सामाजिक विज्ञान के सभी विषयों का अच्छा ज्ञाता होता है। इस के साथ ही वह समाज के लिए आवश्यक एवं उपयोगी विषयों का सामान्य जानकार होता है। उस में सदैव ज्ञान की बढ़ोतरी की इच्छा रहती है। उसकी उच्च मानसिकता तथा उसका शिक्षा दर्शन उसके आकर्षक व्यक्तित्व से प्रतिबिम्बित हेाता है। उसमें अपार व्यावसायिक निष्ठा होती है। अपने इन गुणों के कारण वह छात्रों के अन्दर भूगोल के प्रति रुचि एवं आकर्षण पैदा करने में सदैव सफल रहते हैं। वह छात्रों को अपने पद चिन्हों पर चलने के लिए प्रेरणा की भूमिका निभाता है। एक अच्छा अध्यापक सम्माननीय बुद्धिमान, विनोदप्रिय, और अध्यापन व्यवसाय के लिए स्वाभाविक अभिवृत्ति वाला होता है। वह आदर्शवादी होता है। उसमें सृजनात्मकता और वैज्ञानिक जिज्ञासा सहज तौर पर पाए जाते हैं। वह परिपक्व एवं व्यावसायिक प्रशिक्षण प्राप्त होता है। उसको भूगोल अध्यापन में विशेषज्ञता प्राप्त होनी चाहिए। भूगोल एवं उसकी अध्यापन विधियों, प्रविधियों के साथ संसाधन जुटाने में उसको विशिष्टता हासिल

होनी चाहिए। भूगोल अध्यापक को सर्वप्रथम सामान्य तौर पर एक अच्छा अध्यापक होना चाहिए। एक भूगोल अध्यापक के तौर पर उसको निम्नांकित गुणों से सुज्जति होना चाहिए। इसलिए भूगोल अध्यापकों में अध्यापन के लिए आपेक्षित गुणों का होना आवश्यक है। बहुत से शिक्षा शास्त्रियों ने भूगोल अध्यापकों के गुणों पर गूढ़ अध्ययन किया है जिनमें फिन्ले (Finley) एवं हर्ड (Hurd) के नाम प्रमुख है। उनके अध्ययनों के आधार पर भूगोल अध्यापक के गुणों को दो भागों में रखा गया है।

(a) सामान्य गुण

(b) विशिष्ट गुण

भूगोल अध्यापक के सामान्य गुण

एक अच्छे भूगोल अध्यापक में निम्नांकित सामान्य गुणों की अपेक्षा की जाती है। जो उसके अध्यापक होने के व्यक्तित्व को प्रतिबिम्बित करते हैं। ये निम्न प्रकार से हैं :

1. स्वस्थ व्यक्तित्व—व्यक्तित्व को एकल दृष्टिकोण से नहीं लेना चाहिए। स्वस्थ्य व्यक्तित्व से आशय एक ऐसे व्यक्तित्व से हैं जो शारीरिक, मानसिक और नैतिक दृष्टिकोण से समायोजित हो। स्वस्थ्य व्यक्तित्व का बालकों के ऊपर प्रत्यक्ष असर पड़ता है। अध्यापक के इस गुण को प्रत्येक छात्र रूप से अनुकरण में लाता है, इसलिए अध्यापक को इस ओर से सचेत रहना चाहिए।

2. आत्म विश्वास—धर्म और आत्मविश्वास ऐसे गुण है जिनका भूगोल अध्यापक में होना अति आवश्यक है, चूँकि कक्षा अध्यापन में कभी-कभी ऐसी स्थिति आ जाती है जिसके समाधान के लिए आत्म विश्वास की जरूरत पड़ती है। जो परिस्थिति के साथ समायोजन में सहायक साबित होती है।

3. निष्पक्ष दृष्टिकोण—भूगोल अध्यापक में परिस्थितियों के निष्पक्ष अवलोकन का गुण होना जरूरी है। दैनिक अध्यापन में भी उसका व्यवहार पूर्णतया निष्पक्ष रहना चाहिए। किसी भी तरह के भेद-भाव पूर्ण व्यवहार की उससे अपेक्षा नहीं की जाती है।

4. स्पष्टवादिता—भूगोल का प्रमुख प्रयोजन ही उपयोग द्वारा शाश्वत सत्य की प्राप्ति है। इस दृष्टिकोण में अध्यापक में स्पष्टवादिता का होना अत्यन्त जरूरी गुण है। उसे छात्रों के सम्मुख भी दैनिक अध्यापन में अपने इस गुण को निरन्तर बनाए रखना चाहिए।

5. सहानुभूतिपूर्ण व्यवहार—भूगोल अध्यापन का आधार जिज्ञासा है। अतएव अध्यापक को बालकों के लिए एक सच्चे मित्र, हितैषी और पथ-प्रतीक का उत्तरदायित्व सही तरह से निभाना चाहिए। जिससे छात्र निःसंकोच अपनी शिक्षा की कठिनाइयों को अध्यापक के सम्मुख समाधान के लिए रख सके।

6. नेतृत्व एवं अध्ययनशीलता—शिक्षा एक निरन्तर चलने वाली प्रक्रिया है। इसकी निरन्तरता की उपादेयता की दपेक्षा करने पर छात्र दिशाविहीन हो जाते हैं। अतएव छात्रों को सही दिशा और मार्गदर्शन देने के लिए भूगोल अध्यापक में नेतृत्व के गुण का होना अत्यन्त जरूरी है। इसके साथ ही अन्रू विषयों की अपेक्षा भूगोल में ज्ञान की मात्रा अत्यन्त तीव्रता से बढ़ती है। अतएव उन्नति एवं नए ज्ञान की जानकारी के लिए अध्ययनशीलता के गुण की भी अनिवार्यता होती है।

विशेष गुण

भारत में अध्यापक होना कोई विशेष बात नहीं है। परन्तु एक अच्छा भूगोल अध्यापक होने के लिए कुछ विशेष गुणों का होना आवश्यक है। जो एक अच्छे भूगोल अध्यापक को सामान्य से अलग लाकर खड़ा कर देती है। वह होता है उसका—विशिष्ट गुण। जो सभी अध्यापकों में नहीं होता है। ये विशिष्ट गुण निम्नलिखित हैं :—

1. खोज और नए प्रसंग करने का गुण—भूगोल अध्यापन का सबसे महत्त्वपूर्ण पक्ष खोज एवं नए उपयोग है। इसके द्वारा छात्रों में रुचि पैदा होती है, सामान्यीकरण कर सकने की क्षमता पैदा होती है। अतएव भूगोल अध्यापक में उपयोग करने का गुण एवं आधुनिक उपकरणों का उपयोग करने का विशिष्ट कौशल होना चाहिए।

2. आधुनिक अध्यापन विधियों का ज्ञान—भूगोल विषय की अपनी विशिष्ट प्रकृति है। इसमें प्रयुक्त होने वाली आधुनिक अध्यापन विधियों विशेषता योजना, अन्वेषण तथा उपयोग प्रदर्शन आदि इसकी विशिष्ट प्रकृति को दृष्टिगत रखकर बनाई गई है। भूगोल अध्यापक को इन विशिष्ट आधुनिक विधियों द्वारा अध्यापन के उपयोग का समुचित ज्ञान होना चाहिए जिससे स्थिति अनुकूल इनका प्रभावशाली उपयोग अध्यापन में कर सकें।

3. प्रयोगशाला संचालन का ज्ञान—भूगोल अध्यापक का अधिक समय भूगोल-प्रयोगशाला में व्यतीत होता है। उसको अपनी प्रयोगशाला के तरीके से व्यवस्था करने तथा उसमें कार्य करने की पूर्ण योग्यता होनी चाहिए। प्रयोगशाला

संचालन की रीति एवं समुचित सामग्री को सही प्रकार से रखने की विधि का ज्ञान होना आवश्यक है। यह उसका दायित्व है कि वह प्रयोगशाला का वातावरण शान्तिपूर्ण व व्यवस्थित बनाए रखें।

4. भौगोलिक एवं वैज्ञानिक दृष्टिकोण—भूगोल अध्यापक का दायित्व है कि विषय के प्रति छात्रों में भौगोलिक एवं वैज्ञानिक दृष्टिकोण विकसित करें। छात्रों में वैज्ञानिक दृष्टिकोण की विशेषताओं को पैदा करने के लिए उसे विविध स्थितियों का उपयोग करने में सक्षम होना चाहिए। ऐसे अध्यापक के अनुसरण से छात्रों के व्यक्तित्व पर स्थाई प्रभाव पड़ेगा।

5. मूल्यांकन प्रणाली का ज्ञान—भूगोल अध्यापन के उद्देश्यों की प्राप्ति के साक्षी स्वरूप मूल्याँकन अध्यापन प्रक्रिया का महत्त्वपूर्ण हिस्सा है। इससे अध्यापक को जहाँ अपने छात्रों के स्तर का ज्ञान होता है दूसरी तरफ इसके माध्यम से ही अपने कार्य का स्व-निरीक्षण करने का अवसर भी मिलता है। इसलिए मूल्याँकन की नवीनतम प्रणालियों से अध्यापक का परिचित होना आवश्यक है।

6. बाल मनोविज्ञान का ज्ञान—भूगोल अध्यापक को बाल मनोविज्ञान का ज्ञान होना भी आवश्यक है। छात्रों की व्यक्तिगत भिन्नता, वातावरण का प्रभाव अधिगम प्रणाली से सम्बन्धित सिद्धान्तों का अभ्यास होने पर ही वह प्रभावशाली ढंग से उपयोग करने में सक्षम हो सकेगा। तभी वह छात्रों की रूचि, आवश्यकताओं, भावनाओं और विचारों का भली प्रकार से अध्ययन कर सकेगा।

आदर्श भूगोल अध्यापक के गुण

आदर्श अध्यापक, राष्ट्र निर्माता, शिक्षा पद्धति की आधारशिला एवं समाज को गति देने वाला माना जाता है। अध्यापन जगत की एक मानसिक प्रक्रिया है, जिसमें मस्तिष्क का मस्तिष्क से सम्बन्ध स्थापित किया जाता है। इस सम्बन्ध की उपयुक्तता और अनुपयुक्तता बहुत कतिपय अध्यापक के व्यक्तित्व पर निर्भर करती है। इस सम्बन्ध में समय-समय पर अध्ययन किए गए हैं। डॉ. एफ.एल. क्लैप (Dr. F.L. Clapp) ने अच्छे अध्यापक के व्यक्तित्व में 10 गुणों की आवश्यकता बताई है—

1. संयम
2. उत्साह
3. सम्बोधन
4. वैयक्तिक आकृति
5. आशावादिता

6. शुभ चिन्तन
7. सहानुभूति
8. मानसिक निष्पक्षता
9. जीवन शक्ति
10. विद्वता।

अमेरिका के कीथ तथा बागले (Keith and Bagely) ने चातुर्य, नेतृत्व की क्षमता एवं अच्छा स्वर एवं जोड़ा। बोसिंग (Bossing) ने विनोदप्रियता तथा छात्रों के प्रति मैत्रीपूर्ण दृष्टिकोण शामिल किया।

उपरोक्त विवेचन के आधार पर शिक्षा के प्रमुख गुणों का विवेचन यहाँ किया जा रहा है–

(1) उत्तम स्वास्थ्य एवं जीवनी शक्ति–स्वस्थ्य शरीर में स्वस्थ्य दिमाग निवास करता है। अध्यापक का एक गुण है कि वह स्वस्थ्य हो। स्वस्थ अध्यापक ही अपनी श्रमशीलता एवं आकर्षक व्यक्तित्व से अध्यापन को प्रभावी बना सकता है। अध्यापक को सिर्फ शारीरिक तौर पर ही स्वस्थ नहीं होना चाहिए वरन उसमें जीवन शक्ति भी हो। सफल अध्यापन के लिए यह जरूरी है।

2. संवेगात्मक सन्तुलन–शिक्षक को शारीरिक, मानसिक तौर पर ही स्वस्थ नहीं होना चाहिए वरन् संवेगात्मक सन्तुलन भी जरूरी है। संवेगात्मक असन्तुलन से अध्यापक में चिड़चिड़ापन, पूर्वाग्रह, पक्षपात कई दोष आ जाते हैं जिनका अध्यापक पर विपरीत असर पड़ता है।

3. सामाजिक गुण–शारीरिक और मानसिक स्वास्थ्य के साथ-साथ सामाजिक गुणों का भी होना अनिवार्य है। मदद, सद्भावना सहानुभूति, निर्णय शक्ति, जीवन के प्रति आशावादी दृष्टिकोण साहस इत्यादि सामाजिक गुण अध्यापन व्यवसाय में सहायक सिद्ध होते हैं।

4. उच्च चरित्र एवं दृढ़ संकल्प–वैयक्तिक गुणों का आधार व्यक्ति का नैतिक चरित्र एवं उसका दृढ़ संकल्प होता है। सच्चरित्र अध्यापक छात्रों में अच्छी आदतों का निर्माण कर सकता हे। अगर अध्यापक में उच्च चरित्र है तो वह समाज तथा राष्ट्र का निर्माण कर सकता है।

5. नेतृत्व की क्षमता–शिक्षक का नेतृत्व उसके व्यक्तित्व पर निर्भर करता है। यह अन्य प्रकार के नेतृत्व से अलग है। अध्यापक का नेतृत्व उसके चरित्र, शक्ति, प्रभावशाली तथा दूसरों से प्राप्त आदर पर निर्भर करता है जो व्यक्ति तथा वर्ग को पथ-प्रदर्शन करने में मददगार होता है।

6. छात्रों के प्रति स्नेह एवं सहानुभूति—शिक्षक में यह गुण होना चाहिए कि वह अपने छात्रों तथा सहयोगियों के साथ मैत्री एवं सहानुभूतिपूर्ण व्यवहार रखें, यदि अध्यापक अपने छात्रों के साथ सहानुभूतिपूर्ण एवं मित्रता का व्यवहार करेगा तो उनका विश्वास जीतने में सफल होगा।

8. व्यावसायिक प्रशिक्षण—आज विश्व की कोई भी शिक्षा पद्धति नहीं है जो विद्यालयों के लिए प्रशिक्षित शिक्षकों की आवश्यकता का अनुभव नहीं करती। अध्यापक के लिए यह आवश्यक नहीं है कि वह यह जाने कि उसे क्या पढ़ाना है वरन् यह जानना भी आवश्यक है कि किस प्रकार और किसको पढ़ाना है। इसके लिए उसे व्यावसायिक प्रशिक्षण प्राप्त करना आवश्यक है।

9. पाठ्य सहगामी क्रियाओं में रुचि—आज का अध्यापन केवल कक्षा-कक्षा में दिए गए निर्देशों तक ही सीमित नहीं है वरन् खेल-कूद, स्काउटिंग, नाटक, वाद-विवाद, भ्रमण रेडक्रास, छात्रसंघ संगीत तथा सामाजिक कार्यों से पाठ्यक्रम तथा विद्यालय को सम्बन्धित कर दिया गया है।

10. उपयोग में अनुसंधान में रुचि—एक सफल अध्यापक के लिए एक अनुसंधानकर्ता भी होना चाहिए। शिक्षकों को कक्षा-कक्षा कठिनाइयों के निवारण के लिए वैज्ञानिक विधियों का उपयोग करके शिक्षा की उन्नति में सहयोग देना चाहिए।

भारत की नई शिक्षा नीति (1986) को दृष्टिगत रखते हुए एन.सी.ई. आर.टी. (N.C.E.R.T, New Delhi) नई दिल्ली ने अपने वृहद सेवारत अध यापक अभिनवीकरण कार्यक्रम 1988 में भूगोल अध्यापक ने निम्न गुणों की अपेक्षा की है :—

1. अभिव्यक्ति की सुस्पष्टता।
2. उत्साह एवं उपलब्धिजनक व्यवहार।
3. विषय पर पूर्ण आद्यिपत्य।
4. विषय के लिए उत्साह।
5. उपयुक्त तैयारी।
6. पढ़ाने के लिए प्रत्येक पाठ की तैयारी।
7. उत्तम नियन्त्रण-शक्ति।
8. व्यावहारिक कुशलता एवं साधन सम्पन्नता।
9. बालक का पूर्ण ज्ञान।
10. कक्षा-व्यवहार।

11. प्रेम और सहानुभूति।
12. प्रयोगात्मक एवं अनुसंधात्मक प्रवृत्ति।
13. निष्कपटता।

National Association of Agriculture Teacher की पत्रिका ने Shri Lowell E. Hedges (U. S. Consultant in Agriculture) के "My Creed as a Teacher" के आधार पर भारतीय अध्यापकों के लिए उनका भारतीयकरण निम्नांकित तौर पर प्रस्तुत किया है। एक अच्छे एवं प्रभावी भूगोल अध्यापक हेतु इस तरह की Creed अवश्य होनी चाहिए :–

My Creed as a Geography Teacher

* I will dedicate any life to its development and advancement of its people.
* I will endeavour to develop professionally through study, travel and exploration.
* I am a teacher by choice and not by chance.
* I will believe in rural India.
* I will not knowingly wrong my fellow teacher.
* I will defend him as far as honesty will permit.
* I will work for the advancement of any subject.
* I will defend it in my community state and nation.

As Teacher I will realize that

* I will work in hamony within school authorities and other teachers of the school.
* I am a part of the school system.

भूगोल अध्यापक का कर्त्तव्य एवं दायित्व

भूगोल अध्यापक के कर्त्तव्यों और दायित्वों की तरफ ध्यान देने से स्पष्ट हो जाता है कि इनका क्षेत्र बहुत व्यापक है, उसके कर्त्तव्य तथा दायित्व एक रख-रखाव रवाले कर्मचारी से लेकर उच्चाधिकार प्राप्त प्रशासक तक के है। एक अध्यापक को अपने कर्त्तव्यों के निर्वाहन में विविध भूमिकाएँ निभानी होती हैं, जिन्हें सामान्यत दो वर्गों में विभाजित कर सकते हैं:–

1. भूगोल विषय का विशेषज्ञ
2. सामान्य शिक्षक

1. भूगोल विशेषज्ञ के रूप में भूमिका

सामान्य भूमिकाओं के अतिरिक्त भूगोल विषय के विशेषज्ञ के तौर पर भूगोल अध्यापक की प्रमुख भूमिका होती है। विद्यालय अध्यापन की वार्षिक, मासिक, इकाई पाठ योजनाएँ बनाया तथा उनको क्रियान्वित करने का कार्य उसका होता है। इसके साथ ही प्रत्येक कक्षा की भूगोल विषय की सामग्री के लिए उद्देश्य सूत्रबद्ध करना होता है। इस तौर पर हम देखते हैं कि भूगोल अध्यापक के कई विशेष दायित्व हो जाते हैं। भूगोल के विशेषज्ञ की भूमिका के तौर पर उसके कई दायित्व निम्न प्रकार से है।

कार्यक्रम नियोजन तथा क्रियान्वयन

(i) योजनाओं के निर्माण की स्पष्ट जानकारी।
(ii) विद्यार्थियों के पूर्वज्ञान के सम्बन्ध में पूर्ण जानकारी रखना।
(iii) विद्यार्थियों की वैयक्तिक भिन्नताओं का अध्ययन करना।
(iv) हर स्तर के शिक्षार्थी के लिए नया ज्ञान सुलभ करना।
(v) अधिगम में छात्रों की अधिक से अधिक इन्द्रियों का उपयोग करना।
(vi) मूल्यॉकन के परिणामों का विश्लेषण करना।
(vii) प्रतिपुष्टि के लिए आवश्यक सुधारात्मक उपक्रम करना।

भूगोल अध्यापक हेतु सावधानियाँ

आदर्श भूगोल अध्यापक अपने सभी कार्यों का निर्वाहन नियम एवं समय से ही करता है। परन्तु कुछ काम ऐसे होते हैं जिन पर वह विशेष ध्यान नहीं देता है। जो उसकी असफलता का कारण बन जाता है। अतः यहाँ पर लेखक ने अपने अनुभव के आधार पर कुछ मौलिक सुझाव सावधानियों के तौर पर प्रस्तुत किए हैं जिनका पालन कर भूगोल अध्यापक अपने दायित्वों का निर्वाहन प्रभावी ढंग से कर सकते हैं। वे सावधानियाँ निम्नलिखित है जिनके ऊपर भूगोल अध्यापकों को विशेष ध्यान देना चाहिए–

1. बालकों के अधिगम को क्रियाशील तथा अध्यापन को सजीव बनाने के लिए आधुनिक व प्रभावी अध्यापन विधियों का चुनाव करना चाहिए।

2. बालकों को भूगोल विषय में सही तथा नवीनतम ज्ञान देने का प्रयत्न करना चाहिए।
3. स्कूल की समय-सारिणी के जरूरत के मुताबिक पाठ्यक्रम को छात्रोंर के स्तर समस्या तथा निर्धारित कालांशों की संख्या व परीक्षा के अनुसार रूपान्तरित कर लेना चाहिए। इस तरह के परिवर्तन अथवा रूपान्तर में बालकों का भी पूर्ण सहयोग लेना चाहिए।
4. शैक्षणिक कार्यक्रम के अनुसार सब छुट्टियों, परीक्षाओं इत्यादि के विषय में जानकार पाठ्यक्रम की महत्ता और समय के आधार पर उसको तैयार कर लेना चाहिए।
5. विषय वस्तु के अनुसार दृश्य-श्रव्य साधन और उपकरणों का पूर्व में चुनाव कर उनका पूरा-पूरा प्रभावी प्रयोग कक्षा अध्यापक के लिए करना चाहिए।
6. विद्यालय-प्रशासन, अभिभावक, छात्र तथा कक्षा-शिक्षण के प्रति सदैव धनात्मक और सहयोगात्मक रुचि का दृष्टिकोण रखना चाहिए।

बालकेन्द्रित शिक्षा में ज्ञान, अवबोध, कुशलता तथा अभिरूचि एवं अभिवृत्ति सम्बन्धी प्रयोजनो की पूर्ति तथा बालकों ने तदनुफल व्यवहारगत परिवर्तन लाना अभीष्ट है। इसके लिए कुशल अध्यापक की जरूरत होती है। भूगोल अध्यापक में भूतकाल एवं वर्तमान को जोड़ने की क्षमता होनी चाहिए। भूगोल अध्यापक में विषय एवं व्यवसाय में निष्ठा, विषय का ज्ञान निष्पक्ष और वैज्ञानिक दृष्टिकोण विश्व भूगोल का ज्ञान प्रान्तीय भूगोल का ज्ञान वाचन का गुण समुचित विधियों का ज्ञान इत्यादि गुणों का होना तो जरूरी है ही साथ ही साथ उसमें सामान्य तथा प्रशिक्षण सम्बन्धी गुण भी होने चाहिए।

जिन गुणों का ऊपर विवेचन किया गया है, उनमें बहुत से गुणों को अध यापक प्रकृति से प्राप्त करता है। अतएव यह कहा जाता है कि अच्छे अध्यापक पैदा होते हैं, बनाए नहीं जाते। परन्तु ट्रेनिंग तथा अनुभवों ने इस बात को लगभग नकार दिया है। अब उनका निर्माण भी किया जा रहा है।

2. सामान्य शिक्षक

इस तौर पर भूगोल अध्यापक की वे सभी भूमिकाएँ जो अन्य विषयों के शिक्षकों की होती हैं, होनी चाहिए। इन भूमिकाओं में भूगोल का अध्यापक होने का कोई प्रभाव नहीं पड़ता है। अध्यापन प्रशासनिक कार्यों में सहयोग पाठ्यक्रम अनुगामी क्रियाओं का संचालन, छात्र संघों का संयोजन अनुशासन आदि समितियों

की सदस्यता अनुसंधान करना समुदाय एवं अभिभावकों से सम्पर्क जैसे क्षेत्र इस वर्ग में शामिल है।

1. प्रशासक की भूमिका—विद्यालयी जीवन में कई स्थितियाँ होती है जबकि अध्यापक को एक प्रशासक की भूमिका का निर्वाह कला होता है क्योंकि विद्यालय तथा कक्षा में अनुशासन बनाए रखना उसका दायित्व है। इस कार्य के लिए विद्यालय की स्थितियाँ के अनुसार वह इस प्रकार के कार्यों का भी निर्वाहन् करता है :

(i) छात्रावास अधीक्षक
(ii) कुलानुशासक मण्डल का अध्यक्ष
(iii) खेल समिति का मुखिया
(iv) पुस्तकालय एवं वाचनालय समिति का अधीक्षक
(v) विद्यालय के इतिहासघर का इंचार्ज।
(vi) विद्यालय मेला आयोजन समिति का अध्यक्ष।
(vii) साहित्यिक एवं सांस्कृतिक गतिविधियों का संचालक
(xi) छात्रसंघ का परामर्शदाता।
(x) विद्यालय का प्रतिनिधित्व करने वाली किसी टीम का मुखिया।

2. अध्यापक की भूमिका—किसी भी विषय के अध्यापक का अध्यापन कार्य उस का प्रथम दायित्व है। इसका निर्वाहन करना उसका नैतिक दायित्व है। विद्यालय ने वह पूरे धुरी का एक केन्द्र बिन्दु है। वह विद्यालय के संचालन में मुख्य अध्यापक की मदद करता है। विद्यालय के संचालन की रूपरेखा बनाने में उसका पूर्ण सहयोग रहता है। इस तौर पर अध्यापक के कार्य इस प्रकार से हैं।

(i) पाठ्यवस्तु का निर्माण
(ii) विद्यार्थी कल्याण से रुचि लेना।
(iii) शिक्षण सामग्री एवं अन्य संसाधन जुटाना।
(iv) अधिकाधिक अनुदेशन सामग्रियों का उपयोग।
(v) प्रत्येक विद्यार्थी के पास व्यक्तिगत सम्पर्क बनाना।
(vi) कक्षा में प्रजातान्त्रिक वातावरण व्यवहार।
(vii) विद्यार्थियों के साथ स्वतन्त्र व्यवहार।
(viii) शिक्षण के लिए वार्षिक इकाई एवं पाठ योजनाएँ बनाना।
(ix) समय पर छात्रों की उत्तर-पुस्तिकाएँ जाँचना।
(x) छात्र उन्नति का निरन्तर मूल्याँकन।

(xi) अपने कार्य का मूल्याँकन।

(xii) प्रतिपुष्टि के लिए कार्य करना।

3. प्रबन्ध की भूमिका–सर्वप्रथम आई.के.डेविस ने अध्यापक को प्रबन्धक के तौर पर प्रस्तुत किया। शिक्षण-अधिगम में सर्वप्रथम उद्देश्यों को सूत्रबद्ध किया जाता है। इसके बाद इनकी सम्प्राप्ति के संस्थितियों का सृजन किया जा सके। इसके बाद प्राप्त उद्देश्यों का मापन करने के उपरान्त सम्पूर्ण प्रक्रिया का मूल्याँकन और प्रतिपुष्टि किए जाते हैं। डेविस ने एक प्रबन्धक के तौर पर अध्यापक के निम्नांकित मुख्य प्रकार्य गिनाए हैं–

1. अग्रसरण करना
2. नियंत्रण करना
3. नियोजन करना
4. व्यवस्था करना

अध्यापक सर्वप्रथम विषय-वस्तु का अध्ययन तथा विश्लेषण करता है। इसके लिए वह प्रयोजनों को सूत्रबद्ध करता है। इसको प्राप्त करने के लिए निजी भिन्नताओं को दृष्टिगत करते हुए अध्यापन अधिगम परिस्थितियों को विकसित किया जाता है। यह काम अनुदेशन में होता है। अधिगम के लिए अध्यापक को प्रोत्साहन अभिप्रेरणा निरीक्षण मार्ग-दर्शन जी कार्य करने पड़ते है। अध्यापक प्रयोजनों के सन्दर्भ में सम्पूर्ण प्रक्रिया को नियंत्रित रखता है। इस के लिए मूल्याँकन और प्रति पुष्टि जैसे कार्य है। इस प्रकार हम कह सकते हैं कि अध्यापक नियोजक, व्यवस्थापक, नेता और नियंत्रक की भूमिकाएँ निभाते हुए एक प्रबन्धक है।

4. अनुसन्धानकर्त्ता की भूमिका–अध्यापक केवल एक अध्यापक ही नहीं होता है। वरन् उसके लिए कहा जाता है कि मित्र दार्शनिक एवं मार्गदर्शक होता है। वह सदैव नए ज्ञान की खोज करता रहता है। जिससे बालकों को वह नए खोजों तथा ज्ञान से अवगत करा सकें। जिस का प्रयोग वे समाज एवं देश के विकास में कर सकें। क्योंकि अध्यापक को सदग्व जागरूक एवं खोजी प्रकृत्ति का होना चाहिए। एक अध्यापक का अनुसन्धानकर्त्ता के तौर पर निम्नांकित काम एवं दायित्व रहता है–

(i) आलोचनाओं से विक्षुब्ध न होना।

(ii) क्षेत्र अभिविन्यस्त कठिनाइयों पर काम करना।

(iii) अपने विषय पर होने वाली परिचर्चाओं में हिस्सा लेना।
(iv) आधारभूत कठिनाइयों पर काम करना।
(v) क्रियात्मक अनुसन्धान करना।
(vi) अनुसन्धान पत्रों को प्रकाशित करना।
(vii) सम्भावित क्रियाओं तथा प्रतिक्रियाओं का पूर्वानुमान लगाना।
(viii) शिक्षार्थियों को प्रोत्साहन तथा ट्रेनिंग प्रदान करना।
(ix) सार्थियों के साथ किसी प्रयोजना पर खुलकर बातचीत करना।
(x) व्यावसायिक शिक्षा सम्बन्धी दूसरे समितियों से सम्पर्क स्थापित करना।

5. संयोजक की भूमिका—भूगोल अध्यापक को अपने कामों के अतिरिक्त भी अन्य कार्य विद्यालय एवं प्रधानाध्यापक के माध्यम से आंवटित होता है। वह एक अध्यापक के नाते अपने विषय के छात्रों की उन्नति के लिए जिम्मेदार होता है। क्योंकि उस को समय-समय पर छात्रों के मूल्याँकन से अभिभावकों को अवगत कराने के लिए अभिभावक समिति का गठन कर उसके सम्पर्क में निरन्तर रहना चाहिए। छात्रों के अन्य विषयों की भी जानकारी भूगोल अध्यापक को रखनी पड़ती है। इसलिए उसको एक संयोजक की भूमिका भी निभानी पड़ती है। इस तौर पर उसके निम्नांकित कर्त्तव्यों और दायित्वों हो जाते हैं।

(i) विभिन्न विषय क्षेत्रों में हो रहे विकास की जानकारी रखना।
(ii) विद्यार्थियों, अभिभावकों एवं समुदाय के विविध वर्गों से सौहार्दपूर्ण सम्बन्ध बनाना।
(iii) समुदाय की आवश्यकताओं, रूचियों और विश्वासों की जानकारी रखना।
(iv) स्थानीय नेतृत्व से सम्पर्क स्थापित करना।
(v) समय-समय पर अपनी और दूसरों की उन्नति जानना।
(vi) असफलता को खेल भावना से लेना।
(vii) अभिभावक समिति से निरन्तर सम्पर्क रखना।

निष्कर्ष

संक्षेप में निष्कर्ष तौर पर हम कह सकते हैं कि—

1. वह अपने प्रत्येक कार्य में निष्पक्ष रहें।
2. उसे सभी के प्रति सहृदय होना चाहिए।
3. वह विद्यार्थियों के प्रति सहृदय एवं मित्र भाव रखनेर वाला हो।

4. अध्यापक को समय का पाबन्द होना चाहिए।
5. यह बाल–अध्ययन, अपने विषय में एवं अध्यापन शास्त्र में विशेष ज्ञान रखता हो।
6. अध्यापक को शारीरिक, मानसिक एवं व्यावसायिक क्षमता का धनी होना चाहिए।

7

भूगोल शिक्षण : आधुनिक विधियाँ तथा युक्तियाँ

कोमेनियस ने कहा है कि भूगोल का ज्ञान उसी समय से बच्चे को होने लग जाता है जब बच्चा अपने पालने ;ब्तंकसमद्ध एवं अपनी माँ की गोद में अन्तर समझने लगता है।

"The elements of Geography begin when the child begins to distinguish between the cradle and the lap of hia mother."

भौगोलिक वातावरण और पर्यावरण का प्रभाव मानव जीवन पर हर क्षण पड़ता रहता है। हमेशा से जन्म के समय की गृहों की स्थितियाँ व्यक्ति के सम्पूर्ण जीवन को बराबर प्रभावित करती रहती है। इसी समय के आधार पर ज्योतिषी जन्म कुण्डलियाँ बनाते है एवं भविष्यवाणी करते हैं जो ज्यादातर सत्य उतरती है। इतने महत्त्वपूर्ण विषय का ज्ञान छात्रों को देना जरूरी है। इस उद्देश्य हेतु भूगोल शिक्षकों ने भौगोलिक ज्ञान देने के लिए एवं पाठ पढ़ाने के लिए कई अध्यापन विधियों (Methods of Teaching) कर प्रतिपादन एवं वर्णन किया है। प्रस्तुत इकाई ने छात्राध्यापक के ज्ञान हेतु भूगोल अध्यापन विधियों का उल्लेख है ताकि वह अपने अध्यापन कला में इन विधियों का समावेश करे एवं पाठ को रुचिकर बनाए।

शिक्षण का आशय मनुष्य के ज्ञानात्मक, भावनात्मक एवं क्रियात्मक संस्कारों का समन्वय एवं विकास करना है तथा उसके व्यवहार में बदलाव अथवा परिमार्जन लाना है। व्यवहार में बदलाव लाने को ही सीखना अथवा अधिगम कहते हैं। अध

यापन की प्रक्रिया में तीन कारक निहित रहते हैं। प्रथम—बालक, जो इस प्रक्रिया का आधार बिन्दु है, द्वितीय-विषय वस्तु जो उसे सीखनी है एवं तृतीय-शिक्षक, जो सीखने में मदद प्रदान करता है।

प्रयोजन

प्रस्तुत इकाई के अध्ययन का उद्देश्य छात्राध्यापकों को भूगोल अध्यापन की पद्धतियों एवं युक्तियों का ज्ञान कराना है। भूगोल अध्यापन की विविध विधियों के ज्ञान से अध्यापक को भूगोल पढ़ाते समय उपयुक्त विधि के चुनाव में मदद मिलती है और यह भूगोल का प्रभावी अध्यापन करता है।

शिक्षण प्रक्रिया की सफलता हेतु मनोविज्ञान अध्यापन विधियों का बड़ा महत्त्व है। यही वह मशीन है जिसके द्वारा अध्यापक अपना लक्ष्य साबित करता है। अध्यापन विधियाँ शैक्षिक उद्देश्यों से सम्बन्धित है। विधियों का चुनाव काफी सतर्कता एवं सूझ-बूझ के साथ करना चाहिए। गन्तव्य तक पहुँचने हेतु बहुत-सी नियम काम में आ सकती है पर उनमें से कौन सा नियम सबसे उपयुक्त रहेगी इसका फैसला तो अध्यापक को ही करना होगा। यह फैसला करते समय निम्नांकित बातों को ध्यान में रखा जा सकता है—

(1) भूगोल के अध्यापन में कई नियम उपयोग में लाई जाती है पर हरएक आयु समूह एवं क्षमता वाले छात्रों हेतु समानरूप से उपयुक्त नहीं हो सकती।

(2) हरएक अध्यापक समान रूप से सभी विधियों में पारगत नहीं होता है और न ही सब विधियों को समान तौर पर उपयोग में लेने की क्षमता तथा कौशल रखता है।

(3) हरएक विद्यालय समान रूप से सुविधा सम्पन्न नहीं होता, नजर से भी भौगोलिक हरएक समुदाय बराबर नहीं होता।

(4) सबसे प्रमुख बात यह है कि किस प्रयोजन की प्राप्ति के लिए किस विधि का उपयोग करना है। अतएव विविध उद्देश्यों की पूर्ति के लिए विभिन विधियों का उपयोग करना चाहिए। चूँकि अकेले कोई भी एक विधि पूर्ण नहीं होती।

भूगोल—शिक्षण में व्यवहृत अध्यापन पद्धतियां

भूगोल का अध्यापन बहुत लम्बे काल से चला आ रहा है। भूगोल एवं परम्पराओं को भावी सन्तति तक पहुँचाने हेतु सहज एवं सरल माध्यम कहानी एवं

कविता के साथ ही लोक गीत रहे हैं। जबकि शिक्षा जगत में कई शोधों एवं उपयोगों के परिणामस्वरूप नई-नई नियमों का जन्म होता गया। भूगोल के 'रटने' पर से आग्रह हटकर अवबोधों के विकास की तरफ होता गया। मुख्य अध्यापन विधियाँ इस तरह है–

आगमन एवं निगमन पद्धति

छात्रों को नये ज्ञान देने के लिए विविध विधियों का उपयोग किया जाता है जिनमें आगमन और निगमन विधियों का उपयोग प्रमुख है। यहाँ दोनों के विषय में अलग-अलग मत करेंगे।

आगमन व निगमन पद्धति

आगमन पद्धति का अभिप्राय

आगमन नियम अध्यापन की वह विधि है, जिसमें अध्यापक बालकों का ध्यान सर्वप्रथम कई विशिष्ट और समान उदाहरणों की तरफ आकर्षित करता है और बाद में उनके आधार पर एक सामान्य सिद्धांत निकलवाता है। तत्पश्चात् अध्यापक द्वारा निकाले गए, सामान्य सिद्धांतों की सत्यता प्रमाणित करने के लिए कतिपय अन्य उदाहरणों को प्रस्तुत करता है।' जैसे मान लीजिए छात्रों से यह सामान्य सिद्धांत निकलवाना चाहता है कि मानव एक मरणशील प्राणी है। "इसके लिए वह सर्वप्रथम छात्रों का ध्यान उन-उन व्यक्तियों की ओर आकर्षित करेगा, जो मर चुके हैं। इस तरह अनेकानेक उदाहरणों द्वारा वह खुद छात्रों से यह सामान्य सिद्धांत निकलवाएगा कि मनुष्य मरणशील प्राणी है।"

परिभाषा

आगमन विधि की कुछ प्रमुख परिभाषाएँ निम्नलिखित हैं–

लेंडन के शब्दों में–"जब कभी हम बालकों के समक्ष बहुत-से तथ्य, उदाहरण अथवा वस्तुएँ प्रस्तुत करते हैं, और फिर उनसे अपने स्वयं के निष्कर्ष निकलवाने का प्रयत्न करते हैं, यह प्रक्रिया अध्यापन की आगमन-विधि हैं।"

फाउलर ने आगमन की परिभाषा प्रस्तुत करते हुए लिखा है, "आगमनविशेष से सामान्य अथवा कम सामान्य से अधिक सामान्य का विधियुक्त अनुमान है।

आगमन की इन परिभाषाओं के आधार पर हम कह सकते हैं कि अध्यापन में आगमन विधि का तात्पर्य उस विधि से है, जिसमें बालकों का ध्यान अनेक

विशिष्ट उदाहरणों पर केन्द्रित कर उनकी मदद से '**सामान्य सिद्धान्त**' निकलवाए जाते हैं। आगम विधि द्वारा अध्यापन करते समय नियमों, सिद्धान्तों, परिभाषाओं आदि को पहले नहीं बताया जाता है। छात्र अनेक तथ्यों, उदाहरणों, वस्तुओं आदि का निरीक्षण, तुलना अथवा वर्गीकरण करके इन नियमों, सिद्धान्तों आदि पर स्वयं पहुँचते हैं। सूक्ष्म रूप से देखने से स्पष्ट पता चलता है कि इस विधि में अध्यापन के तीन सूत्रों का उपयोग होता है–

(1) विशिष्ट से सामान्य की ओर

(2) स्थूल से सूक्ष्म की ओर

(3) विशिष्ट से सामान्य की ओर।

रायबर्न ने आगमन विधि पर प्रकाश निक्षेप करते हुए लिखा है "आगमन विधि के पाठ में बालक निरीक्षण करता है अथवा उसका ध्यान अनेक विशिष्ट उदाहरणों की ओर आकर्षित होता है और तभी विशिष्ट उदाहरणों के आधार पर एक सामान्य सिद्धान्त का निर्माण कर लेता है।"

आगमन पद्धति के चरण

उदाहरण–एक ही प्रकार के विविध उदाहरणों का चुनाव कर उन्हें छात्रों के समक्ष प्रस्तुत करना।

निरीक्षण–समस्त उदाहरणों का अवलोकन द्वारा तुलना करके उनमें समानता देखना तथा एक परिणाम पर पहुँचने का प्रयत्न करना।

नियमीकरण–एक ऐसी विधि अथवा सामान्य सिद्धान्त का छात्रों द्वारा निर्धारण करवाना, जिनसे अपना अभीष्ट सिद्ध हो सके।

परीक्षण–छात्रों द्वारा कतिपय दूसरे उदाहरणों द्वारा प्राप्त नियम अथवा सामान्य सिद्धान्त की सत्यता साबित करवाना।

आगमन पद्धति के गुण

1. इस नियम में अध्यापक को उसे सामान्य नियम बतलाने की जरूरी नहीं पड़ती चूँकि इसमें बालक स्वयं श्रम करके नये नियम अथवा सिद्धान्त की खोज करते हैं।
2. यह नियम पूर्णतया मनोवैज्ञानिक है। चूँकि यह बालकों को बिल्कुल स्वाभाविक तरीके से ज्ञान प्रदान करने के कारण मनोवैज्ञानिक है।
3. इस विधि के माध्यम से ज्ञानार्जन करने से छात्रों में आत्मनिर्भरता एवं आत्मविश्वास की भावना जाग्रत होती है।

4. इस नियम के माध्यम से बालकों को भावी जीवन में अन्वेषण और खोज करने के लिए प्रोत्साहन प्राप्त होता है।
5. इस नियम द्वारा अध्ययन करने से विषय अत्यन्त सरल और रोचक हो जाता है।
6. इस नियम के माध्यम से जो बालक ज्ञान प्राप्त करता है, वह उसका स्थायी अंग बन जाता है।
7. यह नियम प्रत्यक्ष तत्त्वों पर आधारित होने के कारण सबसे ज्यादा वैज्ञानिक नियम है।
8. इस विधि का उपयोग करने से छात्रों में स्वतंत्र चिन्तन की क्षमता का विकास हो जाता है।
9. यह नियम 'स्थूल से सूक्ष्म की ओर' बढ़ने के कारण सजह एवं रोचक है।
10. यह नियम बालक को अपने भावी जीवन में खोज एवं अन्वेषण करने के लिए बढ़ावा करती है।

आगमन पद्धति के दोष

1. ज्ञानार्जन की गति बहुत ही धीमी रहती है। अतः यह बड़ी कक्षाओं के लिए यह ज्यादा महत्त्वपूर्ण नहीं होती है।
2. यह नियम मन्द बुद्धि छात्रों के लिए उपयोगी नहीं है, चूँकि वे चिन्तन एवं तर्क से भागते हैं। वे इस विधि के द्वारा उन्नति नहीं कर सकते हैं।
3. इस विधि में समय की अपेक्षा बहुत कम ज्ञान प्राप्त होता है।
4. यह विधि कभी-कभी बालक को गलत निष्कर्ष पर पहुँचा देती है, जिससे कि उसके मस्तिष्क पर विषय की गलत छाप अंकित हो जाती है।
5. यह विधि कक्षा अध्यापन में सदैव प्रयुक्त नहीं हो सकती है।
6. यह विधि सभी विषयों के अध्यापन के लिए उपयुक्त नहीं है।
7. यह विधि पूर्ण नहीं है, क्योंकि यह बालक को यह नहीं बताती है कि किसी नियम को निर्धारित करने के बाद क्या करे।

आगमन पद्धति के उपयोग में सावधानियाँ

इस विधि का उपयोग करते समय अध्यापक को निम्नलिखित बातों पर ध्यान रखना चाहिए—

1. शिक्षक को निकाले जानेवाले सामान्य सिद्धान्त से छात्रों को पहले से ही परिचित नहीं होने देना चाहिए।
2. शिक्षक को जहाँ तक सम्भव हो सके सरल एवं समझने योग्य उदाहरणों को प्रस्तुत करना चाहिए।
3. उदाहरणों को एक क्रम में प्रस्तुत करना चाहिए।
4. उदाहरणों में समानता होनी चाहिए।
5. उदाहरणों को बालक के बौद्धिक स्तर के अनुसार प्रस्तुत करना चाहिए।
6. प्रश्न सरल और प्रासंगिक होने चाहिए।
7. छात्रों को अधिक-से-अधिक तर्क करने का अवसर देना चाहिए।
8. छात्रों को भी प्रश्न पूछने के लिए प्रेरित करना चाहिए।

आगमन विधि के गुण-दोषों की विवेचना से यह स्पष्ट होता है कि आगमन विधि का उपयोग विज्ञान, भाषा, गणित, व्याकरण, भूगोल आदि के अध्यापन में अत्यन्त लाभदायक होता है। व्याकरण जो कि बहुत कठिन होती है, इस विधि के उपयोग से अत्यन्त सरल हो जाती है। लेकिन, उच्च कक्षाओं की अपेक्षा निम्न कक्षाओं के लिए ही यह अधिक उपयोगी है। लेंडन ने भी इसका समर्थन किया है। इस संदर्भ में लेंडन ने अपना मत व्यक्त करते हुए कहा है कि अधिकांश दशाओं में प्राथमिक अध्यापन के लिए यह विधि निगमन विधि से अधिक उपयुक्त विधि है।

निगमन पद्धति का अभिप्राय

निगमन विधि के सन्दर्भ में लेंडर का मत है कि इस विधि द्वारा अध्यापन में पहले परिभाषा अथवा नियम सिखाया जाता है, फिर उसके अर्थों की सावधानी से व्याख्या की जाती है और अन्त में कथनों का उपयोग करके उसे पूर्ण रूप से स्पष्ट किया जाता है। यह नियम आगमन नियम से ठीक विपरीत है, आगमन विधि में 'विशिष्ट से सामान्य की ओर' चलते हैं। इसके प्रतिकुल निगमन विधि में 'सामान्य से विशिष्ट की ओर' चलते हैं। इस विधि के माध्यम से अध्यापन में अध्यापक छात्रों को पहले सामान्य नियम का ज्ञान करा देता है फिर विविध उदाहरणों को प्रस्तुत कर उस नियम की सत्यता साबित करता है। उदाहरण के लिए बालकों को पहले यह सामान्य नियम बता दिया जाता है कि वस्तुओं का भार वायु की अपेक्षा जल में कम होता है। उसके बाद विविध वस्तुओं का भार वायु और पानी से लेकर यह सिद्ध किया जाता है कि यह नियम सत्य है। इसी तरह दूसरा उदाहरण दिया जा सकता है छात्रों

के समक्ष ज्यामिती का यह नियम प्रस्तुत किया जाता है कि अगर एक सरल रेखा दूसरी सरल रेखा को काटती है तो इसके फलस्वरूप जो चार कोण बनते हैं उनका योग चार समकोणों के बराबर यानि 360ीं होता है। यह नियम सुनकर बालक के मस्तिष्क में यह जिज्ञासा पैदा होती है कि आखिर किस तरह इन चारों कोणों का योग चार समकोण के बराबर होता है। इस जिज्ञासा की तृप्त करने के लिए अध्यापक उदाहरण प्रस्तुत करके उसके चारों कोणों को नपवाता है। अन्त में छात्र के समक्ष नियम की सत्यता स्पष्ट हो जाती है और वह नियम को अपने ज्ञान के तौर पर अपना लेता है। अध्यापन के इसी ढंग को यानि सामान्य नियम को विशेष उदाहरणों में उपयोग कर उसकी सत्यता की पुष्टि करने को निगमन नियम कहते हैं। इस नियम में अध्यापन के दो सूत्रों का उपयोग किया जाता है—

(1) सामान्य से विशिष्ट की ओर
(2) सूक्ष्म से स्थूल की ओर।

आगमन पद्धति के चरण

1. **नियम**—बालकों के समक्ष कोई नियम प्रस्तुत करना।
2. **उदाहरण**—नियम की सत्यता हेतु उदाहरण प्रस्तुत करना।
3. **निष्कर्ष**—उदाहरण के माध्यम से किसी निष्कर्ष पर पहुँचना।
4. **परीक्षण**—बालकों द्वारा उदाहरण की मदद से निष्कर्ष का परीक्षण किया जाना।

निगमन पद्धति के गुण

1. यह नियम ज्ञान को तीव्र गति से प्रदान करती है, क्योंकि बालक सामान्य नियम को जानने के बाद थोड़े-से उदाहरणों से उसकी सत्यता को जान जाता है।
2. यह नियम अध्यापक के कामों को सरल बनाती है, चूँकि उसे अपने कथन का प्रमाण नहीं देना पड़ता है।
3. यह विधि मन्द बुद्धि छात्रों के लिए विशेष उपयोगी होती है।
4. इसके द्वारा कम-से-कम समय में अधिक-से-अधिक बातें बताई जा सकती हैं।
5. यह विधि उच्च कक्षाओं के छात्रों के लिए बहुत उपयोगी है, क्योंकि उसमें अमूर्त विचारों को समझने की क्षमता होती है।

निगमन पद्धति के अवगुण

1. यह विधि छात्रों की तर्क और विचार-शक्तियों का विकास नहीं करती है, क्योंकि यह किसी नियम को बिना परिश्रम किये उसे बता देती है।
1. इससे बच्चों में अनुकरण की प्रवृत्ति आ जाती है।
2. चिन्तन शक्ति का सदुपयोग नहीं हो पाता।
3. इससे छात्रों में आत्मनिर्भरता नहीं आ पाती।
5. इस विधि द्वारा प्राप्त ज्ञान अपूर्ण तथा अस्पष्ट होता है।
6. सूक्ष्म से स्थूल की ओर बढ़ने के कारण यह विधि अमनोवैज्ञानिक है।
7. यह विधि किसी सिद्धान्त की खोज करने में सहायक नहीं है।

उपर्युक्त विवरणों से यह स्पष्ट होता है कि निगमन विधि में छात्रों की स्वाभाविक क्रियाशीलता के प्रति थोड़ा भी ध्यान नहीं दिया जाता है। छोटे बालकों में क्रियाशीलता की मात्रा बहुत अधिक होती है। इसलिए इस विधि को उनके लिए अनुपयुक्त समझा जाता है। इस सन्दर्भ में लेंडन का कहना है कि कम आयु के बालकों के लिए निगमन विधि का इतनी सफलता से उपयोग नहीं किया जा सकता है, जितना कि आगमन विधि द्वारा सरल अध्यापन का।

थोड़े में ऐसा कहा जा सकता है कि जब अध्यापक बालकों से विशिष्ट उदाहरणों के द्वारा सामान्य सिद्धान्तों को निकलव।ता है तो इस पद्धति को आगमन विधि कहते हैं और जब बालकों को सीधे सामान्य सिद्धान्त बतलाकर उनका विशिष्ट परिस्थितियों अथवा उदाहरणों द्वारा परीक्षण कराता है तो इस विधि को निगमन विधि कहते हैं। सामान्य रूप से ऐसा प्रतीत होता है कि ये विधियाँ एक-दूसरे की विरोधी हैं लेकिन सिद्धान्ततः ये दोनों विधियाँ एक-दूसरे की विरोधी नहीं, अपितु एक-दूसरे की पूरक हैं। आगमन विधि की मदद से जिस नियम की खोज की जाती है, उसकी सत्यता की परीक्षा निगमन विधि से की जाती है। इस प्रकार दोनों विधियों का एक-दूसरे में समावेश रहता है। शिक्षकों को चाहिए कि आगमन विधि द्वारा बालकों से सामान्य सिद्धान्त निकलवाकर निगमन नियम द्वारा उनका परीक्षण कराएँ, तभी वे अध्यापन में वास्तविक सफलता प्राप्त कर सकेंगे। **'हरबार्ट की पंचपद प्रणाली'** में इस नियम का सुन्दर समन्वय मिलता है।

निष्कर्ष

उपर्युक्त विवरण से स्पष्ट होता है कि आगमन और निगमन विधियाँ एक-दूसरे की विरोधी है। पर वास्तव में वे दूसरे की पूरक है। कतिपय शिक्षास्त्री

दोनों विधियों को एक साथ जोड़कर अध्यापन काम करने के पक्ष में है। तर्क पूर्ण कार्य पद्धतियों हेतु दोनों ही विधियाँ जरूरी तथा महत्त्वपूर्ण हैं। हरबर्ट की पंचवटी प्रणाली में आगमन और निगमन विधियों का सुन्दर समन्वय मिलता है।

ह्यूरिस्टिक पद्धति

ह्यूरिस्टिक पद्धति के जनक **प्रोफेसर आर्मस्ट्रांग महोदय** हैं। इन्होंने आगमन नियम को आधार मानते हुए इस पद्धति को जन्म दिया तथा विज्ञान के अध्यापन में इसका उपयोग किया। ह्यूरिस्टिक शब्द की व्युत्पत्ति ह्यूरिस्को नामक शब्द से हुई, जिसका आशय है, 'मैं स्वयं खोज करता हूँ। अतएव ह्यूरिस्टिक पद्धति में **हरबर्ट स्पेन्सर** के इस सूत्र अथवा कथन का श्रेष्ठतम उपयोग किया गया है कि बालकों को जितना कम-से-कम सम्भव हो उतना बताया जाए और उनको जितना ज्यादा सम्भव हो खोजने को प्रोत्साहित किया जाए। 'ह्यूरिस्टिक पद्धति में बालकों के समक्ष ऐसी परिस्थितियों को पैदा किया जाता है, जिनसे वे खुद अन्वेषण यानि नई ज्ञान को अर्जित करने हेतु प्रयास करें। **डॉ. जीवनायक्रम्** ने इस कथ्य पर प्रकाश निक्षेप करते हुए लिखा है, " 'ह्यूरिस्टिक पद्धति' में बालक को मौलिक अन्वेषणकर्त्ता के स्थान पर छोड़ दिया जाता है। उसे स्वयं वस्तुओं अथवा कथनों का अन्वेषण करना होता है और वह इस कार्य में बहुत कम निर्देशन प्राप्त करता है।" संक्षेप में ह्यूरिस्टिक पद्धति का तात्पर्य अध्यापन की उस नियम से है, जिसमें बालकों को खोज करनेवाले की स्थिति में रखकर बिना किसी खास निर्देशन के उन्हें खुद खोज कर नए ज्ञान को अर्जित करने का मौका दिया जाता है।

ह्यूरिस्टिक विविध का प्रमुख प्रयोजन

ह्यूरिस्टिक पद्धति के मूल उद्देश्य निम्नलिखित हैं—

1. बालकों में उत्तरदायित्व, आत्मविश्वास तथा आत्मनिर्भरता की भावना का विकास करना।
2. बालक को तर्क और व्यक्तिगत अनुभव के आधार पर सत्य की खोज में संलग्न करना।
3. बालकों में वैज्ञानिक प्रवृत्तियों का विकास करना।
4. बालकों को अन्वेषक तथा अनुसंधानकर्त्ता मानना।
5. उन्हें स्वयं ज्ञान तथा कथनों की खोज करने के लिए उपयुक्त वातावरण प्रदान करना।

6. उनमें परिश्रम के प्रति प्रेम पैदा करना।
7. बालक को मौखिक अनुसन्धानकर्त्ता बनाकर उसी प्रकार ज्ञान प्राप्त करने के लिए प्रेरित करना, जिस प्रकार वैज्ञानिक प्राप्त करता है।

ह्यूरिस्टिक प्रणाली के आधारभूत नियम

1. प्रेरणा का सिद्धान्त–ह्यूरिस्टिक पद्धति में बालकों को शिक्षालय में इस प्रकार का वातावरण प्रदान किया जाता है, जो उन्हें ज्ञानार्जन करने के लिए प्रेरणा प्रदान करें दूसरे शब्दों में ह्यूरिस्टिक पद्धति बालकों को स्वयं ज्ञानार्जन करने की प्रेरणा प्रदान करने पर विशेष बल देता है।

2. रुचि का सिद्धान्त–इस पद्धति में अध्यापक बालकों के समक्ष उनकी प्रवृत्तियों, आवश्यकताओं, आयु, बुद्धि तथा अभिवृत्तियों के अनुकूल कुछ ऐसी समस्या प्रस्तुत कर देता है जिसका समाधान करने में वे रुचि, आनन्द तथा उत्साह का अनुभव करते हैं। वे जब अपने को एक अन्वेषणकर्त्ता के तौर पर पाते हैं तो उनको नये सिद्धान्तों, नियमों तथा कथनों की खोज करने में स्वाभाविक रुचि बढ़ जाती है।

3. स्वतंत्रता का सिद्धान्त–ह्यूरिस्टिक पद्धति में बालकों के ऊपर कोई बाह्य दबाव नहीं होता, उन्हें स्वयं विचार, तर्क, निर्णय, वाद-विवाद, पढ़ने-लिखने, प्रश्न करने तथा गतिविधि करने की स्वतंत्रता रहती है। अध्यापक एक मित्र, सहयोगी तथा मार्गदर्शक के तौर पर कार्य करता है। इस प्रकार ह्यूरिस्टिक पद्धति में बालक अपने आपको एक स्वतंत्र अन्वेषणकर्त्ता के तौर पर पाता है।

4. स्वशिक्षा अथवा स्व-अनुभव का सिद्धान्त–ह्यूरिस्टिक पद्धति इस सिद्धान्त पर आधारित है कि जो शिक्षा बालक स्वयं निरीक्षण, परीक्षण, प्रयत्न तथा अनुभव द्वारा प्राप्त करते हैं, वह उनका वास्तविक तथा स्थायी ज्ञान होता है। इससे बालकों के उत्तरदायित्व, आत्मविश्वास, आत्मनिर्भरता तथा आत्मक्रिया की बढ़ोतरी होती है।

5. क्रियाशीलता अथवा करके सीखने का सिद्धान्त–इस पद्धति में बालक की नये नियमों एवं सिद्धान्त को ढूँढ़ने में क्रियाशील रहने का अवसर प्राप्त होता है। इस तरह वे इस नियम में क्रिया के माध्यम से शिक्षा प्राप्त करने में बहुत ही रुचि लेते हैं। इससे उनका मानसिक एवं शारीरिक दोनों तरह का विकास होता है। बालकों में परिश्रम के प्रति श्रद्धा बढ़ती है। हाथ एवं मस्तिष्क से सीखा हुआ ज्ञान ज्यादा स्थायी होता है।

ह्यूरिस्टिक विधि की मुख्य विशेषताएं

ह्यूरिस्टिक पद्धति के गुण निम्नलिखित हैं–

1. ह्यूरिस्टिक पद्धति में बालकों की स्मृति पर तुलनात्मक रूप से कम जोर दिया जाता है। फलतः उन्हें रह-रहकर याद करने हेतु बाध्य नहीं होना पड़ता है।
2. इस पद्धति में गृह-कार्य देने की कोई समस्या नहीं रहती है।
3. इस पद्धति में बालक को मत के माध्यम से शिक्षा प्राप्त करने का अवसर प्राप्त होता है।
4. ह्यूरिस्टिक पद्धति में कई शिक्षण-सिद्धान्तों का उपयोग होता है।
5. इस पद्धति में बालकों को अपने मानसिक विकास का सही मौका प्राप्त होता है।
6. इस पद्धति से बालकों में अन्वेषण शक्ति का विकास होता है।
7. इस पद्धति के माध्यम से अध्यापन से बालकों में श्रम की आदत पड़ जाती है।
8. यह एक मनोवैज्ञानिक पद्धति है।
9. ह्यूरिस्टिक पद्धति के माध्यम से अध्यापन करने से बालकों में वैज्ञानिक दृष्टिकोण का विकास होता है।
10. इस पद्धति के माध्यम से बालकों को स्वाध्याय का अवसर मिलता है।
11. इस पद्धति द्वारा अध्यापक तथा छात्रों में परस्पर घनिष्ठ सम्बन्ध स्थापित होता है।
12. इस पद्धति के माध्यम से आत्मनिर्भरता, आत्मविश्वास तथा जिम्मेदारी की भावना का विकास होता है।
13. इस पद्धति में बालक के सामने समस्याएँ ऐसे क्रमबद्ध तौर पर प्रस्तुत की जाती है कि वह स्वतः एक मुश्किल से दूसरी पर पहुँच जाता है।

ह्यूरिस्टिक विधि के अवगुण

ह्यूरिस्टिक पद्धति के दोष निम्नलिखित हैं–

1. ह्यूरिस्टिक पद्धति प्राथमिक कक्षाओं के लिए अनुपयुक्त है।
2. बालकों को मूल अन्वेषण के स्थान पर रखना कठिन है। अतएव अन्वेषण के लिए यह पद्धति अनुपयुक्त है।
3. इस पद्धति में बालकों को स्वयं निष्कर्ष निकालना होता है। चूँकि

बालकों का मस्तिष्क अविकसित होता है, अतएव गलत निष्कर्ष निकालने की सम्भावना अधिक रहती है।

4. ह्यूरिस्टिक के अनुसार अध्यापन करने के लिए पर्याप्त सहायक सामग्री तथा यन्त्रों की आवश्यकता है, जिनको जुटाने के लिए पर्याप्त धन भी चाहिए। इस तरह यह पद्धति ज्यादा मँहगा है।
5. इस पद्धति में अधिक समय व्यय होता है।
6. इस विधि में अध्यापक पर अधिक उत्तरदायित्व होता है। अतएव यह विधि उन्हें शीघ्र ही थका देती है।
7. ह्यूरिस्टिक पद्धति का सामान्य कक्षाओं में उपयोग नहीं किया जा सकता है।
8. इस पद्धति में बालक स्वयं अन्वेषण करते हैं। जिससे अन्वेषण का कार्य एक धीमी और लम्बी प्रक्रिया का रूप ले लेती है।
9. इस पद्धति को देश के सामान्य विद्यालयों में कार्यान्वित नहीं किया जा सकता है, क्योंकि वे पाठ्यक्रम और परीक्षाओं के बन्धनों में जकड़े रहते हैं।
10. इस पद्धति को अधिक छात्रों वाली कक्षाओं में उपयोग नहीं किया जा सकता है क्योंकि इसमें छात्र और अध्यापक में व्यक्तिगत सम्पर्क होना आवश्यक है।

निष्कर्ष

इस विधि के द्वारा पाठ्यक्रम के अधिकांश विषय जैसे–गणित, भौतिक विज्ञान, रसायन विज्ञान, इतिहास, नागरिक शास्त्र, भूगोल, व्याकरण आदि पढ़ाए जा सकते हैं। भूगोल विषय में भौगोलिक कथनों से सम्बन्धित विवरण तैयार किया जा सकता है। यह विधि छात्रों के स्वाभाविक विकास की दृष्टि से अत्यन्त महत्त्वपूर्ण है। इससे बालकों को मौलिक एवं प्राकृतिक कार्यों के प्रति प्रेरणा मिलती है।

प्रयोगशाला पद्धति

आज जीवन का कोई भी ऐसा क्षेत्र नहीं है जहाँ विज्ञान ने दस्तक नहीं दी है। शिक्षा में तो विज्ञान का भरपूर उपयोग किया जा रहा है। भूगोल अध्यापक भी अपने विषय हेतु प्रयोगशाला की माँग करता है। उसकी यह माँग अस्वाभाविक भी नहीं है चूँकि–

1. भूगोल की प्रयोगशाला में काम करने वाले छात्र सक्रिय होकर ज्ञानार्जन करते हैं।
2. प्रयोगशाला होने से भूगोल की मददगार सामग्री की टूट-फूट नहीं होगी तथा अपव्यय एवं समय की बर्बादी से बचा जा सकती है।
3. भूगोल विज्ञान है, अतएव भूगोल में वैज्ञानिक दृष्टिकोण के विकास हेतु यह जरूरी है कि उसे एक प्रयोगशाला दी जाए।
4. प्रयोशाला द्वारा अतीत की वास्तविक बनाने में मदद मिलती है।

भूगोल प्रयोगशाला की अनिवार्य सामग्री

भूगोल की प्रयोगशाला में अधोलिखित सामग्री का होना आवश्यक है—

1. श्यामपट,
2. रेडिया,
3. भौगोलिक मानचित्र,
4. प्रयोगिक कार्य के लिए बड़ी मेजे,
5. (शो-केश मानचित्र, ग्लोब, पत्थरों के नमूने, औजार आदि रखे जाएँगे)
6. मैजिक लैनटर्न, प्रोजेक्टर स्क्रीन इत्यादि,
7. भौगोलिक चित्र एवं मॉडल।

इस नियम के उपयोग में अध्यापक का स्थान एक मार्गदर्शक, मित्र एवं दार्शनिक का है। यह उनके कार्य में निरर्थक हस्तक्षेप नहीं करता। इस नियम को कार्य-निर्धारण नियम के नाम से भी जाना जाता है। चूँकि इसमें विविध बालकों को उनकी रूचि, योग्यता और क्षमतानुसार कार्य दिया जाता है। अध्यापक उन्हें बताता है कि किन-किन पुस्तकों और स्थानों से सामग्री प्राप्त की जा सकती है। जरूरत पड़ने पर अध्यापक उन्हें सहायता भी करता है। छात्र प्रयोगशाला में बैठकर अपने कार्य को निश्चित समय में ही पूर्ण करता है। इसी आधार पर उनका आत्मबल भी बढ़ता है।

प्रयोगशाला—पद्धति के गुण

1. इस नियम के अध्यापन में छात्र स्वक्रिया के माध्यम से ज्ञानार्जन करते हैं।
2. इस नियम से सामूहिक अध्यापन के दोष दूर किए जा सकते हैं।
3. स्वाध्याय की आदत का निर्माण होता है।

4. छात्र इस नियम के माध्यम से भौगोलिक सामग्री का सही प्रयोग सीख जाता है।
5. इस नियम के माध्यम से वर्तमाना परीक्षा प्रणाली के दोषों को दूर किया जा सकता है।

प्रयोगशाला–पद्धति के दोष

1. यह एक खर्चीली विधि है। भारत जैसे निर्धन देश में जहाँ भूगोल कक्ष की व्यवस्था करना कठिन है, वे प्रयोगशाला की व्यवस्था कैसे हो सकती है।
2. छात्रों को इस विधि से श्रृखलाबद्ध तथा सुसंगठित ज्ञान नहीं दिया जा सकता है।
3. इस विधि के उपयोग के लिए अध्यापक का सही पथ-प्रदर्शन नहीं मिल पाता है, जिससे यह विधि यांत्रिक बन जाती है।

निरीक्षण पद्धति

निरीक्षण, ज्ञान प्राप्ति की महत्त्वपूर्ण विधि है। हम अपने आस-पास की घटनाओं, परिस्थितियों का निरीक्षण करके बहुत-सी नये बातों के विषय में ज्ञान प्राप्त करते हैं। इस विधि में अध्यापक स्वयं किसी समस्या अथवा परिस्थिति के विषय में टीका-टिप्पणी न करके बालक को निरीक्षण के लिए उत्साहित करता है। बालक जब इस विधि का उपयोग कर रहा होता है तब उसे सूक्ष्म अवलोकन, स्वतंत्र चिन्तन एवं विभेदीकरण की क्षमता का ज्ञान होता है। बालक की सक्रियता बढ़ती है तब वह अपने अनुभव एवं ज्ञान को स्थाई रूप देता है।

निरीक्षण पद्धति

निरीक्षण, ज्ञान प्राप्ति की महत्त्वपूर्ण विधि है। हम अपने आस-पास की घटनाओं, परिस्थितियों का निरीक्षण करके बहुत-सी नये बातों के विषय में ज्ञान प्राप्त करते हैं। इस विधि में अध्यापक स्वयं किसी समस्या अथवा परिस्थिति के विषय में टीका-टिप्पणी न करके बालक को निरीक्षण के लिए उत्साहित करता है। बालक जब इस विधि का उपयोग कर रहा होता है तब उसे सूक्ष्म अवलोकन, स्वतंत्र चिन्तन एवं विभेदीकरण की क्षमता का ज्ञान होता है। बालक की सक्रियता बढ़ती है तब वह अपने अनुभव एवं ज्ञान को स्थाई रूप देता है।

इस विधि का सफल उपयोग करने के लिए निम्नांकित सोपानों को ध्यान में रखना आवश्यक होता है–

1. निर्धारण–जिसका निरीक्षण करना हो उसके विषय में पहले से ही निर्धारण कर लेना चाहिए।

2. ध्यान केन्द्रित करना–यह दूसरा महत्त्वपूर्ण सोपान है। इस विधि में ध्यान केन्द्रित करना अत्यन्त आवश्यक होता है। इसके बिना सही निरीक्षण नहीं हो सकता।

3. लेखबद्ध करना–निरीक्षण वस्तु अथवा घटना के सम्बन्ध में रिकार्ड रखना आवश्यक है। उसमें बड़ी सावधानी की आवश्यकता होती है।

निरीक्षण नियम का उपयोग करते समय अध्यापक को हमेशा इस बात हेतु सतर्क रहना चाहिए कि अनावश्यक बातों के निरीक्षण मे समय बर्बाद न किया जाए। विद्यार्थी को निरीक्षण हेतु स्वतंत्रता हो परन्तु साथ ही उसको निरीक्षण प्रक्रिया को उद्देश्यपूर्ण एवं क्रमबद्ध बनाने हेतु काफी सावधानियाँ बरतनी चाहिए। इसमें मितव्ययिता एवं स्वाभाविकता जरूर होनी चाहिए।

निरीक्षण पद्धति के गुण

1. इस नियम से छात्रों में रुचि एवं जिज्ञासा की जागृति होती है।
2. निरीक्षण नियम के माध्यम से बालक जिस ज्ञान को प्राप्त करता है उससे स्थाई ज्ञान कोष में बढ़ोतरी होती है।
3. निरीक्षण-छात्रों में चिन्तन एवं विश्लेषणात्मक शक्ति पैदा करता है।

निरीक्षण पद्धति के दोष

1. निरीक्षण हर प्रकार से पूर्ण नहीं हो पाता है।
2. निरीक्षण में अगर ध्यानपूर्वक काम न किया गया तो वह हानिप्रद हो सकता है।

निष्कर्ष

निरीक्षण–नियम का उपयोग करीब सभी विषयों में किया जा सकता है जबकि विज्ञान एवं भूगोल अध्यापन में इसका उपयोग ज्यादा समीचीन होगा। इस विधि के उपयोग के पूर्व छात्रों को प्रशिक्षण दिया जाना चाहिए ताकि वे बिना किसी तरह की त्रुटि के निरीक्षण नियम का उपयोग कर सके।

व्याख्यान पद्धति

यह अति प्राचीन नियम है। इस नियम का प्रयोग उस समय से किया जा रहा है जब मुद्रण यंत्रों का खोज नहीं हुआ था, पुस्तकें दुर्लभ थी। अध्यापक का कर्त्तव्य था कि वह पाठ्य-सामग्री को युक्ति-संगत विधि से तर्कपूर्ण शैली में कक्षा के सम्मुख भाषण के तौर पर प्रस्तुत करे। उस दिशा में अध्यापक वक्ता एवं विद्यार्थी श्रोता होता था।

भारतीय शिक्षा के अनुशीलन से हमें विविध तरह की शिक्षा पद्धतियों का ज्ञान प्राप्त होता है। उपनिषदिक अध्यापन पद्धति का स्वरूप निम्नांकित श्लोक में भली तरह प्रकट होता है—

श्रवणं तु मुसेः पूर्व मननं तदनन्तरम्।
निदिध्यासनमित्येतत्पूणंबोधस्य कारणम्।।

बृहदारण्यक उपनिषद में ज्ञानार्जन की श्रवण, मनन और निविध्यासन—इन तीन प्रक्रियाओं की व्याख्या मिलती है। श्रवण के द्वारा शिष्य गुरू के वचन (शब्द—अर्थ) ध्यानपूर्वक सुनता था, मनन के द्वारा उनके वचन का बौद्धिक परिग्रहण करता था तथा निविध्यासन के द्वारा उसकी साधनात्मक अनुभूति करता था। इस प्रकार ज्ञानार्जन की प्रक्रिया में अध्यापक की अपेक्षा शिष्य की चेष्आ ही प्रधान रहती थी। अपने स्वाध्याय के द्वारा ही वह गुरू के उपदेशों को हृदयगम करता था, गुरू उपदेश एवं मार्गदर्शन करता था।

व्याख्यान पद्धति के गुण

1. इस विधि के द्वारा विषयवस्तु को क्रमबद्ध एवं तार्किक रूप से प्रस्तुत किया जाता है जिससे छात्र सरलता से समझ सके।
2. इस विधि के उपयोग से कम से कम समय में विषयवस्तु को पूरा किया जा सकता है।
3. इस विधि से बहुत से बालकों को एक साथ विषय ज्ञान दिया जा सकता है।
4. रुचियों की भिन्नता एवं बुद्धि स्तरो की विविधताओं के होने पर भी सामान्य प्रभाव होने की सम्भावनाएँ बनी रहती है।
5. समय एवं श्रम की बचत होती है।

व्याख्यान पद्धति के दोष

1. इस विधि में रुचि की भिन्नताओं एवं बोधगम्यता के स्तर के अनुसार विषय-ज्ञान को विभक्त करना सम्भव नहीं है।
2. समस्त छात्रों को एक ही स्तर की शिक्षा दी जाती है।
3. इस विधि के उपयोग से छात्र निष्क्रिय श्रोता बन जाते हैं और अध्यापक विषय सापेक्ष वक्ता।
4. दोनों के कार्य-क्षेत्र अलग-अलग है।
5. उनमें किसी प्रकार का सामंजस्य सम्भव नहीं।
6. यह विधि शिक्षक-केन्द्रित है, जबकि आधुनिक शिक्षा बालकेन्द्रित है।

निष्कर्ष

व्याख्यान विधि को छात्रापयोगी बनाने के लिए निम्नांकित सुझावों एवं निष्कर्षों पर ध्यान दिया जाना चाहिए।

1. शिक्षक को चाहिए कि वह अपना व्याख्यान नियोजित रूप से तैयार करके दे।
2. व्याख्यान देते समय सही शैली का उपयोग करना चाहिए।
3. व्याख्यान के द्वारा कथनों तथा धारणाओं को क्रमबद्ध रूप से प्रतिपादित करना चाहिए।

कार्यशाला पद्धति

कार्यशाला पद्धति क्रियात्मक पक्ष पर जोर देती है। इसके निम्नांकित प्रयोजन हो सकते है—

1. शिक्षा मे लगे हुए व्यक्तियों की व्यावसायिक कठिनाइयों का समाधान स्पष्ट करना।
2. किसी प्रकरण की व्यावहारिकता पर प्रकाश डालना।

कार्यशाला नियम को सफलतापूर्वक सम्पादित करने हेतु कतिपय अनिवार्यताएँ होती है जिन्हें पूरा करके ही काम का सफल बनाया जा सकता है। इस कार्यक्रम को सम्पादित करने के लिए एक व्यवस्थापक की जरूरत होती है। कार्यशाला का स्थान, तिथि, समय एवं कार्यक्रम के विषय में निर्णय लेता है।

दूसरा मुख्य व्यक्ति होता है, अध्यक्ष जिसका चुनाव व्यवस्थापक करता है। कार्यशाला नियम का कार्यक्रम 3 से 10 दिन तक हो सकता है और अधिक भी।

कार्यशाला क्षेत्र

भूगोल के क्षेत्र में इसका उपयोग बहुतायत से किया जाता है। इसका प्रयोग पाठ-योजना का नये प्रारूप बनाने में तथा पाठ-योजना में प्राप्य प्रयोजनों को व्यवहारगत परिवर्तनों में लिखना एवं क्रियात्मक अनुसंधान के उपयोग के लिए किया जा सकता है।

कार्यशाला पद्धति की विशेषताएँ

1. यह नियम शिक्षा के ज्ञानात्मक तथा क्रियात्मक उच्च उद्देश्यों की प्राप्ति में बहुत प्रमुख जगह रखती है।
2. यह नियम वर्ग में कार्य करने तथा सहयोग की भावना का विकास रखती है।

सेमिनार पद्धति

यह अनुदेशन अथवा अध्यापन की ऐसी प्रविधि है जिससे चिन्तन स्तर के अधिगम के लिए अन्तः प्रक्रिया की परिस्थिति पैदा की जाती है। यह लोकतंत्रीय समाज हेतु ज्यादा लाभदायक है। उसके प्रयोग से ज्ञानात्मक तथा भावात्मक उद्देश्यों की प्राप्ति होती है। इसके आयोजन में चार तरह के व्यक्तियों की जरूरत पड़ती है।

1. व्यवस्थापक
2. अध्यक्ष,
3. वक्तागण,
4. श्रोतागण।

सेमिनार में प्रकरण से सम्बन्धित प्रपत्रों के प्रस्तुतीकरण के पश्चात् विचार-विनिमय के लिए अवसर दिया जाता है, ये सेमिनार स्थानीय, राष्ट्रीय एवं अन्तराष्ट्रीय स्तर पर आयोजित की जाती है। इसके उपयोग से तर्क एवं चिन्तन, स्वतंत्र अध्ययन, बातचीत करने तथा बोलने के कौशल का विकास होता है तथा आलोचनात्मक दृष्टिकोण का भी विकास होता है।

देशाटन पद्धति

अच्छे नागरिकों के निर्माण एवं उनकी कौतूहल शक्ति का पूर्ण विकास करने के लिए एवं समाज तथा देश की वास्तविक स्थिति से परिचित होने के लिए

देशाटन की महती आवश्यकता है। भूगोल अध्यापक के लिए यह आवश्यक है। **बेकन** (Bacon) का कथन है कि देशाटन शिक्षा का एक श्रेष्ठ साधन है। देशाटन से देश-विदेश के मनुष्यों एवं स्थानों के विषय में ज्ञान प्राप्त होता है। भूगोल के अध्यापक को विविध स्थानों का दर्शन करना चाहिए। जिस प्रकार अगर आगरा तथा उसके पास के क्षेत्रों में बालकों को ले जाकर भौगोलिक वस्तुओं का दिग्दर्शन कराया जाए तो प्राचीन के भूगोल के बारे में बालकों को प्रत्यक्ष एवं ठोस ज्ञान प्राप्त हो सकता है, इस प्रकार बालकों को अजायबघरों में ले जाकर प्राचीन काल के मानचित्र, नक्शे, चट्टानो, पर्वतों तथा अन्य भौगोलिक कथनों का ज्ञान कराया जा सकता है।

निष्कर्ष

भूगोल अध्यापन की कतिपय विधियों का विवरण ऊपर दिया गया है साथ ही उनकी सीमाओं को भी अंकित किया गया है। इससे स्पष्ट हुआ कि उपरोक्त विधियाँ बालकों के विकास के लिए साधन है साध्य नहीं। जहाँ भी इन अध्यापन विधियों को उपयोग में लाया जाए वहाँ यह ध्यान रखा जाए कि उनके द्वारा जिन उपलब्धियों को चाहा गया वे प्राप्त हुई अथवा नहीं। विधियाँ अध्यापक की मदद के लिए है, उसके मानस पर बोझ बनने के लिए नहीं है। अध्यापन विधियों का प्रभावी उपयोग ही एक भूगोल के अध्यापक की सफलता है।

भूगोल अध्यापन की युक्तियाँ

शिक्षण प्रविधियाँ अथवा युक्तियाँ पाठ्क्रम को, सजीव एवं प्रभावोत्पादक बनाती है। यहाँ हम भूगोल विषय में प्रयुक्त होने वाली कतिपय युक्तियों का मत करेंगे। वस्तुतः देखें तो अध्यापन में हम विधि, प्रविधि अथवा युक्ति शब्द का उपयोग करते हैं। इन सब में सूक्ष्म अन्तर करना बहुत कठिन है फिर भी कहा जा सकता है कि विधि नियम ज्यादा है जिसमें कई प्रविधियाँ एवं युक्तियाँ शामिल है। प्रविधियाँ विशेष ज्ञानवसर के तरीके हैं जिनके माध्यम से ज्ञान-प्राप्ति अथवा सीखने में मदद मिलती है। नीचे कुछ महत्त्वपूर्ण युक्तियों/प्रविधियों का विवरण प्रस्तुत किया जा रहा है—

1. मौखिक उदाहरण—मौखिक उदाहरणों का प्रयोग सूक्ष्म तथा सामान्य सिद्धान्तों की व्याख्या करने के लिए किया जाता है। इनका प्रयोग करने हेतु उदाहरणों की सरलता एवं ग्राह्यता तथा वास्तविक परिस्थितियों से सम्बन्धित होना चाहिए।

2. प्रदर्शनात्मक उदाहरण—इनका प्रयोग बालकों की कल्पना शक्ति को विकसित करने हेतु किया जाता है। इनके प्रयोग से इतिहास को सजीव बनाया जा सकता है। उदाहरण भूगोल का वास्तविक बनाने में विशेष मददगार होते हैं। भूगोल अध्यापन में अधोलिखित प्रदर्शनात्मक उदाहरणों को उपयोग से लाया जा सकता है। जैसे 1. मानचित्र 2. चार्ट 3. रेखाचित्र 4. चित्र 5. प्रतिरूप 6. समय ग्राफ आदि।

3. उदाहरण—उदाहरणों के माध्यम से अध्यापक पाठ को रोचक तथा ग्रहण योग्य बनाने में समर्थ होता है। मौखिक अध्यापन में इस युक्ति का विशेष महत्त्व है। उदाहरणों के द्वारा छात्रों की रुचि एवं ध्यान करे आकृष्ट करने में मदद मिलती है। भूगोल अध्यापन में उदाहरण दो प्रकार के होते हैं—

4. लाक्षणिक उदाहरण—इसके तहत उन उदाहरणों को शामिल किया जाता है, जो भौगोलिक घटनाओं को समझने हेतु अध्यापक द्वारा ढाँचों के तौर पर प्रयुक्त किए जाते हैं। ये संकेत सिर्फ होते हैं और प्राप्त कथनों के सम्बन्धों पर प्रकाश डालते हैं।

हदें

उदाहरणों की अधिकता से पाठ अरूचिकर हो जाता है। सभी कथनों को उदाहरणों द्वारा ज्ञात नहीं किया जा सकता है।

सावधानियाँ

निरीक्षण अध्यापन की एक बहुत प्रभावशाली युक्ति है किन्तु तभी जब शिक्षार्थी सही ढंग से निरीक्षण करे। अध्यापक को निम्नांकित सावधानियाँ बरतनी चाहिए—

1. निरीक्षण एक सोद्देश्य किया है। निरीक्षण की योजना पूर्व निर्धारित होनी चाहिए।
2. सभी शिक्षार्थियों को निरीक्षण करते समय मौके देने चाहिए।
3. निरीक्षण क्रमबद्ध होना चाहिए।
4. जब विद्यार्थी निरीक्षण करे, अध्यापक को उनकी मदद करनी चाहिए।
5. इन सब सावधानियों के बाद प्रश्नों की मदद से ज्ञान की पुष्टि करनी चाहिए।

प्रश्नोत्तर अध्यापन की युक्ति

प्रश्नोत्तर अध्यापन की बहुत महत्त्वपूर्ण युक्ति है। प्राचीनकाल में गुरू अपने शिष्यों से प्रश्न पूछते थे और गुरू उनकी जिज्ञासा को शान्त करते थे। ग्रीक के महान दार्शनिक सुकरात (Socrates) ने मनुष्य के अव्यवस्थित ज्ञान को व्यवस्थित करने के लिए प्रश्नोत्तर विधि अपनाई थी। इसी कारण पाश्चात्य जगत ने प्रश्नोत्तर विधि सुकरात विधि के नाम से प्रसिद्ध है।

आज विविध स्तरों पर अध्यापन की विभिन्न-विधियों का उपयोग किया जाता है। इन सब विधियों में प्रश्नोत्तर युक्ति का उपयोग किसी न किसी तौर पर अवश्य होता है। कुछ विधियाँ तो ऐसी है जिनमें पूरे पाठ का विकास प्रश्नोत्तर की मदद से ही किया जाता है। प्रश्नोत्तर प्रविधि को विविध प्रयोजनों की पूर्ति के लिए उपयोग में लिया जाता है। अतएव प्रश्नों के निर्माण एवं वितरण में विशेष ध्यान देने की आवश्यकता है।

प्रश्नोत्तर प्रविधि में ध्यान रखने योग्य बातें–

1. प्रश्नों का निर्माण,
2. प्रश्नों का कक्षा में वितरण
3. प्रश्नों एवं उत्तरों का विश्लेषण
4. इन उत्तरों का पाठ विकास में उपयोग

पाठ्य-क्रम में प्रश्नों का उपयोग

1. पाठ विकास में प्रायः प्रश्नों का उपयोग तीनों स्तरों पर ही किया जाता है–प्रस्तावना-पाठ विकास और पुनरावृत्ति।
2. प्रस्तावना में प्रश्न, पूर्व ज्ञान, श्रव्य-दृश्य उपकरण, कोई कहानी, सूत्र के अंश, अखबार की कटिंग के आधार पर बनाए जा सकते हैं–यथा–यदि हम चन्द्रमा के चक्र पर पाठ पढ़ा रहे हैं तो सूर्य के चक्र पर प्रश्न पूछ कर पाठ का विकास किया जा सकता है क्योंकि चन्द्रमा एवं सूर्य में काफी साम्य है।
3. पाठ विकास का तीसरा सोपान पुरावृत्ति है, इसमें प्रश्न सूचना के परीक्षाण के लिए हो सकते हैं, अवबोध तथा संप्रत्यय की जाँच के लिए भी हो सकते हैं, विचारक्रम की जाँच के लिए भी हो सकते हैं। मुख्य

बात यह है कि जस बात की जाँच करनी हो उस प्रकार के प्रश्न किए जाने चाहिए।

विश्लेषण

मनुष्य के सामने जब कोई नई समस्या उपस्थित होती है तो वह उसका निरीक्षण करता है, उसका विश्लेषण करता है और अनेक भागों में बाँट कर उसका हल खोजता है। मनुष्य की उस विश्लेषण की प्रवृत्ति के कारण ही इस विधि का नाम विश्लेषण विधि का नाम विश्लेषण विधि रखा गया। इस विधि में ज्ञात से अज्ञात की ओर चला जाता है। यह विधि तार्किक तो है परन्तु मनोवैज्ञानिक नहीं है।

विश्लेषण विधि के पद

यह नियम तर्क प्रधान है। प्राचीनकाल में दार्शनिक इस विधि का उपयोग चिन्तन के फलक में करते रहे हैं—इस नियम के तीन प्रधान पद है—

(1) समस्या की अनुभूति

(2) समस्या की प्रस्तुति,

(3) समस्या का विश्लेषण।

विश्लेषण पद्धति के गुण

(1) इस नियम का सर्वप्रथम गुण यह है कि यह सीखने की तार्किक एवं वैज्ञानिक नियम है। सभी वैज्ञानिक खोजे इसी नियम से होती है।

(2) इस नियम से बच्चे क्रियाशील रहते हैं, वे क्यों और कैसे का उत्तर खोजते हैं। इस तरह उनकी तार्किक शक्ति का विकास होता है।

(3) इस नियम से सीखा हुआ ज्ञान स्थाई होता हैं

विश्लेषण पद्धति के दोष

(1) यह एक कठिन क्रिया होती है, अक्सर छोटे बच्चे इसमें रुचि नहीं लेते।

(2) इस क्रिया में शक्ति और समय दोनों ही ज्यादा लगते हैं।

(3) इस नियम से सभी विषय नहीं पढ़ाए जा सकते।

(4) यह नियम हमें पूर्णता की ओर नहीं ले जाती, किसी समस्या के हल हेतु केवल विश्लेषण करना पर्याप्त नहीं होता, यह बिना संश्लेषण के पूर्ण नहीं होता है।

निष्कर्ष

आज के युग में जब हमें वैज्ञानिक और तकनीकी ज्ञान के माध्यम से बहुत से ऐसे साधन सुलभ हो गए हैं जिनका प्रयोग कर हम अध्यापन को ज्यादा स्थाई एवं प्रभावोत्पादक बना सकते हैं तो हमें जरूर उन उपकरणों का सहारा लेना चाहिए एवं तत्सम्बन्धी प्रविधियों को भी अपनाना चाहिए।

वर्तमान युग में भूगोल अध्यापन हेतु विविध नियमों का प्रयोग किया जाता है। परन्तु जितनी भी आधुनिक विधियाँ हैं वे सभी आधुनिक यंत्रों एवं उपकरणों की मदद से ही प्रयोग में लाई जा सकती है। जब की भारत एक गरीब देश है। अतः यहाँ के विद्यालयों में परम्परागत अध्यापन विधियों को ही उपयोग में लाया जाता है वे एक सफल विधि के तौर पर प्रभावी भी सिद्ध होती है। परन्तु समय को देखते हुए यही सही है कि आधुनिक विधियों में ही जरूरी सुधार कर उसका प्रयोग भूगोल अध्यापक द्वारा बालकों के प्रयोग के लिए किया जाना चाहिए।

8

भूगोल अध्यापन : शिक्षण व्यूह एवं प्रविधियाँ

शिक्षण में प्रस्तुतीकरण पर अधिक जोर दिया जाता रहा है। प्रस्तुतीकरण में शिक्षण-विधियां एवं प्रविधियों का प्रयोग करते हैं। शिक्षा-तकनीकी के अर्विभाव के परिणामस्वरूप अध्यापन तथा अनुदेशन में उद्देश्यों को महत्त्व दिया गया। प्रस्तुतीकरण द्वारा भी उद्देश्यों की प्राप्ति की जाना चाहिए। इसके फलस्वरूप अध्यापन का स्वरूप भी बदल गया और अध्यापन में उद्देश्यों को प्राथमिकता दी जाने लगी। शिक्षण-उद्देश्यों की प्राप्ति हेतु अध्यापन आव्यूहो का उपयोग किया जाता है। आव्यूह शब्द सेना से लिया गया है। सेनानायक अपने लक्ष्य हेतु आव्यूह का उपयोग करता रहता है। इसी प्रकार अध्यापक अपने उद्देश्यों की प्राप्ति के लिए व्यू की रचना करता है। अध्यापन की प्रभावशीलता का अनुमान उद्देश्यों की प्राप्ति के आधार पर किया जाता है। प्रस्तुतीकरण का स्थान गोड़ हो गया। इस अध्याय में शिक्षण-आव्यूहों का वर्णन किया गया है।

शिक्षण का मुख्य उद्देश्य छात्रों के व्यवहार में बदलाव लाना है। इसके लिए अध्यापन की आव्यूह (Stategy) का उपयोग किया जाता है जिससे अध्यापन के उद्देश्य प्राप्त किए जाते हैं, परन्तु परम्परा यह रही है कि अध्यापन में प्रस्तुतीकरण हेतु शिक्षण-विधियों को प्रयुक्त किया जाता रहा है एवं अध्यापन को रोचक तथा प्रभावशाली बनाने के लिए दृश्य-श्रव्य सहायक सामग्री का उपयोग किया जाता रहा है।

अध्यापन का कार्य इतना सरल नहीं है जिसमें अध्यापन विधियों तथा दृश्य-श्रव्य सहायक सामग्री से काम चल सकें। बल्कि अध्यापन पाठ्य-वस्तु की प्रकृति अध्यापन उद्देश्य, अधिगम के प्रकार छात्रों की अभिरूचियों तथा योग्यताएँ छात्रों का पूर्व-व्यवहार उनकी आयु आदि पर आश्रित होती है। इस दिशा में शैक्षिक तकनीकी ने कुछ प्रयत्न किया है कि प्रभावशाली सीखने के अनुभवों तथा अप्रभावशाली सीखने के अनुभवों में किस तरह का अन्तर होता है? ज्यादा प्रभावशाली अध्यापन की विधियों एवं प्रविधियों के सम्बन्ध में भी शोध कार्य किए जा रहे हैं।

सीखने के उद्देश्य तथा कार्य-विश्लेषण अध्यापन के प्रस्तुतीकरण हेतु आधार प्रदान करते हैं। इन उद्देश्यों की प्राप्ति हेतु अध्यापक को क्या क्रियाएँ करनी चाहिए? जिससे छात्रों में अपेक्षित व्यवहार-बदलाव लाया जा सकें। इसके लिए अध्यापन आव्यूह (Strategy) तैयार करनी होती है और युक्तियों (Tactics) का चुनाव करना होता है।

रणनीति का अभिप्राय

'व्यूह रचना' शब्द से अभिप्राय युद्ध में सेना की गतिविधियों और काम प्रणाली के नियोजन और निर्देशन की कला तथा विज्ञान है।

स्टोन्स और मौरिस के अनुसार—शिक्षण व्यूह रचना पाठ की एक सामान्य योजना है जिसमें उसकी संरचना, शैक्षणिक लक्ष्यों के तौर पर छात्रों का अपेक्षित व्यवहार और व्यूह रचना का उपयोग करने के लिए जरूरी नियोजित युक्तियों की रूपरेखा शामिल है।

बी. ओ. स्मिथ के अनुसार—व्यूह रचनात्मक का अर्थ काम के उन रूपों से है जो कुछ उपलब्धियों को प्राप्त करने के लिए किए जाते हैं और कुछ दूसरे कार्यों से रक्षा करते हैं।

इसलिए उपर्युक्त विचारों से स्पष्ट होता है कि अध्यापन कार्य प्रारम्भ करने से पहले ही व्यूह रचना कर लेनी चाहिए।

रणनीति का लाभ

बी. ओ. स्मिथ के अनुसार व्यूह रचना के निम्नलिखित लाभ हैं—

1. यह प्रत्ययों व सिद्धान्तों को सीखने के दौरान गलत अनुक्रियाओं को कम करने में मददगार होती है।
2. यह विषय वस्तु के विशेष प्रयोजनों की उपलब्धि में सहायक होती है।

3. इससे कम-से-कम वक्त में सीखना संभव है।
4. विद्यार्थी आपस में अपने विचारों का आदान-प्रदान कर लेते हैं।

शिक्षण रणनीति एवं अध्यापन पद्धति में अन्तर

शिक्षण ब्यूह-रचना के अर्थ को जानकर ज्ञात हो जाता है कि यह अध्यापन पद्धतियों से विविध हैं। अध्यापन ब्यूह-रचना और अध्यापन पद्धतियों में निम्नलिखित अन्तर हैं–

1. शिक्षण व्यूह रचना में प्रयोजनों को अधिक महत्त्व दिया जाता है। इन प्रयोजनों को आधार मानकर ही अध्यापन व्यूह रचना का चुनाव किया जाता है। अध्यापन पद्धतियाँ में काम तथा प्रस्तुतीकरण को ज्यादा महत्त्व दिया जाता है। प्रस्तुतीकरण का ढंग इनमें मुख्य होता है। पाठ्य-वस्तु की प्रकृति के अनुसार ही अध्यापन पद्धतियों का चुनाव किया जाता है।
2. शिक्षण व्यूह रचना में सूक्ष्म उपागम को अपनाया जाता है। जबकि अध्यापन पद्धतियों में सम्पूर्ण उपागम का उपयोग किया जाता है।
3. शिक्षण व्यूह रचना में अध्यापन को विज्ञान माना जाता है। लेकिन अध्यापन पद्धतियों में अध्यापन को एक कला माना जाता है।
4. शिक्षण व्यूह रचना का उद्देश्य प्रभावशाली अधिगम परिस्थितियों को पैदा करना होता है। अध्यापन पद्धतियों का उद्देश्य प्रभावशाली प्रस्तुतीकरण होता है।

अध्यापन रणनीति के विविध प्रकार

शिक्षण व्यूह रचनाएँ निम्नलिखित दो वर्गों में बाँटी जा सकती हैं–

1. स्वेच्छाचारी व्यूह रचनाएँ
2. प्रजातांत्रिक व्यूह रचनाएँ

2. प्रजातांत्रिक व्यूह रचनाएँ–यह व्यूह रचनाएँ बाल केन्द्रित होती हैं। ये व्यूह रचनाएँ भावात्मक तथा क्रियात्मक पक्षों के उद्देश्यों की प्राप्ति कराने पर बल देती हैं। इसमें छात्र तथा अध्यापकों में अन्तःक्रिया को अधिक बढ़ावा दिया जाता है। छात्रों की व्यक्तिगत विविधताओं के आधार पर ही व्यूह रचनाओं का चुनाव किया जाता है। छात्रों की सृजनात्मक क्रियाओं पर बल दिया जाता है। इस वर्ग में निम्नांकित व्यूह रचनाएँ शामिल हैं–

1. प्रश्नोत्तर व्यूह रचना
2. खोज व्यूह रचना
3. प्रोजैक्ट व्यूह रचना
4. सामूहिक वाद-विवाद
5. पात्र अभिनय
6. गृह कार्य
7. मस्तिष्क हलचल
8. नेताविहीन समूह अथवा टी ग्रुप
9. संवेदनशील प्रशिक्षण
10. कम्प्यूटर द्वारा अनुदेशन
11. स्वतन्त्र अध्ययन

1. स्वेच्छाचारी व्यूह रचनाएँ—ये व्यूह रचनाएँ विषय वस्तु पर आधारित एवं परम्परागत होती हैं। अध्यापक ही इनमें प्रधान माना जाता है। विद्यार्थी इसमें निष्क्रिय होता है तथा अध्यापक सक्रिय होता है और अपनी इच्छा से ही कार्य करता है। इसमें स्मृति स्तर का अध्यापन ही सम्भव हो सकता है। निम्नलिखित व्यूह रचनाएँ इसमें सम्मिलित हैं—

1. प्रदर्शन
2. ट्यूटोरियल समूह
3. व्याख्यान
4. अभिक्रमित अनुदेशन

प्रमुख अध्यापन रणनीतियां

व्याख्यान रणनीति

इसको प्रभुत्ववादी रणनीति के नाम से भी पुकारा जाता है क्योंकि इसके द्वारा सीखने के उद्देश्यों की प्राप्ति होती है। यह सबसे पुरानी पद्धति मानी जाती है। इसका उपयोग सबसे ज्यादा सामाजिक विषयों को पढ़ाने में किया जाता है।

स्वरूप—इसमें अध्यापक ज्यादा सक्रिय रहता है क्योंकि विषय वस्तु के प्रस्तुतीकरण पर इसमें अधिक जोर दिया जाता है। अध्यापक प्रश्न विधि का उपयोग करता है। इसमें छात्र सिर्फ सुनते हैं और अध्यापक स्वयं तैयार होकर आता है तथा कक्षा में व्याख्यान देता है।

उपयोग—अध्यापक विविध प्रकार के प्रश्नों का उपयोग करता है तथा विषय वस्तु के स्पष्टीकरण हेतु सहायक सामग्री एवं चार्ट आदि का उपयोग किया जाता है।

विशेषताएँ—इसकी विशेषताएं निम्नलिखित हैं—

(क) इसमें अध्यापक के व्यक्तित्त्व का प्रभाव पूरा बना रहता है।

(ख) पाठ्य-क्रम शीघ्र समाप्त किया जा सकता है।

(ग) समय की बचत हो जाती है।

(घ) इसमें पाठ्य वस्तु के प्रस्तुतीकरण पर अधिक जोर दिया जाता है।

(ङ) यह नए विषयों को पढ़ाने की अच्छी विधि है।

(च) विद्यार्थियों को व्याख्यान सुनते समय ध्यान केन्द्रित करने की आदत पड़ जाती है।

सीमाएँ—इसकी सीमाएँ निम्नलिखित बिन्दुओं के तहत निर्धारित किया जा सकता है—

(क) इसको अमनोवैज्ञानिक माना जाता है।

(ख) इस विधि को कुशल अध्यापक ही अच्छी तरह उपयोग कर सकता है।

(ग) इस विधि का उपयोग छोटी कक्षाओं में नहीं किया जा सकता। केवल बड़ी कक्षाओं में ही उपयोगी है।

(घ) इसमें छात्रों की क्रियाओं पर कम बल दिया जाता है और विषय वस्तु पर अधिक।

(च) इसमें छात्र को कम महत्त्व दिया गया है तथा अध्यापक को अधिक।

प्रोजेक्ट रणनीति

इसके प्रवर्तक जॉन डिवी माने जाते हैं। यह व्यूह रचना अनुभव केन्द्रित है। इस विधि का उपयोग सामाजिक विषयों का ज्ञान देने में अधिक किया जाता है।

स्वरूप—

प्रोजेक्ट ब्यूह रचना के स्वरूप को निम्नलिखित बिन्दुओं के तहत स्पष्ट किया जा सकता है—

(क) इस विधि में छात्रों की कठिनाइयों का समाधान करने की योजना तैयार की जाती है।

(ख) इस समाधान के लिए अनेक सूचनाओं को इकट्ठा किया जाता है।

(ग) अध्यापक निर्देशक का कार्य करता है।

सिद्धान्त–

प्रोजेक्ट ब्यूह रचना में प्रयुक्त होने वाले प्रमुख सिद्धान्त निम्नलिखित हैं–

(क) इसमें छात्र अधिक क्रियाशील रहता है।
(ख) विद्यार्थी स्वयं अनुभव करके सीखता है।
(ग) विद्यार्थी स्वतन्त्र वातावरण में अधिक अच्छी तरह कार्य कर सकता है।
(घ) छात्रों में सामाजिक गुणों का विकास होता है।

विशेषताएँ–

इस ब्यूह रचना की विशेषताएँ निम्नलिखित हैं–

(क) इस योजना अर्थात् व्यूह रचना को चार वर्गों में बाँट सकते हैं–(a) रचनात्मक, (b) कलात्मक, (c) समस्या केन्द्रित, (d) सामूहिक अभ्यास।
(ख) इसमें मौलिक चिन्तन का विकास होता है।
(ग) यह मनोवैज्ञानिक एवं सामाजिक सिद्धान्तों पर आधारित है।
(घ) इसमें सूझबूझ की क्षमताओं का विकास होता है।
(च) यह मनोवैज्ञानिक और सामाजिक गुणों का विकास करती है।

सीमाएँ–

प्रोजेक्ट ब्यूह रचना की सीमाएँ निम्नलिखित हैं–

(क) इसमें क्रमबद्धता की कमी रहती है।
(ख) सही सामाजिक गुणों का विकास सम्भव नहीं है।
(ग) उच्च कक्षाओं में इसका उपयोग नहीं किया जा सकता।
(घ) परियोजना विधि से सभी विषयों को नहीं पढ़ाया जा सकता।

शिक्षण पद्धति का अभिप्राय

प्रो. एम. वर्मा ने अध्यापन पद्धति की परिभाषा को इस प्रकार प्रस्तुत किया है–"पद्धति एक केवल अमूर्त तार्किक प्रत्यय होता है। इस पदार्थ तथा पद्धति में भेद कर सकते हैं जबकि वास्तव में दोनों एक जैविक कथ्य को बनाते हैं। पदार्थ पद्धति का निर्धारण करता है, उसी प्रकार उद्देश्य साधनों का निर्धारण करता है। पाठ्य-वस्तु अथवा साहित्य की शैली तथा ढंग से निर्धारित करते हैं।"

शैक्षिक तकनीकी में अध्यापन पद्धतियों तथा प्रविधियों की तुलना में अध्यापन आव्यूह एवं युक्तियों को विशेष महत्त्व दिया जाता है। आव्यूह (Strategy)

प्रत्यय अध्यापन विधियों से ज्यादा व्यापक है क्योंकि अध्यापन विधियों में मात्र पाठ्य-वस्तु के प्रस्तुतीकरण को ही ध्यान में रखा जाता है जबकि अध्यापन आव्यूह में अध्यापन के समस्त पक्षों (पाठ्य-वस्तु, कार्य विश्लेषण उद्देश्य, सीखने के अनुभव, विद्यार्थियों के स्तर, रूचियों, योग्यता तथा आयु आदि) को ध्यान में रखा जाता है। अध्यापन के उद्देश्यों एवं विद्यार्थियों के व्यवहार-परिवर्तन को ही विशेष महत्त्व दिया जाता है।

शिक्षण आव्यूह में अनुदेशन की व्यापक विधियों को शामिल किया जाता है। यथा–व्याख्यान आव्यूह (Lecture-Strategy), बातचीत (Discussion), प्रदर्शन (Demonstration), गृह कार्य (Assignment) एवं योजना आव्यूह (Project Strategy) आदि है। इन्हें अध्यापन क्रियाओं हेतु प्रयुक्त किया जाता है।

शिक्षण की युक्ति का अभिप्राय और मान्य परिभाषाएं

शिक्षण आव्यूह (Teaching Strategy) के विकास के लिए जो क्रियाएँ अध्यापक करता है उन्हें अध्यापन युक्तियाँ (Teaching Tactics) कहते हैं। अध्यापन का वह व्यवहार तथा प्रभाव जो अध्यापन के उद्देश्यों की प्राप्ति में सहायक होते हैं उन्हें भी अध्यापन युक्ति (Teaching Tactics) माना जाता है। इनकी मदद से अध्यापक अनुदेशन को प्रयुक्त करता है और छात्र तथा अध्यापक के मध्य अन्तःप्रक्रिया होती है।

शिक्षण युक्तियाँ (Teaching Tactics) का विस्तार अशाब्दिक (Non-verbal) व्यवहार से लेकर शब्दिक व्यवहार (Verbal-Behaviour) तक होता है। अध्यापक के दोनों ही प्रकार के व्यवहार सार्थक होते हैं और छात्रों के व्यवहार से सम्बन्धित होते है। **स्टोन्स** तथा **गोरिस** ने अध्यापन युक्ति (Teaching Tactics) की परिभाषा इस प्रकार की है–

"शिक्षण युक्तियाँ अनुदेशन के विस्तृत पक्ष में आव्यूह की अपेक्षा अधिक शामिल रहती है। अध्यापन की समान युक्तियाँ अध्यापन की विविध आव्यूह में प्रयुक्त की जा सकती है। उदाहरण के लिए–"एक अध्यापन व्याख्यान तथा सेमीनार आव्यूह का उपयोग अपने अध्यापन में करता है परन्तु इन आव्यूहों ने अनेक युक्तियाँ प्रयुक्त की जा सकती है।"

शिक्षण युक्तियों के प्रमुख उदाहरण है–

1. अपेक्षित अनुक्रिया के लिए उद्दीपन दिया जाए।
2. सही अनुक्रिया की पुष्टि की जाए अर्थात् पुनर्बलन दिया जाए।

3. अनुक्रियाओं को सीखने के क्रम में रखा जाए।
4. सीखी हुई अनुक्रियाओं का अभ्यास कराया जाए।
5. विभेदीकरण के लिए परिस्थितियाँ पैदा की जाए।
6. सामान्यीकरण के लिए परिस्थितियाँ प्रस्तुत की जाए।
7. उदाहरण–नियम प्रत्यय को अध्यापन में उपयोग किया जाए।

कार्य संरचना

एक प्रभावशाली शिक्षण, आव्यूह तथा अध्यापक व्यक्तित्व की अपेक्षा युक्तियों की व्यावहारिकता पर ज्यादा निर्भर होता है चूँकि अध्यापन युक्तियों के निर्धारण में कार्य-विश्लेषण (Task Analysis) तथा उसकी संरचना को ज्यादा सम्मान दिया जाता है। कार्य संरचना की विशेषताओं का अध्यापन तथा अधिगम में ज्यादा महत्त्व होता है। मानदण्डों तथा युक्तियों हेतु कार्य-संरचना (Task Structure) एक प्राथमिक घटक (Factor) होता है। कार्य स्वरूप आयाम (Task-Structure Approach) की निम्नांकित उपयोगिताएँ होती हैं–

छात्रों हेतु उपयोगिता

(क) कार्य की आन्तरिक संरचना के उपयोग से छात्र बोधगम्यता की गहनता में बढ़ोतरी कर सकते हैं। छात्र सीखने में अपने व्यवहार-बदलाव का क्रम का समुचित फायदा उठा सकते हैं।

(ख) कक्षा तथा कार्य-संरचना के आधार पर समुचित अधिगम युक्तियों (Learning Tactics) का उपयोग चुनाव कर सकता है।

(ग) विविध कक्षाओं के सीखने के प्रयोजनों तथा विविध कक्षाओं के स्वरूपों के सम्बन्ध का प्रत्यक्षीकरण कर सकता है।

(घ) जिन कथनों एवं सूचनाओं को सीखा है उन्हें छात्र विशेष समय तक स्मरण रख सकते हैं। कार्य तथा ज्ञान की संरचना का स्वरूप छात्रों की जरूरतों तथा योग्यताओं के आधार पर निश्चित किया जा सकता है।

अध्यापकों हेतु उपयोगिता

(क) विविध कक्षाओं को सीखने के प्रयोजनों तथा विविध कक्षाओं के अधिगम स्वरूपों के सम्बन्ध को प्रदर्शित किया जा सकता है।

(ख) कार्य की आन्तरिक संरचना के उपयोग से छात्रों की बोधगम्यता की महानता में बढ़ोतरी की जा सकती है। अध्यापक प्रस्तुतीकरण में छात्रों के व्यवहार-बदलाव क्रम का समुचित उपयोग कर सकता है।

(ग) कार्य-संरचना के आधार पर समुचित अध्यापन युक्तियों (Teaching Tactics) का चुनाव किया जा सकता है।

(घ) सूचनाओं एवं कथनों को इस तरह प्रस्तुत कर सकता है कि छात्र उन्हें विशेष समय तक स्मरण रख सकते हैं।

शिक्षण के प्रकार

शिक्षक, अध्यापन विधियों के प्रयोग से छात्रों से अपेक्षित व्यवहार बदलाव कर सकता है और छात्र शिक्षकों की मदद से सीखने के अनुभव प्राप्त करते हैं किन्तु कई अध्यापन विधियों को छात्रों की समस्त क्षमताओं के विकास के लिए प्रयुक्त नहीं किया जा सकता है और फलतः केवल न्यूनतम निष्पत्तियों प्राप्त करते हैं। इसके अतिरिक्त अध्यापन विधियों के उपयोग में अध्यापक अधिक क्रियाशील रहता है और सीखने के अनुभवों की ओर अधिक ध्यान नहीं दिया जाता है। इसलिए यह आवश्यक है कि शिक्षण-विधियों में परिवर्तन लाया जाए जिससे विविध प्रकार के सीखने के उद्देश्यों का सफलतापूर्वक प्राप्त किया जा सके। इस दृष्टि से अध्यापन आव्यूह (Teaching Strategy) ऐसे साधन है जिनसे सीखने के उद्देश्यों (Learning Objectives) को सरलता से प्राप्त किया जा सकता है। अध्यापन आव्यूह को दो भागों में विभक्त किया जाता है–

(अ) सामान्य अध्यापन पद्धतियाँ

सामान्य सामाजिक विज्ञान अध्यापन विधियाँ–इस वर्ग के अन्तर्गत दो विधियाँ आती है, जिनका उपयोग सभी घटकों किया जाना है। यह प्रमुख विधियाँ इस प्रकार है–

(1) व्याख्यान
(2) प्रश्नोत्तर
(3) वाद-विवाद
(4) योजना विधि
(5) आगमन व निगमन विधि

(ब) विशिष्ट अध्यापन विधियाँ

विशिष्ट सामाजिक विज्ञान अध्यापन विधियाँ–इस वर्ग के अन्तर्गत उन विधियों को शामिल किया गया है, जो सामाजिक विज्ञान के विशिष्ट घटकों–(इतिहास, भूगोल, नागरिकशास्त्र और अर्थशास्त्र) में प्रयुक्त की जाती हैं। ये विशिष्ट विधियाँ इस प्रकार हैं–

(1) स्रोत विधि (भूगोल अध्यापन में)
(2) कहानी विधि (भूगोल अध्यापन में)
(3) कालक्रम विधि (भूगोल अध्यापन में)
(4) क्षेत्रीय अध्यापन विधि (भूगोल अध्यापन में)
(5) सर्वेक्षण विधि (भूगोल अध्यापन में)

अनुदेशनात्मक प्रक्रिया के रूप

अनुदेशनात्मक प्रक्रिया के रूप को समझने के तथा विभाजन के कई आधार हैं। कुछ प्रमुख आधार इस प्रकार हैं–

(1) उद्देश्य-केन्द्रित अनुदेशनात्मक प्रक्रिया,
(2) छात्र-केन्द्रित अनुदेशनात्मक प्रक्रिया,
(3) शिक्षक-केन्द्रित अनुदेशनात्मक प्रक्रिया तथा
(4) पाठ्यवस्तु-केन्द्रित अनुदेशनात्मक प्रक्रिया।

अनुदेशनात्मक प्रक्रिया के रूप को पाठ्यवस्तु उसके तत्त्व तथा अध्यापन नियम एवं प्रविधियों का प्रयोग सुनिश्चित करता है। अध्यापन विधियों द्वारा अनुदेशनात्मक प्रक्रिया में अध्यापन की भूमिका सुनिश्चित होती है।

शिक्षण विधियों एवं अनुदेशनात्मक प्रक्रिया

अनुदेशनात्मक प्रक्रिया के रूप में अध्यापन पद्धति एवं प्रविधि

1. अन्तःप्रक्रिया अध्यापन बातचीत (Dialogue) अध्यापक और छात्रों दानों की क्रियाशीलता
2. क्रियात्मक-अध्यापन (Action Orientation) छात्र केन्द्रित अनुदेशनात्मक प्रक्रिया
3. शिक्षक केन्द्रित अनुदेशनात्मक प्रक्रिया (Monologue)
4. स्वाध्याय प्रक्रिया (Self Study)

1.1 सामूहिक अध्यापन (Team Teaching)
1.2 प्रदर्शन (Demonstration)
1.3 व्याख्यान विधि (Lectureing)
1.4 बोलना और चालना प्रयोग (Chalk and Talk)
2.1 सामूहिक बातचीत (Group Discussion)

2.2 प्रश्नोत्तर नियम (Question-Answer)
2.3 अन्तःप्रक्रिया प्रस्तुतीकरण (Interactive Personalized)
2.4 अनुवर्ग-नियम (Tutorials)
3.1 प्राजेक्ट नियम (Project Method)
3.2 प्रयोगशाला नियम (Laboratory Method)
3.3 विचार गोष्ठी प्रविधि (Discussion Technique)
3.4 अनुकरणीय अध्यापन (Supervision Teaching)
4.1 पुस्तकालय अध्ययन (Library Study)
4.2 गृह कार्य (Home Work)
4.3 अभिक्रमित अनुदेशन (Instructional Technique)
4.4 कम्प्यूटर सहायक अनुदेशात्मक (Computer Application Instruction)

अध्यापन पाठ्य-साम्रगी का स्वरूप

अनुदेशनात्मक प्रक्रियामुख्य घटक तथा अध्यापन प्रक्रिया का आधार विषय-वस्तु का स्वरूप होता है। एक ही विषयवस्तु का प्राथमिक स्तर से विश्वविद्यालय तक अध्यापन किया जाता है। सूर एवं तुलसी के दोहे प्राथमिक स्तर भी पढ़ाए जाते हैं एवं उन्हें विश्वविद्यालय स्तर पर उच्च हिन्दी कक्षाओं में भी अध्यापन किया जाता है। पाठ्यवस्तु का विश्लेषण उसके तत्त्वों में किया जाता है और उन तत्त्वों का अध यापक अपनी सूझ-बूझ, अनुभव तथा तार्किक क्षमता के आधार पर एक क्रम में व्यवस्थित करता है। प्रभावशाली अध्यापन तभी होगा जब पाठ्यवस्तु के तत्त्वों का तार्किक क्रम, छात्रों की दृष्टि अथवा मनोवैज्ञानिक क्रम के समान हो। इसे अध यापन का तर्क (Logic of Teaching) कहा जाता है। अध्यापन की तार्किक क्षमता का उपयोग अनुदेशनात्मक प्रक्रिया में किया जाता है।

विद्यालयों में अनेक विषयों का अध्यापन किया जाता है। यदि उन सभी में निहित तत्त्वों का विश्लेषण करने पर अधोलिखित तत्त्व होते हैं।

अनुक्रमांक तत्त्व का शिक्षण

1.1 शब्दावली
1.2 प्रत्यय
1.3 तथ्य/घटना

1.4 अधिनियम
1.5 सिद्धान्त
1.6 समस्या समाधान
1.7 सर्जनात्मकता
2.1 कौशल का प्रशिक्षण
2.2 शाब्दिक अधिगम
2.3 भाषा का शिक्षण
3.1 अभिरुचि का शिक्षण
3.2 अभिवृत्ति का शिक्षण
3.3 मूल्यों का शिक्षण

विकास का मार्ग

1. ज्ञानात्मक पक्ष
2. क्रियात्मक पक्ष
3. भावात्मक पक्ष

(अ) भूगोल अध्यापन के लिए सामान्य पद्धतियाँ

भूगोल अध्यापन के लिए प्रमुख सामान्य विधियाँ का विस्तृत विवरण निम्नांकित है–

(1) व्याख्यान

यह अध्यापन की सबसे प्राचीन नियम है। यह आदर्शवादी विचारधारा की देन है। विद्यालयों में आज भी इस नियम का अध्यापन की नजर से कम महत्त्व नहीं है। शिक्षा में वैज्ञानिक प्रवृत्ति के परिणामस्वरूप इसका आशय विशेष व्यापक हो गया है इसे अध्यापन की प्रभुत्ववादी अध्यापन आव्यूह भी मानते हैं, चूँकि उसके द्वारा अधिगम के विशिष्ट उद्‌देश्यों की प्राप्ति की जाती है। सामाजिक विषयों के अध्यापन में इसका उपयोग सबसे ज्यादा होता है।

स्वरूप

इसमें पाठ्य-वस्तु के प्रस्तुतीकरण पर विशेष जोर दिया जाता है। अध्यापक को ज्यादा क्रियाशील रहना पड़ता है। छात्रों के ध्यान को केन्द्रित करने हेतु कभी-कभी अध्यापक प्रश्न-प्रविधि की भी मदद लेता है। अध्यापक को ज्यादा तैयारी करनी पड़ती है। छात्र मात्र श्रोता का कार्य करते हैं।

अध्यापन नियम

व्याख्यान आव्यूह के अधोलिखित सिद्धान्त है–

1. छात्र सुनकर ज्यादा सुगमता से सीखते हैं।
2. पाठ्यवस्तु को पूर्णरूप से प्रस्तुत किया जाता है।
3. पाठ्यवस्तु के प्रस्तुतीकरण पर विशेष जोर दिया जाता है।
4. दूसरे विषयों के साथ सह-सम्बन्ध स्थापित किया जाता है।

प्रयोग

इसके जरिए प्रस्तुतीकरण ज्यादा प्रभावशाली बनाया जा सकता है। किन्तु इसके प्रयोग में सावधानी ज्यादा रखनी होती है। पाठ्यवस्तु के प्रस्तुतीकरण के वक्त उसके स्पष्टीकरण के लिए अध्यापक को मदद सामग्री चार्ट, रेखाचित्र का भी समुचित उपयोग करना होता है। सभी बालक के पास अपनी जरूरत की सामग्री होनी चाहिए। विकासात्मक प्रश्नों की मदद से व्याख्यान में सजीवता लाई जा सकती है।

विशेषताएँ

इसकी निम्नांकित मुख्य विशेषताएँ हैं–

1. इससे छात्रों को ध्यान केन्द्रित करने की आदत पड़ती है।
2. इसमें समय की बचत होती है। थोड़े समय में ज्यादा विषय-वस्तु का बोध सुगमता से कराया जाता है।
3. पाठ्यवस्तु के प्रस्तुतीकरण पर विशेष जोर दिया जाता है।
4. बालकों को मौलिक चिन्तन तथा सराहना की क्षमताओं के विकास का मौका मिलता है।
5. अध्यापक के व्यक्तित्व का विशेष प्रभाव रहता है। स्पष्टीकरण की सजीवता से बालकों को अध्ययन के लिए प्रेरणा मिलती है।
6. नवीन विषय की पृष्ठ-भूमि प्रस्तुत करने के लिए उत्तम पद्धति है।

सीमाएँ

इसकी निम्न मुख्य सीमाएँ हैं–

1. इस विधि का सबसे बड़ा दोष यह है कि इसमें प्रस्तुतीकरण पर अधिक बल दिया जाता हे और छात्र की क्रियाशीलता को स्थान नहीं दिया जाता है। अधिगम की प्रक्रिया को ध्यान में नहीं रखा जाता है।

2. इस विधि का उपयोग उच्च कक्षाओं में ही किया जा सकता है। प्राथमिक कक्षाओं के लिए इसका कोई महत्त्व नहीं है।
3. बालक की अपेक्षा अध्यापक को अधिक महत्त्व दिया जाता है। अध्यापक का एकाधिकार रहता है।
4. यह पद्धति अमनोवैज्ञानिक है। इसमें व्यक्तिगत भिन्नता को ध्यान में नहीं रखते तथा बालकों की अभिरुचियों तथा अभिवृत्तियों का भी कोई ध्यान नहीं रखा जाता है।
5. शिक्षण के उद्देश्य की प्राप्ति के लिए यह विधि उपयोगी नहीं है। बालक भौतिक कथनों के सम्बन्ध में ज्ञान भले ही प्राप्त कर लें किन्तु वास्तविक ज्ञान, अभिरुचि एवं अभिवृत्ति की दृष्टि से अन्य विधियों की मदद लेनी पड़ती है।
6. इस विधि द्वारा अध्यापन बिन्दु पर सन्तुलित बल नहीं दिया जाता है। प्रायः अध्यापक व्याख्यान विधि में विषयान्तर बातें करने लगते हैं। इसलिए बालक की परीक्षा का समय निर्णय भी न्यायोचित नहीं हो पाता है।
7. केवल कुशल एवं योग्य अध्यापक ही व्याख्यान पद्धति का अनुसरण कर पाते हैं। योग्य शिक्षकों का अध्यापन इस विधि द्वारा प्रभावशाली होता है, इसमें विषयवस्तु का पूर्ण ज्ञान होना अत्यन्त आवश्यक है।

परामर्श

इस का उपयोग करते समय निम्नांकित बातों को ध्यान में रखना चाहिए–

1. योग्य शिक्षकों को ही व्याख्यान विधि का उपयोग करना चाहिए।
2. शिक्षकों को बालकों के मानसिक स्तर एवं रुचियों का ध्यान रखना चाहिए। उदाहरण उनके स्तर तथा जीवन से सम्बन्धित होने चाहिए।
3. व्याख्यान की भाषा सरल तथा बोधगम्य होनी चाहिए व्याख्यान की गति अति तीव्र होनी चाहिए।
4. व्याख्यान के समय विकासात्मक प्रश्न भी पूछने चाहिए जिससे बालकों का ध्यान केन्द्रित हो सके।
5. इस नियम का उपयोग पूर्व माध्यमिक कक्षाओं से प्रारंभ करना चाहिए। कॉलिज तथा विश्वविद्यालय के स्तर पर उपयोग ज्यादा किया जाना चाहिए।

6. व्याख्यान में कक्षा का वातावरण नीरस तथा गम्भीर हो जाता हैं, अतः बीच-बीच में हाय-विनोद का भी समावेश करना चाहिए।
7. व्याख्यान के वक्त विषयान्तर वार्ता नहीं होनी चाहिए चूँकि विद्यार्थी उसका सम्बन्ध भी पाठ्यवस्तु से कर देते हैं।

(2) प्रश्नोत्तर आव्यूह

सुकराती नियम को प्रश्नोत्तर नियम भी कहते हैं। यह अध्यापन की प्राचीन पद्धति है, इसके प्रवर्तक एथेन्स से प्रसिद्ध दार्शनिक सुकरात थे। इनका मत था कि अध्यापन इस तरह पाठ्य-वस्तु को प्रस्तुत करे कि बालक सत्य की परख करके उसको आत्मसात कर सके। सुकरात ने सीखने की क्रिया को तीन सोपानों में विभाजित किया है—निरीक्षण, अनुभव तथा परीक्षण। इसमें विषय-वस्तु को छात्र के समक्ष प्रश्नों के तौर पर व्यवस्थित तरीके से प्रस्तुत किया जाता है।

स्वरूप

प्रश्नोत्तर नियम के तीन सोपान होते हैं—

1. प्रश्नों को व्यवस्थित तौर पर निर्मित करना।
2. समुचित रूप से बालकों के समक्ष प्रस्तुत करना जिससे बालकों में ज्ञान प्राति के लिए जिज्ञासा पैदा हो।
3. बालकों के उत्तरों से सम्बन्ध स्थापित करते हुए नये ज्ञान प्रदान करना। अध्यापक प्रश्नों के उत्तरों द्वारा बालकों की धारण को लेता है। और छात्रों को सीखने हेतु प्रेरणा देता है।

नियम

प्रश्नोत्तर विधि के उपयोग के मुख्य तीन स्तर होते हैं—

1. मानसिक विकास क्रम के मत से प्रश्नों की व्यवस्था की जाती है।
2. बालक के पूर्व ज्ञान, मानसिक स्तर तथा रुचि के अनुकूल सवाल तैयार किए जाते हैं।
3. एक प्रश्न के पश्चात उसके उत्तर के सम्बन्ध स्थापित करते हुए दूसरा प्रश्न पूछा जाता है जो बालक को नये ज्ञान प्रदान कराता है।

उदाहरण—पाठ 'गेहूँ की उपज'।

शिक्षक—भारत की ज्यादातर जनता कहाँ रहती है?

छात्र—गाँवों में।

शिक्षक—गाँवों में रहने वाले लोग क्या करते हैं?

छात्र—खेती का कार्य करते हैं।

शिक्षक—किस अनाज की खेती अधिक होती है?

छात्र—गेहूँ तथा चावल की।

इस प्रकार अध्यापक प्रश्नों की मदद से पाठ का विकास सन्तोषजनक ढंग से कर सकता है।

विशेषताएँ

प्रमुख विशेषताएँ निम्न हैं—

1. इसमें बालक के मानसिक स्तर, आवश्यकता तथा रुचियों का ध्यान रखा जाता है।
2. प्रश्नोत्तर विधि में बालक अधिक क्रियाशील रहता है तथा उसका ध्यान भी केन्द्रित रहता है।
3. बालक के पूर्व ज्ञान से सम्बन्ध स्थापित करते हुए नये ज्ञान प्रदान किया जाता है।
4. बालक को स्वयं सोचने के लिए अधिक अवसर दिया जाता है, जिससे उन्हें नये ज्ञान के अर्जित करने की उत्कण्ठा भी रहती है।
5. यह विधि मनोविज्ञान के सिद्धान्तों पर आधारित है।
6. यह प्राथमिक तथा माध्यमिक कक्षाओं के लिए अधिक उपयोगी है।
7. शिक्षण संस्थाओं में प्रशिक्षण काल में इसी पर अधिक बल दिया जाता है।
8. कक्षा में अनुशासनहीनता की समस्या नहीं होती है, सभी छात्रों को क्रियाशील रहना पड़ता है।

सीमाएँ

प्रमुख सीमाएँ इस प्रकार है—

1. उच्च कक्षाओं के लिए उपयोगी नहीं है परन्तु व्याख्यान पद्धति में इसकी मदद लेनी पड़ती है।
2. यह पद्धति यान्त्रिक है। प्रश्नोत्तर से नीरसता आ जाती है।
3. सभी अध्यापक उत्तम प्रकार के प्रश्न निर्मित नहीं कर पाते हैं।
4. इसमें बालकों की पाठ्य-वस्तु का बोध समग्र तौर पर नहीं हो पाता है।

परामर्श

प्रमुख सुझाव इस प्रकार हैं–

1. प्रश्नों का वितरण कक्षा में समान रूप से किया जाना चाहिए।
2. इस पद्धति का अनुसरण उन्हीं अध्यापकों को करना चाहिए, जो प्रश्नों की रचना समुचित ढंग से कर सकते हैं तथा प्रश्न-कौशल भी हो।
3. प्रश्नों के साथ प्रत्यय का स्पष्टीकरण भी किया जाना चाहिए, क्योंकि प्रश्नोत्तर द्वारा प्रत्ययों को समझना कठिन होता है।
4. कक्षा में तनाव कम करने के लिए हास्य-विनोद हेतु भी प्रश्न पूछने चाहिए।

(3) बातचीत पद्धति

यह नियम सामाजिक विज्ञान अध्यापन की प्रमुख पद्धति मानी जाती हैं किसी समस्या के समाधान के लिए यह सामाजिक क्रियाओं का शुद्ध रूप है। इसमें विचारों का आदान-प्रदान होता है और कठिनाई के लिए बहुतायत में समाधान स्पष्ट किया जाता है। इससे छात्रों में कौशल का विकास होता है। छात्र का समाजीकरण होता है आजाद चिन्तन तथा अभिव्यक्ति का मौका मिलता है।

स्वरूप

उच्च कक्षाओं के छात्र बातचीत में ज्यादा रुचि लेते हैं। जिनसे वह कुछ फैसले भी निकालते हैं। इस विधि को सामाजिक प्रवृत्ति ने ज्यादा प्रभावित किया है। यह प्रजातन्त्र सिद्धान्तों पर आधारित है। सभी को विचारने तथा करने का हमेशा मौका दिया जाता है। अध्यापक का स्थान गौण माना जाता है। बातचीत एक प्रक्रिया है जिसके माध्यम से सामूहिक तौर पर निर्णय लिया जाता है।

शिक्षण-नियम

महत्वपूर्ण अध्यापन सिद्धान्त निम्नांकित है–

1. इसमें विषय-वस्तु का बोध एक समस्या के समाधान के तौर पर प्रस्तुत किया जाता है।
2. दूसरे विषयों का बोध समस्या के समाधान के तौर पर एकीकरण किया जाता है।
3. यह मनोविज्ञान के सिद्धान्तों पर आधारित है। छात्र की क्षमताओं के विकास का पूर्ण मौका दिया जाता है।

4. यह नियम प्रजातान्त्रिक सिद्धान्तों पर आधारित है। हर बालक को समान अधिकार होता है।
5. इसमें छात्र की क्रियाशीलता पर विशेष जोर दिया जाता है। अध्यापक का स्थान एक सहायक के तौर पर रहता है।

उपयोग

इस नियम से बालकों में अपेक्षित व्यवहार-बदलाव लाया जाता है, अगर अध्यापक सही ढंग से आयोजित कर लेता है। इस नियम का तीन सोपानों, द्वारा अनुसरण किया जा सकता है।

(क) क्रियान्वयन,
(ख) योजना बनाना,
(ग) मूल्यांकन।

बातचीत के लिए योजना बनाना नितान्त जरूरी होता है। अध्यापक को ज्यादा तैयारी एवं अध्ययन की आवश्यकता होती है अध्यापक को विषय-वस्तु तार्किक क्रम में व्यवस्थित करना चाहिए। शीर्षक तथा प्रश्नों को श्यामपट पर अंकित कर लेना चाहिए।

वाद-विवाद के क्रियान्वयन के समय अध्यापक को अनुशासन बनाए रखना चाहिए। छात्रों के बैठने की व्यवस्था इस प्रकार की जाए कि छात्र आमने-सामने एक-दूसरे को देख सकें। सभी छात्रों को बातचीत में हिस्सा लेना चाहिए। अध्यापक का यह उत्तरदायित्व है कि छात्रों के लिए समुचित वातावरण प्रस्तुत करे। साधारण रूप से वातावरण अनौपचारिक हो।

वाद-विवाद की व्यवस्था शैक्षिक उद्देश्यों की पूर्ति के लिए की जाती है। जैसे—राष्ट्रीय एकता की भावना तथा अन्तर्राष्ट्रीय सद्भावना का विकास, जिससे विषय मे रुचि पैदा हो सके। इस दृष्टि से मूल्यांकन किया जाए।

अध्यापक की भूमिका

इस विधि से अध्यापन को प्रभावशाली बनाने के लिए भी अध्यापक का विशेष उत्तरदायित्व माना जाता हैं। जबकि वाद-विवादों में अध्यापक का स्थान समान समझा जाता है। परन्तु वह समूह का नेतृत्व करता है। बातचीत सार्थक तथा प्रभावशाली बनाना अध्यापक की कुशलता पर ही निर्भर करता है। अध्यापक का कार्य निरीक्षण करना सभी को हिस्सा लेने के लिए प्रेरित करना है। छात्रों के प्रति व्यवहार सहानुभूतिपूर्ण होना चाहिए। परन्तु अनुशासन भी रखना पड़ता है।

विशेषताएँ

वाद-विवाद मुख्य विशेषताएँ इस प्रकार हैं–

(1) इस विधि से छात्रों को सोचने बोलने के लिए अधिक अवसर मिलता है।

(2) पाठ्य-वस्तु को स्पष्ट तौर पर समझने का अवसर मिलता है तथा अपनी त्रुटियों के सम्बन्ध में भी जागरूकता होती है। छात्रों का मस्तिष्क ही बदल जाता है।

(3) इस विधि में बालक का समाजीकरण भी हो जाता है छात्रों में सही दृष्टिकोण विकसित होता है।

(4) यह विधि प्रजातान्त्रिक सिद्धान्तों पर आधारित है इसलिए छात्रों के विकास के लिए अधिक अवसर प्रदान करती है।

(5) इस विधि से छात्रों को अध्यापन के निकट आने का अवसर मिलता है। और अध्यापक उनकी क्षमताओं को समझ सकता है तथा मूल्यांकन कर सकता है।

(6) छात्रों की क्षमताओं के विकास के स्वतन्त्र वातावरण प्रस्तुत करता है।

(7) इस विधि में छात्र तथा अध्यापक दोनों को ही क्रियाशील रहना पड़ता है। प्रस्तुतीकरण पर कम बल दिया जाता है।

(8) इस विधि से छात्रों को सहयोग से कार्य की आदत पड़ती है। विरोधी विचारों को सुनने की सहनशीलता भी आती है।

(9) इस नियम का उपयोग जूनियर, माध्यमिक तथा उच्च कक्षाओं में सुगमता से किया जा सकता है।

(10) इस नियम से कथनों एवं प्रत्ययों का स्पष्टीकरण भली तरह किया जा सकता है।

हदें

इस नियम की अधोलिखित सीमाएँ हैं–

(1) कक्षा का आकार बड़ा होने पर वर्गों में बाँट देना चाहिए। हर वर्ग का नेता भी चुन दिया जाए। किंतु वर्ग का नेता और समूह के सदस्य भी बदलते रहने चाहिए।

(2) बातचीत की व्यवस्था में अध्यापक को सूझ-बूझ से काम करना चाहिए तथा छात्रों के प्रति व्यवहार सहानुभूति पूर्ण होना चाहिए।

(3) छात्रों को बातचीत की विशेष बातों को अंकित करना चाहिए। समस्या सम्बन्धी गृहकार्य भी दिए जाएँ।

(4) बातचीत को अध्यापक द्वारा संक्षेप में प्रस्तुत करना चाहिए। जिसका छात्रों द्वारा विवरण भी तैयार कराया जाए।

(4) योजना अध्यापन रणनीति

योजना आव्यूह अध्यापन की नये विधि मानी जाती है। इसका विकास शिक्षा से सामाजिक प्रवृत्ति के परिणामस्वरूप हुआ है। शिक्षा इस तरह दी जानी चाहिए जो जीवन को समर्थ बना सके। इसके प्रवर्तक डब्ल्यू. एच. किलपैट्रिक जॉन डीवी के शिष्य थे। यह नियम अनुभव-केन्द्रित होती है। बालकों को समाजीकरण पर विशेष जोर देती है। सामाजिक विषयों के अध्यापन में इसे भली तरह प्रयुक्त किया जा सकता है।

स्वरूप

इसका स्वरूप इस तरह है–

1. छात्रों के जीवन से सम्बन्धित कठिनाइयों का वास्तविक तौर पर प्रस्तुत किया जाता है। छात्रसमस्या की अनुभूति करते हैं।
2. समस्या समाधान हेतु योजाना तैयार की जाती है।
3. इसके लिए कई सूचनाओं को एंकत्रित किया जाता है।
4. शिक्षक सिर्फ निर्देशन का कार्य करता है। छात्र खुद विषय-वस्तु सामग्री का अध्ययन करके समस्या का समाधान करते हैं।

नियम

यह आव्यूह निम्नांकित नियमों पर आधारित है–

1. इसमें उपयोगिता को विशेष सम्मान दिया जाता है। समस्या का सम्बन्ध छात्रों के जीवन से होता है।
2. छात्र अधिक क्रियाशील रहता है स्वयं अनुभव करके सीखता है।
3. छात्र स्वतन्त्र वातावरण में स्वाभाविक रूप से कार्य करता है। अधिगम परिस्थिति में कृत्रिमता नहीं होती है।
4. छात्रों में सामाजिक गुणों का विकास होता है, सहयोग की भावना विकसित होती है क्योंकि उन्हें समूह में कार्य करना पड़ता है।

योजनागत प्रारूप

किलपैट्रिक ने योजनाओं को चार वर्गों में विभक्त किया है–

1. **रचनात्मक**—जिसमें छात्र किसी कार्य को सम्पन्न कर सके।
2. **कलात्मक**—ऐसी समस्याओं का समाधान करके जिससे उनकी सौन्दर्यानुभूति की क्षमताओं का विकास हो सके।
3. **समस्या**—केन्द्रित, छात्रों के समक्ष समस्या प्रस्तुत की जाए जिससे वे उसमें समाधान ढूँढने का प्रयत्न कर सके।
4. **सामूहिक अभ्यास**—छात्रों को ऐसा कार्य दिया जाए जिसे वे सामूहिक तौर पर अभ्यास करके पूरा कर सके।

योजना के सोपान—सभी प्रकार की योजनाओं में अधोलिखित सोपानों का अनुसरण किया जाता है—

प्रथम सोपान—छात्रों के जीवन से सम्बन्धित समस्या का चुनाव करना।

द्वितीय सोपान—समस्या चुनाव तथा उसके स्वरूप को समझना।

तृतीय सोपान—समस्या समाधान के लिए योजना तैयार करना।

चतुर्थ सोपान—योज़ना को क्रियान्वित करना।

पंचम सोपान—योजना का मूल्यांकन करना।

षष्टम सोपान—योजना का आलेख तैयार करना।

विशेषताएँ

इसकी अधोलिखित विशेषताएँ हैं—

1. छात्रों को मौलिक चिन्तन क्रियाओं तथा अनुभवों द्वारा सीखने का अवसर मिलता है।
2. छात्रों को नये ज्ञान जीवन से सम्बन्धित कर के दिया जाता है। इसलिए अधिक उपयोगी होता है, छात्र रुचि लेते हैं
3. छात्रों में सूझ-बूझ की क्षमताओं का विकास होता है।
4. मनोवैज्ञानिक तथा सामाजिक सिद्धान्तों पर आधारित हैं।
5. विद्यालय के सभी विषयों को समन्वित तौर पर पढ़ाया जाता है। इससे बोधगम्यता अधिक होती है।
6. छात्र में ज्ञान के साथ सामाजिक गुणों का विकास होता है।

सीमाएँ

इसकी सीमाएँ निम्न तरह हैं—

1. उच्च कक्षओं में इसे उपयोग नहीं किया जा सकता है।
2. विषयों का ज्ञान क्रमबद्ध तौर पर नहीं दिया जाता है।
3. विषयों को क्रमबद्ध तौर पर नहीं दिया जाता है।

4. योजनाओं को वास्तविक रूप देने के लिए ज्यादा व्यय करना होता है।
5. सभी विषयों एवं विषय की समस्त पाठ्य-वस्तु हेतु योजना नियम प्रयुक्त नहीं की जा सकती है।
6. सभी सामाजिक गुणों का विकास नहीं किया जा सकता है। अधिगम के सभी उद्देश्यों को प्राप्त नहीं किया जा सकता है।

परामर्श

इसके उपयोग में निम्नलिखित सावधानियाँ रखनी चाहिएँ–

1. तकनीकी प्रशिक्षण संस्थाओं में उपयोग करना चाहिए।
2. योजना की मुशकिल मितव्ययी होनी चाहिए।
3. कृषि विद्यालयों में इसका उपयोग करना चाहिए।
4. इसको एक मददगार अध्यापन विधि के तौर पर उपयोग करना चाहिए।

आगमन एवं निगमन

स्वरूप

इसमें आगमन एवं निगमन दो पद्धतियों का समन्वय किया गया है। आगमन नियम में खास से सामान्य की तरफ चलते हैं। उदाहरणार्थ–भारत की जलवायु के तत्त्वों का विवेचन करते हुए मानसूनी प्रदेशों की जलवायु का बोध कराना। निगमन नियम में सामान्य से खास के तरफ चलते हैं। भूमध्य सागरीय प्रदेशों की भौगोलिक परिस्थितियों का बोध कराते हुए इटली की भौगोलिक कथनों का ज्ञान प्रदान करना। जलवायु को प्रभावित करने वाले तत्त्वों के बोध का ज्ञान कराने के लिए अध्यापक को अनेक उदाहरण देने पड़ते हैं। लेकिन बालक सामान्य नियम विषवत रेखा की दूरी समुद्र धरातल से ऊँचाई आदि नियम का प्रतिपादन करने में समर्थ होता है। यह नियम शिक्षण-सूत्रों पर आधारित है, अतः इसमें स्पष्टता, क्रियाशीलता तथा सजीवता का पुट ज्यादा है।

प्रयोग

इसका उपयोग अध्यापक की सूझ-बूझ तथा दृष्टान्तों की सार्थकता पर आधारित है। इसका उपयोग निम्नांकित उदाहरण से ज्ञात हो जाएगा।

उदाहरण : 'मानवी क्रियाओं पर भौगोलिक वातावरण का नियन्त्रण'

अध्यापक : सर्दियों में गरम वस्त्र क्यों पहनते हैं?

छात्र : सर्दी से बचने के लिए।

अध्यापक : जापानी लोग लकड़ी के मकान क्यों बनाते हैं।

छात्र : भूकम्पों से जीवन की सुरक्षा के लिए।

अध्यापाक : जापानी लोगों का मुख्य उद्योग मछली पकड़ना है इसका क्या कारण है?

छात्र : समीप के समुद्र में मछली अधिकता से मिलती है तथा स्थल खण्ड समुद्र के निकट तथा कटा-फटा अधिक है।

अध्यापक : मौसम परिवर्तन, भूकम्पों का आना, समुद्र तटों पर मछली की अधिकता कैसी परिस्थितियाँ हैं?

छात्र : यह सभी भौगोलिक परिस्थितियाँ हैं।

अध्यापक : मानवी रहन-सहन, वस्त्र तथा उद्योग धन्धों का निर्धारण कैसे होता है?

छात्र : भौगोलिक वातावरण द्वारा नियन्त्रित होता है।

विशेषताएँ

आगमन व निगमन पद्धति की विशेषताएँ निम्नांकित हैं—

(1) बालकों में विश्लेषण तथा संश्लेषण की शक्तियों का समुचित विकास होता है। इसमें उदाहरणों से नियम निकलते हैं।

(2) इसमें समय की बचत होती है। नियमों का उदाहरणों से स्पष्ट करते हैं।

(3) विषय वस्तु के गहन प्रत्ययों का सुगमता से बोध कराया जा सकता है।

(4) इसमें बालक क्रियाशील रहता है इसलिए उसका ध्यान स्वतःकेन्द्रित हो जाता है।

(5) यह विधि मनोविज्ञान के सिद्धान्तों पर आधारित है।

(6) इसमें बालक ज्ञान उपयोग के व्यवहार-परिवर्तन पर अधिक बल दिया जाता है।

सीमाएँ

आगमन व निगमन पद्धति की सीमाएँ निम्नांकित हैं—

(1) भूगोल को सभी विषय-वस्तु के अध्यापन में उपयोग नहीं किया जा सकता है।

(2) भूगोल अध्यापन के सभी उद्देश्यों की भी प्राप्ति नहीं की जा सकती है।
(3) सभी अध्यापक इस विधि के उपयोग में सफल नहीं हो पाते हैं।
(4) इस पद्धति के उपयोग में कृत्रिमता भी आ जाती है जो अध्यापन की दृष्टि से सही नहीं है।

सुझाव

आगमन व निगमन पद्धति के सुझाव निम्नांकित हैं–

(1) अध्यापक को इस नियम का उपयोग करते समय नियमों के सामान्यीकरण में शीघ्रता नहीं करनी चाहिए।
(2) इस नियम के उपयोग में अध्यापक को दृष्टान्तों की पूर्व व्यवस्था कर लेनी चाहिए।
(3) इस नियम का उपयोग विशेष-पाठों में ही करना चाहिए।
(4) दोनों पद्धतियों का उपयोग अध्यापन में समन्वित तौर पर करना चाहिए।
(5) प्रस्तुतिकरण में जो उदाहरण दिए जाएँ वह बालक के जीवन से सम्बन्धित होने चाहिएँ।

(ब) भूगोल अध्यापन की प्रमुख पद्धतियाँ

भूगोल अध्यापन के लिए उसके महत्वपूर्ण घटकों के अनुरूप विधियों का विस्तृत विवरण निम्नांकित है–

(1) स्रोत विधि

भूगोल की विषय-वस्तु अतीत की घटनाओं एवं कथनों का संकलन मात्र नहीं है। जिनमें सम्यान्वेषण निहित होता है। जिन मौलिक साधनों द्वारा हमें कथ्य उपलब्ध है, उन्हें भूगोल के स्रोत कहा जाता है। यह नियम छात्रों को अतीत के वातावरण से परिचित कराती है। किन्तु अतीत अवशेषों से छात्र उसी अतीत काल की स्थितियों का अनुभव करने लगता है। जिनका उनके मस्तिष्क पर गहरा असर पड़ता है। यह विधि पाठ्‌य-पुस्तकों के संकुचित फलक से बाहर ले जाकर विशाल अतीत के जीवन-दर्शन का बोध कराती है तथा अध्ययन में स्वयं अभिप्रेरणा प्रदान करती है। इस स्रोतों का प्रयोग छोटी कक्षाओं में प्रसंग तथा सन्दर्भ हेतु किया जा सकता है उच्च कक्षाओं में लिखित कार्य तथा स्वाध्याय के लिए किया जा सकता है। अध्यापक भी बालकों के मनाविकास के अनुसार इस स्रोतों का प्रयोग करें स्रोत निम्न तरह के होते हैं–

(1) प्रागैतिहासिक-युग—इस युग में लेखन कला का उपयोग होने लगा था किन्तु भूगोल दन्तकथाओं अप्सरा-लोक की कहानियों तथा पुराण कथाओं के बराबर बन गया था अतएव लिखित सामग्री उपलब्ध होने पर भी उनकी भौगोलिक विकास की सम्यता में विश्वास नहीं किया जा सकता है। भारतीय इतिहास में इस युग को 'महाकाव्य काल' कहा जाता है, चूँकि रामायण तथा महाभारत महाकाव्यों की रचना इसी युग में हुई थी, उसकी भौगोलिक सिथति का पता चलना मुशकिल है क्योंकि उस समय के साहित्यों में कल्पना का पुट अधिक है। फिर भी उस समय की भौगोलिक स्थिति का अनुभव प्राप्त हो जाता है।

(2) प्रागैतिहासिक-युग—इस युग में लेखन कला का खोज नहीं हुआ था। उस वक्त के भूगोल को जानने के लिए अतीत की इमारतों के भग्नावशेष मनुष्यों के अस्थि-पंजर, अलग-अलग प्रकार के शस्त्र, औजार, बर्तन तथा जेवरात इत्यादि वस्तुओं पर आधारित रहना पड़ता है, जैसे हड़प्पा, मोहनजोदड़ो की खुदाई से प्राप्त स्रोत, जिससे सिन्धु घाटी का भूगोल तैयार किया गया है।

(3) ऐतिहासिक-युग—इस युग के प्रमाणित स्रोत प्राप्त होते हैं। गत 2000 वर्षों के कालों की भौगोलिक स्थिति का पता इस युग से चल जाता है। इस युग में स्रोत है—प्राचीन शिलालेख, ताम्रपत्र, स्तूपलेख, मन्दिर, लिखित ग्रन्थ जैसे कौटिल्य ने अपने अर्थशास्त्र में उनके खण्डहर, सड़कें, स्मारक, नहरें, पुल, मुद्राएँ तथा प्रकृति, पर्वत, नदियों का वर्णन किया है। जिसके आधार पर उस समय की भौगोलिक स्थिति का पता चलता है।

स्रोतों का वर्गीकरण

भौगोलिक स्रोतों का विभाजन अन्य प्रकार से भी किया जा सकता है। इसमें युग विशेष को महत्त्व न देकर मौलिकता को प्रधानता दी जाती है। ये स्रोत निम्न प्रकार हैं—

(1) मौलिक स्रोत—इन स्रोतों में उस सामग्री को रखा जाता है जिसका परोक्ष तथा अपरोक्ष तौर पर मौलिक स्रोत से सम्बन्ध होता है। यह स्रोत अपेक्षाकृत कम विश्वसनीय होते हैं क्योंकि सूचनाओं के स्थानान्तर से शुद्धता कम होती जाती है। इसके अन्तर्गत पाठ्य-पुस्तकें, विश्व मानचित्र, यात्रा जो जीवन-गाथा से संबंधित हो तथा आत्म-कथा शामिल की जाती है। इस स्रोतों में व्यक्ति निष्ठता का समावेश हो जाता है क्योंकि भौगोलिक पुस्तकों की विषय-वस्तु में तिथियों एवं लेखक की कल्पना शक्ति का समावेश रहता है। व्यक्ति की कल्पना शक्ति समय के अनुसार बदलती रहती है।

शिक्षण-सिद्धान्त

मुख्य सिद्धान्त इस प्रकार है—

(1) यह विधि मनोविज्ञान के सिद्धान्तों पर आधारित है, क्योंकि इसमें 'ज्ञान' प्रत्यय निरीक्षण के आधार पर दिया जाता है।

(2) स्रोत छात्रों को अभिप्रेरणा देते हैं और विषय के प्रति अभिरूचि का विकास होता है।

(3) छात्रों के व्यवहार परिवर्तन के लिए समुचित वातावरण मिलता है।

(4) छात्रों का निरीक्षण, कल्पना तर्क तथा निर्णय शक्ति का विकास होता है और सूझ तथा सृजनात्मक क्षमताओं का भी विकास होता है।

(5) विषय-वस्तु को वास्तविक तथा मूर्तरूप में प्रस्तुत किया जाता है।

स्रोत-पद्धति का उपयोग

इस विधि का उपयोग उच्चतर माध्यमिक तथा माध्यमिक कक्षाओं में ही होना चाहिए क्योंकि छोटी आयु के बालकों में मनोविज्ञान की क्षमताओं का विकास नहीं हो पाता है। यद्यपि जूनियर कक्षाओं में ही इस नियम का उपयोग किया जा सकता है, किन्तु उच्च कक्षाओं की तुलना में भिन्न तरह से किया जा सकता है, भौगोलिक वातावरण तैयार करने के लिए किया जा सकता है। किन्तु इस नियम का प्रयोग उच्च कक्षाओं में अभ्यास हेतु भी किया जा सकता है।

स्रोतों का प्रयोग

(1) अध्यापक के लिए—प्राथमिक कक्षाओं में अध्यापक भौगोलिक वातावरण प्रस्तुत करने हेतु स्रोतों का उपयोग करता है। उच्च कक्षाओं का अध्ययन, बातचीत, अभ्यासार्थ प्रयुक्त करता है। व्याख्यान पद्धति को बोधगम्य बनाने के लिए भी स्रोतों का उपयोग किया जा सकता है। पाठ्य-पुस्तकों की विषय-वसतु की सभ्यता की परख के लिए स्रोत ही एकमात्र है। भौगोलिक बातचीत तथा आलोचनाओं का भी अन्त स्रोतों द्वारा किया जा सकता है।

(2) छात्रों के लिए—स्रोत छात्रों को स्वाध्याय हेतु प्रेरणा देते हैं। स्रोत के उपयोग से छात्रों को भूगोल का अध्ययन सरल हो जाता है। छात्रों को भौगोलिक वातावरण प्राप्त होता है जिससे सीखे हुए अनुभव ज्यादा स्थायी होते हैं। छात्रों को अतीत के मनुष्यों के प्रति सहानुभूति पैदा होती है। भावात्मक पक्ष भी विकसित होता है। अनुसन्धान में छात्रों को ज्यादा मदद मिलती है। भौगोलिक घटनाओं एवं कथनों की वास्तविकता का बोध होता है।

(3) **भूगोलवेत्ता के लिए**—स्रोतों को समझने हेतु विशेषज्ञों की जरूरत होती है। स्रोतों के विश्लेषण द्वारा दिए गए निर्णयों के आधार पर भूगोलवेत्ता विषय-वस्तु का समावेश करता है। स्रोत हमें प्रमाण के तौर पर प्राप्त होते हैं। इनका अध्ययन विशेषज्ञों द्वारा होना चाहिए, बाद में भूगोलवेत्ताओं को अनुसन्धान विधि का अनुसरण करना चाहिए। भूगोलवेत्ता में कल्पना-शक्ति की प्रधानता होनी चाहिए।

विशेष्टताएँ

स्रोत नियम की प्रमुख विशेषताएँ अधोलिखित हैं—

1. स्रोत नियम से छात्रों में समझ तथा सर्जनात्मक क्षमताओं का विकास होता है। जैसे—तर्क, निर्णय, निरीक्षण, शक्ति विकसित होती है।
2. भूगोल की विषय-वस्तु को रटना नहीं पड़ता है। बल्कि स्वाभाविक तौर पर समझकर स्मरण कर लेते हैं। चूँकि ज्ञान मानसिक अनुभव पर आधारित होता है।
3. इस विधि में छात्रों को भौगोलिक सामग्री का निरिक्षण करने, बातचीत करने का अवसर मिलता है जिससे छात्रों में सोचने तथा विश्लेषण करने की क्षमता का विकास होता है। भूगोल की पुस्तकों के अध्ययन से मानसिक अभ्यास नहीं हो पाता है।
4. अतीत के भूगोल के अध्ययन के लिए सबसे ज्यादा प्रभावशाली पंद्धति है।
5. छात्रों में सत्यता एवं व्यापकता की अनुभूति जाग्रत होती है।
6. छात्रों में इस नियम के अध्यापन के विषय के प्रति रुचि उत्पनन होती है। प्रकृति के अतीत के सम्बन्ध में जानने के लिए उत्सुक होती है।
7. मौलिक स्रोत छात्रों को सही प्रकार कार वातावरण प्रस्तुत करते हैं। जिससे छात्रों में अपेक्षित परिवर्तन लाया जा सकता है। वातावरण छात्रों को सीखने के लिए अभिप्रेरणा भी देता है।
8. भूगोल अध्यापन अन्य पद्धति में स्रोतों के उपयोग से पूर्णता लायी जा सकती है। पाठ्य-पुस्तकों की पूर्णता के लिए स्रोतों का विशेष महत्त्व है।
9. इस विधि का उपयोग सभी कक्षाओं का वातावरण तैयार करने के लिए तथा उच्च कक्षाओं में अभ्यास के लिए कर सकते हैं।
10. छात्रों की जिज्ञासा शान्त होती है क्योंकि इसमें मौलिक स्रोत सजीव चित्रण का कार्य करते हैं।

सीमाएँ

स्रोत विधि की मुख्य सीमाएँ इस प्रकार हैं–

1. भारतीय भौगोलिक स्रोतों का विस्तृत विवरण उपलब्ध नहीं है।
2. भूगोल की सम्पूर्ण विषय-वस्तु के लिए स्रोत उपलब्ध नहीं किए जा सकते हैं।
3. यह पद्धति अधिक विस्तृत है। इसमें समय अधिक व्यय होता है तथा स्रोतों की व्यवस्था के लिए अधिक समस्या भी होती है।
4. प्राथमिक तथा जूनियर स्तर पर इस विधि का उपयोग भली प्रकार नहीं किया जा सकता है क्योंकि इस स्तर पर छात्रों में विश्लेषण की क्षमता का विकास नहीं हो पाता है।
5. यह विधि जटिल होती है और विशेष तकनीकी का उपयोग होता है। इसलिए विशेष प्रशिक्षण की आवश्यकता होती है।
6. भौगोलिक स्रोत का विश्लेषण-विशेषज्ञों द्वारा ही किया जा सकता है। क्योंकि स्रोतों को समझने में भी कठिनाई होती है।
7. चलचित्र, फिल्म स्ट्रिप्स तथा अन्य श्रव्य एवं दृश्य अध्यापन सामग्री के उपयोग से स्रोतों का महत्त्व कम हो गया है।
8. स्रोत के प्रदर्शन के समय अनुशासन की समस्या होती है।

परामर्श और सावधानी

स्रोत विधि के उपयोग में यह सावधानी रखनी चाहिए–

1. शिक्षक को पाठ्य-वस्तु के सन्दर्भ में स्रोत का उपयोग करना चाहिए तभी यह विधि प्रभावशाली होगी।
2. स्रोतों के सम्बन्ध में पूर्ण जानकारी रखनी चाहिए जिससे छात्रों की शंकाओं का निवारण किया जा सके।
3. शिक्षक को स्रोत के प्रदर्शन के वक्त कक्षा में ऐसी जगह ग्रहण करना चाहिए जिससे सभी छात्र देख सकें।
4. छात्रों को गृह कार्य भी दिया जाए जिससे विद्यार्थी सम्बन्धित साहित्य का अध्ययन करें।
5. जहाँ तक सम्भव हो अध्यापक को मौलिक स्रोतों को प्रधानता देनी चाहिए। चूँकि ये ज्यादा वैध तथा विश्वसनीय होते हैं।
6. स्कूल में भौगोलिक पर्यटनों की व्यवस्था की जानी चाहिए। पर्यटन से पूर्व उस पर व्याख्यान होना चाहिए। पर्यटन के बाद छात्रों से उस पर निबन्ध

लिखाना चाहिए।

7. स्कूल में भूगोल-कक्ष तथा अजायबघर की व्यवस्था होनी चाहिए। जिसमें मिट्‌टी, चट्‌टानों, टिकट, भौगोलिक चित्र, तथा आलेखों का संकल्प होना चाहिए।

शिक्षक कक्षा में सभी स्रोतों को प्रस्तुत नहीं कर सकता है। इसलिए भौगोलिक-यात्राओं की व्यवस्था करनी होती है। लिखित-विवरण, यात्राओं, पुराने मानचित्र आदि स्रोतों का उपयोग कक्षा में सुगमता से कर सकता है।

(2) क्षेत्रीय अध्यापन पद्धति

भूगोल में इस नियम का विकास बीसवीं सदी के प्रारंभ में हुआ था। इसका श्रेय ए. से. हर्बटसन को है। चूँकि सर्वप्रथम सन् 1405 ई. में विश्व को प्राकृतिक प्रदेशों में विभक्त किया था। इसी विभाजन के साथ प्रादेशिक विधि का अर्विभाव हुआ था। "प्रादेशिक प्रदेश उस भूखण्ड को कहते हैं जिसमें स्थित प्राकृतिक दशा जलवायु, वनस्पति पशु जीवन एवं मानव सम्बन्धी समानताएँ पायी जाती है। उदाहरणार्थ—टुण्डा, शुष्क मरू प्रदेश, मानसूनी प्रदेश, भूमध्य सागरीय प्रदेश तथा भूमध्य रेखीय प्रदेश आदि इस तरह का विभाजन अब तो कई विद्वानों ने अपने तरीके से किया है। किन्तु आधुनिक समय में भौगोलिक वातावरण के कथनों तथा मानवीय क्रियाओं को विशेष सम्मान दिया जाता है।

स्वरूप

प्रादेशिक नियम एक वैज्ञानिक पद्धति मानी जाती है चूँकि इसमें ज्ञान एक क्रमागत तौर पर शरण एवं प्रभाव के तौर पर बालक के समझ प्रस्तुत किया जाता है। इसमें पाठ्-वस्तु के तहत लम्बवत् सह सम्बन्ध स्थापित हुए बालकों को ज्ञान प्रदान किया जाता है। इस पर शिक्षा की वैज्ञानिक प्रवृत्ति का ही असर है। इस में जीव-जन्तु तथा मानव निवास, वितरण, उद्योग धन्धे व्यापार एवं यातायात के साधन के क्रम में अध्ययन किया जाता है। स्थिति, प्राकृतिक दशा उस प्रदेश की जलवायु को निर्धारित करती हैं, जलवायु के आधार पर वनस्पति, पशु-पक्षियों का ज्ञान सुगमता से हो जाता है। इस सभी कथनों का प्रभाव समग्र तौर पर मानवी क्रियाओं पर पड़ता है। मनुष्य की शारीरिक रचना भी इन्ही कथनों पर निर्भर होती है। शीत प्रदेश के निवासी लम्बे तथा गोरे वर्ण के होते हैं और गर्म प्रदेशों के निवासी छोटे कद के तथा श्याम वर्ण के होते हैं। इनकी त्वचा अधिक मोटी होती है। इसी प्रकार मानवी अन्य क्रियाएँ परोक्ष तथा अपरोक्ष तौर पर भौगोलिक कथनों से नियन्त्रित होती हैं।

शिक्षण नियम

प्रादेशिक भूगोल अध्यापन विधि के अध्यापन सिद्धान्त निम्नांकित हैं–

(1) एक वैज्ञानिक विधि है जो कारण एवं प्रभाव के तौर पर ज्ञान प्रदान करती है।

(2) यह पाठ्य-वस्तु का बोध एक व्यस्थित तौर पर प्रदान करती है।

(3) इसमें मनोवैज्ञानिक सिद्धान्तों का भी अनुसरण किया जाता है। इसमें पूर्व ज्ञान के आधार पर नये ज्ञान प्रदान किया जाता है।

(4) भौगोलिक कथनों का ज्ञान समग्र रूप में प्रदान करती है।

प्रयोग–इस शिक्षण-विधि को एक उदाहरण द्वारा भली प्रकार समझा जा सकता है।

उदाहरण–प्रकरण–भूमध्य सागरीय प्रदेश

(3) स्थिति

भूमध्य सागरीय प्रदेश 30ीं-40ीं अक्षांशों के मध्य स्थित है इसलिए गर्मियों में व्यापारिक की पेटियों में आते हैं। जिनकी दिशा इन प्रदेशों में स्थल से समुद्र की ओर होती है। अतएव यह हवाएँ शुष्क होती हैं, और ग्रीष्म ऋतु में वर्षा नहीं होती है। परन्तु शीत ऋतु में यह प्रदेश पछुवा हवाओं की पेटी में आ जाते हैं और इनकी दिशा समुद्र से स्थल की ओर होती है। इसलिए शील ऋतु में (30 से 70) सेमीीं वर्षा होती है। जून, जुलाई में अधिकतम ताप 80ीं फीं तक होती है। दिसम्बर, जनवरी में ताप कम रहता है।

वनस्पति

ग्रीष्म ऋतु शुष्क होती है। इसलिए यहाँ ऐसी वनस्पति पायी जाती है। जिसकी जड़ें अधिक गहराई तक जाती है। जैसे–चौस्टनर अंगूर की बेल तथा फलों के वृक्ष अनानास आदि उगाए जाते हैं। यहाँ के वृक्षों की पत्तियाँ चिकनी तथा तनों की छाल मोटी होती है। जिससे अधिक वाष्पीकरण न हो। यहाँ मुख्य वृक्ष जैतून, ओक, अंजीर, नींबू, नारंगी, शहतूत तथा केले हैं।

पशु और जीव जन्तु

इसमें जंगली जानवर तथा गाय, और, बन्दर, कुत्ते आदि पाले जाते हैं परन्तु जीव जन्तुओं में रेशम का कीड़ा ज्यादा पाला जाता है। जो शहतूत के पत्ते खाकर रहते हैं।

मानव जीवन

यहाँ के निवासी ज्यादा स्वस्थ होते हैं। ज्यादा सभ्य, कला कौशल और वैज्ञानिक युग के साथ उन्नति कर रहे हैं। यहाँ गेहूँ, जौ, जई की उपज की जाती है। यहाँ की जलवायु गेहूँ की उपज के लिए ज्यादा लाभदायक है। यहाँ फलों के बगीचे ज्यादा लगाए जाते हैं। रेशम उद्योग भी ज्यादा लाभदायक है। अंगूर की शराब तैयार की जाती है। यहाँ की भौगोलिक परिस्थितियाँ फलों की उपज के लिए ज्यादा लाभदायक हैं।

विशेष्टताएँ

प्रादेशिक भूगोल अध्यापन विधि की विशेषताएँ निम्नांकित हैं—

(1) बालक के पूर्व ज्ञान से सम्बन्ध स्थापित करते हुए नये ज्ञान दिया जाता है।

(2) प्रादेशिक विधि कारण एवं असर से सूत्र पर आधारित होती है।

(3) भौगोलिक वातावरण एवं मानवी क्रियाओं के नियन्त्रण को सुगमता से समझाया जाता है।

(4) भौगोलिक नियम का प्रयोग तुलनात्मक अध्ययन हेतु भी किया जा सकता है।

(5) उच्च कक्षाओं के अध्यापन में इस विधि का मुख्य स्थान है।

(6) किसी प्रदेश के भौगोलिक कथनों का बोध व्यवस्थित तौर पर प्रदान किया जाता है।

(7) इस विधि में वैज्ञानिक तथा मनोवैज्ञानिक सिद्धान्तों का अनुसरण किया जाता है।

(8) भूगोल अध्यापन के प्रयोजन की नजर से बालक की मानसिक क्षमताओं, संश्लेषण तथा विश्लेषण एवं व्यापक नजर का विकास किया जा सकता है।

(9) प्रादेशिक नियम की सबसे बड़ी विशेषता यह है कि थोड़े समय में किसी भी विशाल प्रदेश के भौगोलिक कथनों का बोध कराया जा सकता है।

(10) इस नियम द्वारा भौगोलिक कठिनाईयों तथा प्राकृतिक साधनों के वितीय विकास के लिए कतिपय सुझाव भी दिए जा सकते हैं।

सीमाएँ

प्रादेशिक भूगोल अध्यापन विधि की सीमाएँ निम्नांकित हैं–

(1) विभिन्न प्रदेशों की सीमाएँ राजनैतिक सीमाओं की भाँति स्पष्ट नहीं होती है। प्रदेशों की सीमाओं पर अधिक क्षेत्र में दोनो की प्रछाया रहती है। अतएव प्रादेशिक प्रदेशों की सीमाओं का बालकों का निश्चित तौर पर स्पष्टीकरण नहीं हो पाता है।

(2) इस विधि का उपयोग प्राथमिक कक्षाओं में नहीं किया जा सकता है। चूँकि इस आयु के बालकों की वजह एवं असर में सह सम्बन्ध स्थापित करने की क्षमता का विकास नहीं हो पाता है।

(3) इसका सबसे भारी दोष यह है कि भौगोलिक कथनों की पुनरावृत्ति सभी कथ्य के विवरण हेतु करनी पड़ती है। जलवायु के अध्याय में स्थिति, धरातल एवं प्राकृतिक दशा की व्याख्या करनी पड़ती है। वनस्पत्ति के लिए उक्त सभी की विवेचना करनी पड़ेगी। मानवी क्रियाओं के लिए उपयुक्त सभी भौगोलिक कथनों के प्रभाव की व्याख्या करनी पड़ती है।

(4) किसी एक देश का अध्ययन इस विधि से नहीं किया जा सकता क्योंकि एक देश में कई प्रादेशिक क्षेत्र हो सकते है।

(5) शिक्षण के सभी उद्देश्यों की दृष्टि में सम्पूर्ण एवं विषय-वस्तु के अध्ययन में इसका उपयोग सम्भव नहीं है। इसका उपयोग प्रादेशिक प्रदेशों के अध्यापन तक ही सीमित है।

सुझाव

प्रादेशिक भूगोल अध्यापन विधि के सुझाव निम्नांकित है–

(1) प्रादेशिक विधि के उपयोग करने के लिए पूर्व व्यवस्था करनी चाहिए। प्रश्नोत्तर विधि की मदद अधिक प्रभावशाली हो सकती है।

(2) इसका उपयोग माध्यमिक कक्षाओं में तथा प्रादेशिक प्रदेशों के अध्ययन में करना चाहिए।

(3) इस विधि के उपयोग के समय समुचित चित्र तथा मानचित्रों का उपयोग करना चाहिए। अधिकांश ऐसे मानचित्रों का उपयोग किया जाए जिनमें एक समय में एक ही वस्तु अथवा कथ्य को प्रदर्शित किया गया है।

(4) पुनरावृत्ति दोष को दूर करने के लिए उन्ही कथनों का पुनः विवेचन

करना चहिए जिसका उस कथ्य पर विशेष प्रभाव है भूमध्य सागरीय जलवायु पर 'स्थिति' का विशेष प्रभाव है क्योंकि स्थिति उन पेटियों में जो वायुभार पेटियाँ खिसकने से बदल जाती है। मानवी अध्ययन में 'जलवायु' का गहन प्रभाव है।

(5) प्रादेशिक–प्रदेशों की सीमाओं के स्पष्टीकरण के लिए अक्षांश रेखाओं को ही अधिक महत्त्व देना चाहिए।

(4) कहानी–कथन तकनीक

इस प्रविधि का उपयोग प्रायः छोटी कक्षाओं तक सीमित है। बालकों का स्वभाव जिज्ञासा एवं कौतूहल पूर्ण होता है। कहानी द्वारा बालक की कल्पना शक्ति का विकास होता है और वह विषय को समझने में रुचि लेता है। किसी विषय के सूक्ष्म एवं जटिल अंशों को कहानी के माध्यम से सुबोध बनाया जाता है। बालक जो ज्ञान कहानी के द्वारा प्राप्त करता है उसे ग्रहण करने में सरलता होती है, किन्तु भाषा तथा विज्ञान के अध्यापन में यह प्रविधि बहुलतापूर्वक प्रयुक्त की जाती है।

ऊँची कक्षाओं में भी इस प्रविधि का उपयोग सम्भव है। जो अध्यापक अपने विषय का अच्छा जानकार है, वह कहानी के तौर पर विषय को प्रस्तुत करने में सिद्धहस्त होता है। अर्थशास्त्र, वाणिज्य एवं विज्ञान में ऊँची कक्षा के छात्रों के समक्ष कहानी द्वारा विषय के जटिल अंशों की व्याख्या की जा सकती है। अध्यापन प्रक्रिया में कहानी का उपयोग अति मनोवैज्ञानिक है।

कथन तकनीकों का उपयोग

इस प्रविधियों का उपयोग करने में निम्नांकित बातों पर ध्यान देना अनिवार्य है–

(1) कहानी को पढ़कर सुनाना उपयुक्त नहीं है। इसमें बालक यथेष्ठ रुचि नहीं लेता है।

(2) कहानी सुनाना एक कला है। हरएक अध्यापक इस कला में निपुण नहीं होता है। अतएव यह नियम सभी शिक्षकों के लिए उपयुक्त नहीं है।

(3) शिक्षण में ऐसी कहानियों का ही उपयोग अपेक्षित है जो ज्यादा लम्बी न हो तथा जिनका प्रत्यक्ष सम्बन्ध विषय से हो।

(4) कहानी की भाषा, शैली और विषय-वस्तु सरल, रोचक, धारा प्रवाह और अपेक्षित अभिव्यक्तियो से पूर्ण हो।

(5) कहानी के पात्रों तथा परिस्थितियों को बालक के समीपवर्ती वातावरण के अनुकूल रखना नितान्त जरूरी है।
(6) कहानी कहते समय बालक की मानसिक अवस्था, रूचियों तथा सांवेगिक विशेषताओं पर भी ध्यान रखना चाहिए। इसके अभाव में कहानी का प्रभाव नहीं पड़ पाता है।
(7) कहानी कहने का तरीका ज्ञात एवं आकर्षक हो।
(8) कोलाहलमय वातावरण में कहानी सुनाना समय का दुरूपयोग करना है। अतएव कहानी सुनाते वक्त कक्षा का वातावरण पूर्णतः शान्त रहना चाहिए।
(9) कहानी का उपयोग साधन के रूप में होना चाहिए, साध्य के नही। इसके जरिए बालको की कल्पना, जिज्ञासा एवं प्रेरणावृत्ति को विकसित करना मुख्य लक्ष्य होना चाहिए।
(10) कहानी सुनाने के पश्चात् उस से सम्बन्धित विषय की बोधगम्यता का पता चलाने के लिए छात्रों से सवाल पूछने चाहिए। इससे छात्र विषय को शीघ्रता एवं सरलता पूर्वक हृदयगंम कर लेते हैं।

(5) प्रयोगशाला पद्धति

परस्परागत पद्धतियों की अपेक्षा में यह एक नये एवं ज्यादा उपयुक्त पद्धति है। इसमें 'करके सीखने' के सिद्धान्त को विशेष महत्त्व प्रदान किया जाता है। यानी इस पद्धति के अन्तर्गत छात्र स्वःक्रियाओं अथवा स्वःप्रयासों के आधार पर ज्ञान प्राप्त करते है। इस पद्धति के माध्यम से प्राप्त अनुभव उनके मस्तिष्क का स्थायी अंग बन जाता है। इस पद्धति के अर्न्तगत अध्यापक को मात्र कार्य का निर्धारण करना होता है, तथा कार्य से सम्बन्धित संक्षिप्त रूपरेखा छात्रों के समक्ष प्रस्तुत करनी होती है, जिसके आधार पर छात्र स्वयं प्रयोगशाला में बैठकर अपने निर्धारि कार्य का पूर्ण करते है। छात्रों को कार्य प्रारम्भ करने से पूर्व ही कार्य से सम्बन्धित विविध सहायक साधनों तथा पुस्तकें आदि के सम्बन्ध में जानकारी प्रदान कर दी जाती है। छात्र उन साधनों के आधार पर निर्धारित समय में अपने कार्य को पूर्ण करने हेतु संलग्न हो जाते है। प्रयोगशाला में छात्रों को निर्धारित कार्य पूर्ण स्वतंन्त्रता होती है, वहाँ वे सम्बन्धित पुस्तकों का अध्ययन कर सकते है, लिखित कार्य कर सकते है, शब्द-कोष एवं मानचित्र देख सकते है तथा सामूहिक रूप से पाठ्य-वस्तु पर बातचीत भी कर सकते है। इसके अतिरिक्त मस्तिष्क में विशेष जिज्ञासा होने पर वे अध्यापकों से सही मार्ग-दर्शन प्राप्त कर सकते है।

इस पद्धति के सम्बन्ध में एच. सी. हिल ने लिख है– 'प्रयोगशाला विधि में छात्रों का अधिकांश समय अपनी मेजो पर अध्ययन व लिखित कार्य में व्यतीत होता है। दो अथवा तीन छात्र किसी संदिग्घ विषय पर चर्च कर सकते है, दूसरे छात्र किसी कार्य की रूपरेखा अथवा नोट्स की तुलना कर सकते है। कोई छात्र शब्द-कोष को देखने में संलग्न हो सकता है, दूसरा एटलस देखने में व्यस्त हो सकता है, तीसरा पेन्सिल को नुकीला अथवा अपने पेन में स्याही भी भर सकता है, चौथा मानचित्र अथवा ग्राफ बना सकता है, पाँचवाँ छात्र अध्यापक से किसी कठिनाई के सम्बन्ध में राय ले सकता है सामान्यतया कक्षा-कक्ष शान्त स्थान है जिसमें छात्र किसी-न-किसी लाभप्रद क्रिया में सलग्न है।''

बिनिंग और बिनिंग के शब्दों में, ''प्रयोगशाला-विधि का स्वरूप विविध विद्यालयों में अलग-अलग है। सामान्यतः इस विधि में अध्यापक का कार्य कक्षा में छात्रों के लिए कार्य निर्धारित करना एवं उनके कार्य का निरीक्षण करना है। अध्यापक छात्रों के बीच में कार्य करता है। वह उनकी अशुद्धियों को सुधारता है तथा समय-समय पर उन्हें प्रोत्साहन और सुझाव देता है। कभी-कभी अध्यापक अनिश्चित तथा अस्पष्ट बिन्दुओं को निश्चित एवं स्पष्ट बनाने के लिए कक्षा के कार्य को कुछ समय के लिए रोक सकता है। इस प्रकार इस विधि में छात्र निर्धारित कार्य को अध यापक के पथ-प्रदर्शन में स्वयं पूरा करते हैं।''

वस्तुतः प्रयोगशाला पद्धति की सफलता प्रयोगशाला की साधन सम्पन्नता पर अत्यधिक निर्भर करती है। अध्यापक को प्रयोगशाला की साज-सज्जा एवं उसके व्यावहारिक उपयोग का ज्ञान होना अत्यन्त आवश्यक है क्योंकि इसके अभाव में वह उपयोग करके भी वांछित उद्देश्यों को प्राप्त नहीं कर सकता है। **जे. डब्ल्यू. बाल्डविन** (J.W. Baldivn) तथा **एम. पी. मुफात** (M.P. Muffat) ने भूगोल की प्रयोगशाला के लिए निम्नांकित सामग्री आवश्यक है–(अ) सामान्य कक्ष से बड़ा कक्ष जिसमें एक समय में तीस अथवा चालीस बालक स्वाध्याय कर सकें।

1. श्यामपट्ट।
2. बुलेटिन बोर्ड।
3. छात्रों के लिए मेज एवं कुर्सियाँ होनी चाहिए। मेज ऐसी हों जिन पर छात्र कुशलतापूर्वक अपना प्रयोगिक कार्य कर सके।
4. प्रतिलिपिक-यन्त्र।
5. फिल्म, फ़िल्म खण्ड प्रोजेक्टर।

6. विषय की पुस्तकों, पत्रिकाओं इत्यादि को रखने के लिए उपयुक्त अलमारियाँ।
7. मानचित्र, चित्र, रूपरेखा, वर्कशीट, प्रदर्शन, सामग्री आदि को रखने के लिए कैबिनेट तथा फाइलें तथा विविध तरह के मानचित्र ग्लोब, ग्राफ, चार्ट इत्यादि।
8. रेडियो, टेपरिकॉर्डर व टेलीविजन इत्यादि सामग्री।

प्रयोगशाला के गुण

1. यह पद्धति सामूहिक अध्यापन के दोषों को दूर कर शिक्षा को सरल और बोधगम्य बनाती है।
2. इससे छात्र विविध उपकरणों को उपयोग करना सीख जाते हैं।
3. इस पद्धति के तहत छात्र अति सक्रिय होकर कार्य करते हैं।
4. छात्र अपनी रुचि तथा सुविधानुसार पाठ्य-सामग्री का उपयोग करते हैं। वे अपने निश्चित कार्य को पूर्ण करने हेतु अपनी खुद की योजना बनाते हैं।
5. अगर छात्र भूगोल की प्रयोगशाला में प्रवेश करता है तो वह वहाँ जितने समय तक रहकर चाहे जो कुछ पढ़ सकता है अथवा अन्य क्रियाएँ कर सकता है। इस तरह की प्रणाली में कोई समय चक्र ;ज्पउम.ज्ंइसमद्ध भी नहीं होता है।
6. इसके तहत छात्र अपना दायित्व पूरा करना सीखते हैं। छात्रों को जो कार्य निश्चित कर दिया जाता है, उसे वे खुद पूरा करने का प्रयत्न करते हैं।

प्रयोगशाला के दोष

1. इसमें वक्त का अपव्यय बहुत होता है।
2. यह नियम अधिक व्ययपूर्ण है। यह भारत जैसे निर्धन देश के लिए उपयुक्त नहीं है।
3. इसमें ज्ञान के अव्यवस्थित हो जाने का डर रहता है।
4. उचित ध्यान दिए जाने पर यह पद्धति यान्त्रिक बन सकती है।
5. इसमें छात्र विविध बातों की जानकारी प्राप्त करने में समय नष्ट करते हैं।
6. इस पद्धति का उपयोग सिर्फ अति कुशल एवं दक्ष अध्यापक ही सफलतापूर्वक कर सकते हैं।

सुझाव

भारतीय विद्यालयों में अध्यापन के अन्तर्गत प्रस्तुतीकरण पर अधिक बल दिया जाता है। प्रसतुतीकरण में शिक्षण-विधियों एवं प्रतिनिधियों के उपयोग पर बल दिया जाता है। शिक्षण-उद्देश्यों की प्राप्ति के लिए अध्यापन आव्यूहों का उपयोग किया जाता है। आव्यूह शब्द सेना से लिया गया है। सेनानायक अपने लक्ष्य के लिए आव्यूह का उपयोग करता है। इसी प्रकार अध्यापक अपने उद्देश्यों की प्राप्ति के आधार पर इसका उपयोग करता है। अध्यापन की प्रभावशीलता का आकलन उद्देश्यों की प्राप्ति के आधार पर किया जाता है। यह एक आवश्यक प्रशिक्षण है। भूगोल में इसकी विशेष महत्ता है। कक्षा अध्यापन का मुख्य उद्देश्य छात्रों के व्यवहार में परिवर्तन लाना है। अध्यापन को रोचक तथा प्रभावशाली बनाने के लिए दृश्य-श्रव्य सहायक सामग्री का उपयोग किया जाता रहा है। यह एक अच्छी विधि है। भारतीय विद्यालयों में इस का पूर्ण उपयोग किया जाना चाहिए।

9

भूगोल अध्यापन : अभिक्रमित अनुदेशन एवं प्रतिमान

भूगोल के अध्यापन में अध्यापन विधि, अध्यापन आव्यूह तथा अध्यापन प्रतिमानों का अध्ययन किया जाता है। अध्यापन आव्यूह में वैयक्तिक भिन्नता को प्राथमिकता दी जाती है और ये छात्र केन्द्रित प्रतिमा के तहत अध्यापन के लक्ष्य को प्रधानता दी जाती है। एवं उसी लक्ष्य की प्राप्ति हेतु अध्यापन का प्रारूप और भौगोलिक प्रणाली को विकसित करते हैं। इस तरह इस अध्ययन में निम्नांकित दो प्रकरणों का वर्णन किया गयाा है।

शिक्षण के प्रतिमान—सामाजिक विज्ञान विशेष रूप से भूगोल अध्यापन के लिए।

अभिक्रमित अनुदेशन—एक अनुदेशन आव्यूह

शिक्षण आदर्श का अभिप्राय

प्रतिमान (Model) शब्द को हम दो रूपों में देख सकते हैं–

(a) किसी बड़ी वस्तु को छोटे आकार के तौर पर दिखाना,

(b) किसी आदर्श के तौर पर।

किसी वस्तु के छोटे आकार को प्रतिमान के तौर पर उपयोग किया जाता है। उदाहरण हेतु, इंजीनियरों ने अगर किसी बाँध की रूपरेखा तैयार करनी है तो वे पहले उस बाँध का प्रतिमान (Model) छोटे आकार के तौर पर बनाकर पेश

करते हैं एवं उसकी कार्यप्रणाली देखते हैं और फिर उसका बड़ा रूप बनाते हैं। जैसे–भाखड़ा बाँध का प्रतिमान। उसी तरह दूसरे योजनाओं का भी प्रतिमान प्रस्तुत किया जाता है। जैसे–ताजमहल का प्रतिमान, महात्मा गांधी सेतु का प्रतिमान, दिल्ली मैट्रो का प्रतिमान इत्यादि।

अध्यापक अपने आपको छात्रों के सामने एक प्रतिमान के तौर पर खुद को प्रस्तुत करता है। विद्यार्थी अपने अध्यापक की अच्छी बातों व गुणों को ग्रहण करके कुछ सीखते हैं।

शिक्षण-प्रतिमानों का विकास सीखने के सिद्धान्तों पर किया गया है। अन्य शब्दों में ये कहा जा सकता है कि अध्यापन प्रतिमान अध्यापन के बारे में सोचने विचारने का एक ढंग है (Teaching model is a way of thinking about teaching)। अध्यापन प्रतिमानों की विविध शिक्षा शास्त्रियों ने अलग-अलग परिभाषाएँ दी हैं, जो निम्नलिखित हैं–

पॉल डी. ईगन एवं उसके सहयोगी–अध्यापन प्रतिमानों से अभिप्राय विशिष्ट अनुदेशनात्मक लक्ष्यों की प्राप्ति के लिए निर्मित उपचारात्मक अध्यापन व्यूह रचनाओं से है।

एन. के. जंगीरा एवं अजीत सिंह–अध्यापन प्रतिमान क्रमबद्ध और आपस में सम्बन्धित ऐसे अवयवों का समुच्चय है जिसके जरिए विशिष्ट लक्ष्यों की प्राप्ति के लिए मार्गदर्शन मिलता है।

जॉयसी एवं वील–शिक्षण प्रतिमानों से अभिप्राय अनुदेशनात्मक प्रारूपों से है। ये उन विशेष वातावरणजन्य परिस्थितियों का फैसला करने वाली प्रक्रियाओं के विषय में बताते हैं जिनके वशीभूत एक विद्यार्थी ऐसी अन्तःक्रिया करता है जिससे उसके व्यवहार में विशिष्ट बदलाव हो सके।

वील एवं जॉयसी–शिक्षण प्रतिमान से तात्पर्य शैक्षणिक क्रियाओं और पर्यावरण को नियोजित करने वाले मार्गदर्शन से है। इसके माध्यम से कुछ विशेष लक्ष्यों को पाने हेतु अध्यापन और अधिगम के ढंग निर्धारित किए जाते हैं।

अध्यापन आदर्श की विशेषताएं

उपरोक्त परिभाषाओं के विश्लेषण से हमें अध्यापन प्रतिमानों की निम्नलिखित विशेषताओं का ज्ञान होता है–

1. शिक्षण-प्रतिमानों द्वारा अधिगम-अनुभवों (Learning Experiences) के चुनाव के बारे में निर्णय लिया जा सकता है।

2. शिक्षण-प्रतिमान अध्यापक और विद्यार्थी में अन्तःक्रिया (Interaction) के आयोजन में सहायक होता है।
3. शिक्षण-प्रतिमान विद्यार्थी के व्यवहार में परिवर्तन लाने के उद्देश्य को प्राप्त करने में अपना योगदान करते हैं। अधिगम (Learning) और अध्यापन दोनों का यही उद्देश्य है।
4. विविध श्रेणियों में क्या-क्या पढ़ाया जाए, इस सामग्री के चुनाव में अध्यापन प्रतिमान सहायक होते हैं।
5. शिक्षण प्रतिमानों की मदद से विशिष्टीकरण (Specialisation) सम्भव है।
6. शिक्षण प्रतिमान पूरी अध्यापन प्रक्रिया में सुधार लाने में सहायक है।
7. शिक्षण प्रतिमान पूरी अध्यापन प्रक्रिया का ब्ल्यू प्रिंट (Blue Print) होता है और यह ब्ल्यू प्रिंट अध्यापक के लिए एवं लक्ष्यों की प्राप्ति के लिए मार्गदर्शक होता है।
8. ये अध्यापन प्रतिमान मूल्याँकन करने के लिए कसौटी (Criteria) का कार्य करते हैं। व्यवहार का मूल्याँकन करने के लिए इन्हें कसौटी माना जा सकता है।
9. शिक्षण प्रतिमान शिक्षण-व्यूह रचना (Teaching Strategy) के तौर पर भी काम करते हैं। अध्यापक और विद्यार्थी उद्देश्यों की प्राप्ति के लिए व्यूह रचनाओं की मदद लेते हैं।
10. ये प्रतिमान अध्यापन सिद्धान्तों के निर्माण में मदद देते हैं।
11. शिक्षण प्रतिमान अध्यापन के सही अनुदेशन सामग्री के चुनने में सहायक होते हैं।
12. शिक्षण-प्रतिमान सही शैक्षणिक वातावरण पैदा करने में भी विविध तरीके बताते हैं।

अध्यापन आदर्श के तत्त्व

किसी भी अध्यापन प्रतिमान के निम्नलिखित तत्त्व होते हैं–

1. प्रयोग
2. केन्द्रबिन्दु
3. सामाजिक प्रणाली
4. संरचना
5. मूल्याँकन प्रणाली

1. प्रयोग—यह अध्यापन प्रतिमान का अन्तिम तत्त्व माना जाता है। अध्यापन प्रतिमान के उपयोग के बारे में इस तत्त्व से पता लगता है। इससे ये भी पता लगता है कि प्रत्येक अध्यापन प्रतिमान का उपयोग किसी विशेष परिस्थिति में किया जा सकता है और उसी परिस्थिति में लाभप्रद होता है।

2. लक्ष्य अथवा केन्द्रबिन्दु—सभी अध्यापन प्रतिमान का एक मूल लक्ष्य अथवा केन्द्र बिन्दु (focus) होता है। इस लक्ष्य को सामने रख कर अध्यापन प्रतिमान का विकास किया जाता है। दूसरे शब्दों में अध्यापन के लक्ष्य ही अध्यापन प्रतिमानों के केन्द्रबिन्दु होते हैं। इन लक्ष्यों का सम्बन्ध विशेष तरह की क्षमताओं के विकास से होता है।

3. सामाजिक प्रणाली—अध्यापन एक सामाजिक प्रक्रिया है। इसी आधार अध्यापन प्रतिमान के एक तत्त्व के तौर पर सामाजिक-प्रणाली को माना जाता है। अतः अध्यापन और विद्यार्थी की अन्तःक्रिया की व्यवस्था इसी तौर पर की जाती है। इस तत्त्व का सबसे जरूरी काम है छात्रों के व्यवहार में परिवर्तन लाना। इसका प्रारूप लक्ष्यों पर निर्भर करता है। हर अध्यापन प्रतिमान की अपनी-अपनी सामाजिक प्रणाली होती है और यही प्रणाली छात्रों को प्रेरित करती है। इसका सीधा सम्बन्ध अध्यापक एवं छात्रों की क्रियाओं से होता है।

4. संरचना—शिक्षण-क्रियाओं का क्रम निश्चित तैयार करना तथा उसे इस तरह से क्रमबद्ध करना जिससे सीखने की उन परिस्थितियों को जन्म दिया जा सके जो प्रयोजन प्राप्त करने में मददगार हों। अध्यापक तथा छात्रों की अन्तःक्रिया (interaction) की भी व्यवस्था की जाती है। समस्त अध्यापन प्रक्रिया को एक क्रम (System) से चलाया जाता है। संरचना का एक और काम भी होता है कि इसका पद (step) अलग-अलग क्रियाओं के विविध पक्षों अथवा चरणों (phases of activities) में आपसी सम्बन्ध स्थापित करती है।

5. मूल्याँकन प्रणाली—इस पद के तहत पूर्ण शिक्षण-क्रियाओं का मूल्याँकन किया जाता है और भविष्य के कामों की रूप-रेखा परिणामों के आधार पर की जाती है। अध्यापन की उपयोगिता ही इस तत्त्व का आधार है। अध्यापन काम में सुधार तथा परिवर्तन लाना ही इस तत्त्व का प्रमुख प्रयोजन है। सफलता अथवा असफलता का सम्बन्ध इस सोपान से है। अथवा ये कह सकते हैं कि अपेक्षित लक्ष्य अथवा प्रयोजन प्राप्त हुए हैं अथवा नहीं। अध्यापन प्रक्रिया में प्रयुक्त की जाने वाली व्यूह रचना (strategy) किस सीमा तक प्रभावशाली अथवा प्रभावहीन रही? इसका उत्तर इस पद में मिलता है। प्रत्येक प्रतिमान की मूल्याँकन विधि भी अलग होगी क्योंकि प्रत्येक का उद्देश्य अलग होता है।

ग्लेजर का प्राथमिक अध्यापन आदर्श

प्रसिद्ध शिक्षाशास्त्री रोबर्ट ग्लेजर (Glazer) को बुनियादी अध्यापन प्रतिमान का प्रतिपादक माना जाता है। इस प्रतिमान को बुनियादी प्रतिमान इसलिए कहा जाता है क्योंकि एक तो इसकी रचना में कुछ बुनियादी मनोवैज्ञानिक सिद्धान्तों का उपयोग किया गया है और दूसरे, यह ऐसे प्रतिमान का प्रतिनिधित्व करता है जिसके द्वारा अध्यापन की जटिल प्रक्रिया को चार बुनियादी घटकों में विभक्त करके बहुत ही सरल और उपयुक्त तौर पर प्रस्तुत किया जा सकता है। अध्यापन प्रक्रिया के ये चार बुनियादी घटक निम्नलिखित हैं–

1. अनुदेशनात्मक उद्देश्य
2. अनुदेशनात्मक प्रक्रिया
3. पूर्व अथवा प्रविष्टि व्यवहार
4. निष्पादन मूल्याँकन

1. अनुदेशनात्मक उद्देश्य–यह घटक अध्यापन प्रक्रिया में केन्द्र के समान होता है। अनुदेशनात्मक उद्देश्य अध्यापन प्रारम्भ करने से पहले ही निर्धारित कर लिए जाते हैं। किसी भी कार्य को आरम्भ करने से पहले ये तय किया जाना आवश्यक है कि वह काम क्यों किया जाना चाहिए। अध्यापन प्रक्रिया के विषय में भी यह बात उतनी ही सही है। शिक्षा का लक्ष्य है बालक के व्यवहार में परिवर्तन लाना। इन अपेक्षित परिवर्तनों की समुचित व्याख्या करना ही अनुदेशनात्मक उद्देश्य कहलाता है।

2. अनुदेशनात्मक प्रक्रिया–अनुदेशनात्मक उद्देश्यों का क्रियात्मक पक्ष अनुदेशानात्मक प्रक्रिया है। इस प्रक्रिया के अन्तर्गत अध्यापक और छात्रों में अन्तःक्रिया (Interaction) का आयोजन किया जाता है। इसके अन्तर्गत विद्यार्थी के पूर्व व्यवहार को ध्यान में रखते हुए ऐसी अध्यापन तकनीक साधन, नियमों, प्रविधियों (Devices) और व्यूह रचनाओं (strategies) इत्यादि का चुनाव और प्रयोग करना होता है जिससे अन्तःक्रिया का आयोजन हो सके और निर्धारित अध्यापन प्रयोजनों की प्राप्ति की जा सके।

3. पूर्व अथवा प्रविष्टि व्यवहार–शिक्षण प्रक्रिया को प्रारम्भ करने से पहले छात्रों का जो स्तर होता है उसे पूर्व व्यवहार (Entering Behaviour) कहते हैं। विद्यार्थी के व्यवहार के तीनों पक्षों यानी ज्ञानात्मक, भावनात्मक एवं क्रियात्मक (Cognitive, Affective and Conative) के सन्दर्भ में जो कुछ भी उसका स्तर होता है, उसका मूल्याँकन करके उसके विषय में यह फैसला लिया जाता है

कि विद्यार्थी में कितनी और किस तरह की योग्यता और व्यवहार व दूसरे विशेषताएँ इस समय उपस्थित हैं। इस तरह अध्यापन आरम्भ करने से पहले जो कुछ भी विद्यार्थी अपने आप में होता है उसको जान लेना ही उसका पूर्व व्यवहार है। बालकों की योग्यताओं के आधार पर ही अध्यापक अनुदेशनात्मक प्रयोजनो को चुनता है।

ग्लेजर के अध्यापन प्रतिमान में पूर्व व्यवहार को दूसरे नम्बर पर रखा गया है, परन्तु अनुदेशनात्मक प्रयोजनों के निर्माण के लिए पूर्व व्यवहार (Entering Behaviour) को पहले जान लेना बहुत प्रमुख होता है।

4. निष्पादन मूल्याँकन–अनुदेशनात्मक प्रयोजनों कि प्राप्ति छात्रों ने किस सीमा तक की है इसका परीक्षण (Test) और प्रेक्षण (Observation) करने के लिए निष्पादन मूल्याँकन (Performance Assessment) का उपयोग किया जाता है। मुख्य काम विद्यार्थी के पूर्व व्यवहार और अन्तिम व्यवहार के बीच की दूरी का मापन होता है और इसे अलग-अलग तरह के मूल्याँकन तकनीकों जैसे अवलोकन (Observation), साक्षात्कार (Interview), रेटिंग स्केल (Rating Scale), प्रश्नावली (Questionnaire), प्रक्षेपी तकनीक (Projective Techniques) इत्यादि नियमों के माध्यम से सम्पन्न किया जाता है। मूल्याँकन के ये परिणाम अध्यापन प्रक्रिया के अन्तर्गत किए जाने वाले अलग-अलग कोशिश को पर्याप्त प्रति-पुष्टि (Feedback) प्रदान करते हैं।

शिक्षण प्रक्रिया के ये चारों उपर्युक्त बुनियादी घटक एक-दूसरे से बहुत ज्यादा सीमा तक घुले-मिले रहते हैं। एक घटक के क्रिया-कलाप सभी दूसरों से प्रभावित होते हैं और बदले में सभी घटकों को प्रभावित करते हैं। एक अध्यापक जब अपने वास्तविक अध्यापन से जुड़ा हुआ होता है तो उसे इन सभी घटकों की पारस्परिक निर्भरता और एक-दूसरे पर पड़ने वाले प्रभाव को ध्यान में रखकर ही अपने अध्यापन कामों का आयोजन करना पड़ता है।

आभिक्रमित अनुदेशन

अभिक्रमित अनुदेशन का विकास बी. एफ. स्किनर ने (1954) में हारवर्ड यूनिवर्सिटी के मनोविज्ञान की प्रयोगशाला में किया था। इनका शोध पत्र **'अधिगम का विज्ञान और अध्यापन कला' 1954** में प्रकाशित हुआ था। इसका विकास एक अधिगम की तकनीक के रूप हुआ है। यह सक्रिय अनुबद्ध अधिगम नियमों पर आधारित है। यह स्किनर के अध्यापन प्रतिमान का एक व्यावहारिक रूप है। इसको कई नामों से सम्बोधित किया जाता है। व्यक्तिगत अनुदेशन

(Individualized Instruction) तथा अभिक्रमित अनुदेशन **(Program Instruction)** आदि। **सुसन मारकल** ने अभिक्रमित अनुदेशन की परिभाषा इस तरह दी है।

'अभिक्रमित अधिगम' व्यक्ति अनुदेशन की विधि है जिसमें विद्यार्थी सक्रिय रहकर अपनी गति से सीखता है और उसे तत्त्काल ज्ञान मिलता है और अध्यापन की जरूरत पूरी होती है।

—सुसन मारकल

कार्यक्रम अनुदेशन के आधारभूत नियम

यह प्रत्यय कुछ मूलभूत अधिनियमों पर आधारित है जिनका प्रतिपाद मनोविज्ञान के उपयोग के आधार पर किया गया है। यह सक्रिय अनुबद्ध अनुक्रिया नियम पर आधारित है। जिसके निम्नलिखित पाँच अधिनियम हैं—

(1) तत्कालीन जांच का अधिनियम—छात्रों की अनुक्रियाओं के साथ-साथ विद्यार्थियों को पुष्टि करनी होती है जिससे पुर्नबलन मिलता है। इसमें लगातार पुनर्बलन दिया जाता है।

(2) स्वतः अध्ययन गति का अधिनियम—हर छात्र अपने अध्ययन गति और योग्यताओं के अनुरुप पदों को पढ़ता है और सीखता है।

(3) छोटे पदों का अधिनियम—इसमें पाठ्यवस्तु को छोटे-छोटे पदों में क्रमबद्ध तौर पर प्रस्तुत किया जाता है। जिससे छात्र अधिक सीखते हैं।

(4) तत्परता अनुक्रिया का अधिनियम—छोटे पदों में रिक्त स्थान छोड़ दिए जाते हैं उनको पूरा करने के लिए छात्रों को तत्पर होकर अनुक्रिया करती होती है।

(5) छात्र आलेख का सिद्धान्त—विद्यार्थी अध्ययन करते समय अपने सीखने का लेख तैयार करता है। अनुक्रियाओं में विद्यार्थी के अध्ययन की परीक्षा भी होती है।

श्रृंखला कार्यक्रम अनुदेशन का नियम

इसकी अवधारणाएँ निम्नलिखित हैं—

1. अध्ययन की त्रुटि सीखने में अवरोधक होती है।
2. पाठ्य—वस्तु को छोटे पदों को क्रमबद्ध तौर पर रखने से अधिगम अधिक होता है।

3. अध्ययन के समय लगातार पुनर्बलन देने से अधिगम प्रभावशाली होता है।
4. छात्र अध्ययन के समय अनुक्रिया करने से ज्यादा सीखता है।
5. छात्रों को उनकी योग्यताओं के अनुसार मौका देने पर अधिगम प्रीभावशाली होता है।

कार्यक्रम अनुदेशन पृष्ठपोषण तकनीक के तौर पर

अभिक्रमित अनुदेशन का विकास मौलिक रूप में छात्रों के अधिगम में बढ़ोतरी करने, उसे प्रभावशाली बनाने तथा व्यक्तिगत भिन्नताओं को सुविधा प्रदान करने हेतु किया गया है। परन्तु शिक्षक–व्यवहार के सुधार हेतु एक पृष्ठपोषण के तौर पर इसका उपयोग किया जा सकता है।

अनुदेशन के अभ्यास से अध्यापन की पाठ्यवस्तु के वास्तविक तौर पर बोध होता है तथा अधिगम–उद्देश्यों की प्राप्ति के लिए व्यवस्था क्रम की जानकारी होती है। यह जानकारी छात्राध्यापकों के लिए पृष्ठपोषण का कार्य करती है और पाठ्यवस्तु के प्रस्तुतीकरण में विकास एवं सुधार करती हैं।

इस विवरण से यह प्रमाणित किया जा चुका है कि छात्राध्यापकों को पाठ–योजना तैयार करके जिस पाठ्य–वस्तु को पढ़ाने के बाद उनसे उसी पाठ्य–वस्तु पर अभिक्रमित–अनुदेशन की रचना करायी जाए और उसके अनुसार दूसरी कक्षा में उसी पाठ्य–वस्तु को पुनः पढ़वाया जापए तो उसकी दोनों कक्षाओं के अध्यापन में महत्त्वपूर्ण अन्तर पाया जाता है।

अभिक्रमित–अनुदेशन से छात्राध्यापकों में अधोलिखित क्षमताओं का विकास किया जाता है। इसे उपचारी अध्यापन में प्रयुक्त करते हैं–

(1) पाठ्य–वस्तु का तत्त्वों में विश्लेषण करना और सीखने के क्रम में व्यवस्था करने की क्षमताओं का विकास किया जा सकता है।

(2) पाठ्य–वस्तु को छोटे-छोटे क्रमबद्ध पदों के तौर पर प्रस्तुत करने को क्षमताओं का विकास किया जा सकता है।

(3) प्रस्तुतीकरण से छात्रों की अनुक्रियाओं को अवसर देना तथा उनके सही उत्तर को पुनर्बलन प्रदान करने की क्षमताओं का विकास किया जा सकता है।

(4) अधिगम उद्देश्यों की प्राप्ति के लिए समुचित व्यक्तियों का चुनाव करके प्रयुक्त करने की योग्यताओं का विकास किया जा सकता है।

(5) छात्रों को प्रस्तुतीकरण में तत्पर रखने के लिए समुचित प्रविधियों को प्रयुक्त करने का विकास किया जा सकता है।

(6) शिक्षण में व्यक्तिगत भिन्नताओं को ध्यान में रखकर छात्रों को अवसर प्रदान करने की क्षमताओं का विकास किया जा सकता है।

(7) अभिक्रमित–अनुदेशन की रचना के अभ्यास से छात्राध्यापकों में उद्देश्यों को व्यापारिक रूप से लिखने तथा उनके लिए समुचित अधिगम परिस्थितियाँ पैदा करने की योग्यता को विकसित किया जा सकता है।

संप्रत्यय उपलब्धि आदर्श का अभिप्राय

कुछ ऐसे प्रतिमान होते हैं जिसके द्वारा विद्यार्थी वातावरण के अलग-अलग पदार्थों में समानताएँ और उनमें सम्बन्ध स्थापित करना सीखता है, इसे ही संप्रत्यय उपलब्धि प्रतिमान कहा जाता है। वातावरण में कई प्रकार की वस्तुएँ भरी हुई होती हैं क्योंकि हमारा वातावरण बड़ा जटिल किस्म का है। इस संप्रत्यय उपलब्धि (Concept Attainment) द्वारा कथनों को जाना जाता है और इस प्रकार के ज्ञान से छात्रों की बौद्धिक क्षमताओं का विकास होता है। इस प्रतिमान के द्वारा आगमन तर्क (Inductive Reasoning) का विकास भी होता है।

जब सम्बन्धित प्रत्यय हमारे सामने आते हैं तो संप्रत्यय निर्माण (Concept Formation) का कार्य होता है। इसीलिए ये कहा जा सकता है कि संप्रत्यय निर्माण एक अन्वेषणात्मक कार्य (Research Work) है और इस अन्वेषण से उपलब्ध संप्रत्ययों की सही प्रकार से उपलब्धि पर ध्यान लगाया जाता है।

ब्रूनर का संप्रत्यय उपलब्धि आदर्श

जेरम ब्रूनर और उसके साथियों (Jerome Bruner et al.) ने 1956 में अपने अनुसन्धानों के परिणामस्वरूप संप्रत्यय उपलब्धि प्रतिमान प्रस्तुत किया। इसकी कुछ मुख्य बातें निम्नलिखित हैं–

1. हमारा वातावरण बहुत जटिल है और अनन्त विविध वस्तुओं से भरा पड़ा है। हम इन वस्तुओं में भेद करना; पहचानना, उनका वर्गीकरण करना और सम्बन्धित प्रत्ययों का निर्माण करना जानते हैं तभी इस वातावरण में समायोजित कर पा रहे हैं।
2. (a) संप्रत्यय उपलब्धि (Concept Attainment) का काम तभी होगा जब सम्बन्धित प्रत्यय इस प्रकार की उपलब्धि के लिए हमारे सामने होंगे।

(b) संप्रत्यय निर्माण (Concept Formation) की क्रिया का संप्रत्यय उपलब्धि से पहले घटित होना बहुत आवश्यक है।

(c) संप्रत्यय निर्माण एक अन्वेषणात्मक कार्य का सूचक है।

3. एक संप्रत्यय तीन तत्त्वों से बना हुआ है। (क) उदाहरण (Examples) (ख) गुण (Attributes) (ग) गुण-धर्म (Attribute Values)।

संप्रत्यय उपलिब्ध आदर्श की रचना

इसका वर्णन निम्नलिखित प्रकार से किया जा सकता है–

1. संरचना–इस तत्त्व के तहत प्रतिमान को उपयोग में लाने से सम्बन्धित अलग-अलग अवस्थाओं और क्रियाओं का वर्णन किया जाता है। यह तत्त्व निम्नवत चार अवस्थाओं से गुजरता है–

;पद्ध विद्यार्थी इन सूचनाओं के विश्लेषण की रिपोर्ट लिखित तौर पर तैयार करते हैं।

;पपद्ध असंगठित सूचनाओं के आधार पर छात्र संप्रत्यय की रचना करते हैं।

;पपपद्ध छात्रों को सूचना प्रदान की जाती है जिससे (Concept)वे उदाहरणों द्वारा प्रत्ययों (Concepts) को जान लें।

;पअद्ध छात्र उस दी हुई सूचना का विश्लेषण करते हैं।

इस तरह से संप्रत्ययों (Concepts) की उपलब्धि (Attainment) होती है।

2. उद्देश्य–छात्र के वातावरण के संदर्भ में विशिष्ट अध्यापन प्रयोजनों पर प्रकाश निक्षेप करना इस तत्त्व का कार्य है। इस प्रतिमान का मुख्य प्रयोजन बच्चों में आगमन तर्क (Inductive Reasoning) का विकास करना है। विद्यार्थी प्रक्रिया का विवरण करके घटनाओं, व्यक्तियों, वस्तुओं इत्यादि को वर्गों में बाँटने का ज्ञान सीखते हैं।

3. उपयोग–इस प्रतिमान का उपयोग भाषा सीखने तथा गणित सीखने के लिए लाभदायक माना गया है। इनके अतिरिक्त उपयोगों के ज्ञान के लिए भी यह प्रतिमान उपयोग किया जाता है।

4. सामाजिक प्रणाली–शिक्षक सारी क्रियाओं पर अपना नियन्त्रण रखता है और तर्क इत्यादि करने के लिए छात्रों को स्वतन्त्रता देता है। विविध अवस्थाओं में तर्क के बाद ऐसी स्थिति आती है कि विद्यार्थी खुद प्रत्ययों (Concepts) तथा व्यूह रचनाओं (Strategies) का विश्लेषण प्रांरभ कर देते हैं। अध्यापक उन्हें इस काम के लिए उत्साहित करता है।

5. अवलम्ब प्रणाली अथवा मूल्याँकन प्रणाली—इस तत्त्व के तहत सभी दी गई सूचनाओं की प्रकृति (Nature) एक ही तरह की होनी चाहिए ताकि विद्यार्थी संप्रत्यय को समझ सकें। पाठ्य-पुस्तक भी क्रमानुसार होनी चाहिए ताकि संप्रत्यय का पता चल जाए। मूल्याँकन करने हेतु निबन्धात्मक तथा वस्तुनिष्ठ परीक्षाओं का उपयोग किया जाता है।

संप्रत्यय-उपलब्धि आदर्श की विशेषताएँ

संप्रत्यय-उपलब्धि प्रतिमान की विशेषताएँ निम्नलिखित हैं—

1. इस प्रतिमान द्वारा अनजान प्रत्ययों से परिचय कराया जाता है।
2. जहाँ उदाहरणों के आधार पर संप्रत्ययों को सीखा और समझा जाए वहीं इस प्रतिमान का उपयोग केवल उन्हें हालात में ठीक रहता है।
3. जिस विषय सामग्री में संप्रत्यय अध्यापक की बात की चर्चा ही न हो वहाँ पर इस प्रतिमान का उपयोग नहीं किया जा सकता। उदाहरणार्थ कथनों का ज्ञान देने के लिए और कारण बताने अथवा 'क्यों' का उत्तर देने के लिए इस प्रतिमान का उपयोग नहीं हो सकता। जैसे भारत देश 1947 में स्वतन्त्र हुआ। रेतीले इलाकों में दिन गर्म और रातें ठण्डी क्यों होती हैं? इस प्रकार के अध्यापन में इस प्रतिमान का उपयोग नहीं किया जा सकता।

पूछताछ प्रशिक्षण आदर्श

रिचार्ड सचमैन ने पूछताछ प्रशिक्षण प्रतिमान का विकास किया। विद्यार्थी में वैज्ञानिक ढंग से पूछताछ अथवा पृच्छा कौशल का विकास करने के उद्देश्य से उह्रोंने इस प्रतिमान का विकास किया। पूछताछ प्रतिमान के सन्दर्भ में सचमैन साहब (Mr. Suchman) अपने कुछ विशिष्ट मत रखते थे। उनके इन्हीं विशेष विचारों को इस प्रतिमान का दर्शन (Philosophy) कहा जा सकता है। ये मत संक्षेप में निम्नलिखित हैं—

(i) किसी भी व्यक्ति को पूछताछ प्रक्रिया (Inquiry Process) से अवगत कराया जा सकता है और वह अपने सोच-विचार करने के तरीकों और युक्तियों का ठीक प्रकार विश्लेषण करना सीख सकता है।

(ii) किसी भी चीज को खोजने और उसे ठीक प्रकार से समझने के लिए जितने तरीके और युक्तियों का किसी व्यक्ति को पहले से ज्ञान है,

उनके अतिरिक्त उसे और भी उपर्युक्त नये विधियों और युक्तियों का ज्ञान कराया जा सकता है।

(iii) पूछताछ प्रक्रिया में परस्परिक सहयोग का काफी योगदान रहता है और इस तरह सहयोगियों की मदद और विचारों द्वारा ज्ञान के कलेवर में बढ़ोतरी की जा सकती है।

(iv) स्वाभाविक रूप से किसी पहेली को सुलझाने या समस्या से निपटने के लिए हम सभी पूछताछ प्रक्रिया की मदद लिया करते हैं।

(v) किसी प्रश्न का कोई एक उत्तर नहीं होता। किसी बात को कहने के पृथक्-पृथक् ढंग हो सकते हैं और किसी समस्या का सही हल निकालने के कई तरीके।

पूछताछ प्रशिक्षण आदर्श के तत्त्व

पूछताछ प्रशिक्षण प्रतिमान के मूल तत्त्व निम्नलिखित हैं–

1. लक्ष्य अथवा केन्द्र बिन्दु–विद्यार्थियों में ज्ञानात्मक कौशलों का विकास करना इस प्रतिमान का मुख्य प्रयोजन है। विद्यार्थी प्रकृति से जिज्ञासु होते हैं और वे खुद खोज द्वारा वस्तु और घटनाओं के विषय में प्रश्न पूछते हुए अपनी जिज्ञासा की तृप्ति करते हैं। इस प्रतिमान द्वारा निजी क्षमताओं का विकास उपयुक्त ढंग से हो सकता है। छात्रों को स्वतन्त्र तौर पर सीखने और पूछताछ करने योग्य बना देता है। विद्यार्थी जटिल से जटिल कठिनाई का सामना करके, उसे हल करने हेतु खुद ही तैयार हो जाते हैं। किसी अमुक घटना अथवा बात के मूल में वास्तविक वजह क्या है, को जानने की प्रयास करते हैं।

2. संरचना–इस प्रतिमान की संरचना की पाँच अवस्थाएँ (Phases) हैं–

(i) प्रयोगीकरण के लिए आँकड़े इकट्ठा करने की प्रक्रिया–प्रयोगीकरण में आँकड़े इकट्ठे करके मुख्य दो कार्य होते हैं–

(a) प्रत्यक्ष प्रशिक्षण–इसमें किसी उपकल्पना अथवा सिद्धान्त का परीक्षण किया जाता है।

(b) अन्वेषण–इसमें स्थिति को बदलकर होने वाले परिवर्तन को देखा जाता है।

(ii) सूचनाओं का संगठन–इसमें आँकड़े इकट्ठे करते समय प्राप्त सूचनाओं को संगठित किया जाता है। छात्रों से यह आशा की जाती है कि वे–

(a) संग्रह किए हुए आँकड़ों से सार्थक परिणाम निकालने का प्रयत्न करें।

(b) प्रस्तुत समस्या के समाधान में निहित कारणों की सर्वोत्तम ढंग से व्याख्या करें।

;पपपद्ध समस्या का सामना करना—इस अवस्था में अध्यापक छात्रों के सामने किसी घटना अथवा कठिनाई को प्रस्तुत करता है, पूछताछ नियमों की जानकारी भी देता है। अध्यापक छात्रों को बताता है कि उन्हें पूछताछ किस तरह करनी है। इसमें मूल बात यह है कि इसके द्वारा छात्रों को पूछताछ करने के सही तरीके का सही प्रशिक्षण मिल जाना चाहिए। प्रारंभ में प्रश्न ऐसे पूछे जाने चाहिए जिनके उत्तर 'हाँ' अथवा 'न' में हों। विद्यार्थी अपनी सभी परिकल्पनाओं (Hypotheses) की जाँच हेतु सूचनाएँ इकट्ठी करते हैं। पुस्तकें पढ़ने तथा मददगार सामग्री का उपयोग करने की आजादी होती है।

(iv) पुष्टीकरण के लिए आँकड़ों का संग्रह—इसमें पुष्टीकरण (Verification) हेतु आँकड़े इकट्ठे किए जाते हैं। यह कार्य निम्न दो तरह से होता है—

(a) समस्या अथवा घटना जिन परिस्थितियों में घटित होती है, उसके बारे में आवश्यक खोज और उपयोग किए जाएँ। पुष्टीकरण के दौरान वस्तुओं, विशेषताओं, स्थितियों और घटनाओं के बारे में प्रश्न पूछ सकते हैं।

(b) छात्रों द्वारा ऐसे प्रश्न पूछे जाते हैं जिनका उत्तर अध्यापक द्वारा केवल 'हाँ' अथवा 'न' में दिया जाए।

(v) पूछताछ प्रक्रिया का विश्लेषण—इसमें विद्यार्थी को उसकी पूछताछ की पद्धति का विश्लेषण करने को कहा जाता है। सम्पूर्ण पूछताछ प्रक्रिया में पूछे गए प्रश्नों, एकत्रित की गई सूचनाओं का मूल्याँकन और विश्लेषण है।

3. सामाजिक प्रणाली—पूछताछ प्रशिक्षण प्रतिमान, सामाजिक प्रणाली के नियन्त्रण को बहुत ज्यादा महत्त्व देता है लेकिन फिर भी जहाँ तक विचारों के आदान-प्रदान का प्रश्न है, विद्यार्थी और अध्यापक दोनों ही इस प्रतिमान में बराबर की भूमिका निभाते हैं। अध्यापक को सभी स्थितियों में इस प्रकार की अनुक्रिया करनी होती है कि छात्रों को पूछताछ करने और इस दिशा में ठीक प्रकार आगे बढ़ते रहने के लिए अधिक-से-अधिक प्रोत्साहन मिलता रहे। धीरे-धीरे जैसे-जैसे विद्यार्थी पूछताछ करने के ढंग से परिचित होने लगते हैं, नियन्त्रण कम होने लगता है और छात्रों को अधिक सक्रिय सहयोग के अवसर दिए जाते हैं। उन्हें सोचने विचारने की ओर इस तरह प्रेरित किया जाता है कि वे समस्या का समाधान करने और रहस्यों की खोज करने के वैज्ञानिक ढंग का

प्रशिक्षण प्राप्त कर सकें। इस प्रतिमान की सफलता अध्यापक और छात्रों के पारस्परिक मदद पर ही निर्भर करती है।

4. मूल्याँकन प्रणाली—इस प्रतिमान के उपयोग के लिए अध्यापक को निम्न तरह की अतिरिक्त मदद की आवश्यकता पड़ती है।

(i) लिखित तौर पर किसी समस्या अथवा घटना का वर्णन करने वाली सामग्री।

(ii) पूछताछ करने के सही तरीकों और युक्तियों के बारे में सही प्रशिक्षण व छात्रों के ज्ञान के स्तर की जानकारी।

5. प्रयोग—अधिकतर इस प्रतिमान का उपयोग विज्ञान के विषयों हेतु ज्यादा लाभदायक रहता है। इस प्रतिमान का विकास प्राकृतिक विज्ञानों (Natural Sciences) के लिए किया गया था। किसी भी मुश्किल अथवा समस्यात्मक परिस्थिति को सुलझाने हेतु यह प्रतिमान बहुत लाभदायक सिद्ध होता है।

पूछताछ प्रशिक्षण आदर्श की विशेषताएँ

पूछताछ प्रशिक्षण प्रतिमान की विशेषताएँ निम्नांकित हैं—

1. यह प्रतिमान बौद्धिक क्षमताओं का विकास करता है।
2. विद्यार्थी खुद उपकल्पनाओं (Hypotheses) का विकास करके उनकी जाँच करते हैं और परिणाम निकालते हैं।
3. स्वतन्त्र तौर पर यह पूछताछ करने के प्रशिक्षण पर केन्द्रित रहता है।
4. इस प्रतिमान में अध्यापक व छात्र की भूमिकाओं का बराबर महत्त्व होता है।
5. इस प्रतिमान में विद्यार्थी आजाद तौर पर प्रश्न पूछते हैं।
6. इस प्रतिमान में अध्यापक का नियन्त्रण धीरे-धीरे घटता जाता है और छात्र पूछताछ के नियम समझने के बाद स्वतन्त्र हो जाता है।
7. इस प्रतिमान में 'हां' अथवा 'नहीं' में उत्तर दिए जाते हैं।
8. अध्यापक का काम समस्यात्मक परिस्थिति को छात्रों के सामने प्रस्तुत करना होता है।

अध्यापन व उसके मिलते-जुलते संप्रत्ययों को एक-दूसरे से पृथक् करना

शिक्षा की इस दुनिया में अध्यापन के अलावा हम दूसरे संप्रत्ययों का भी उपयोग करते हैं और भूल से अध्यापन तथा इन संप्रत्ययों को एक दूसरे का

पर्यायवाची भी मान लेते हैं। अध्यापन से मिले-जुले कुछ संप्रत्ययों–(1) प्रशिक्षण (Training) (2) अनुदेशन (Instruction) (3) अनुबन्धन (Conditioning) (4) प्रतिपादन (Indoctrination) आदि हैं। यहाँ हम अध्यापन से इनका क्या सम्बन्ध इस विषय पर प्रकाश निक्षेप करेंगे।

1. अध्यापन और प्रतिपादन–अध्यापण की प्रक्रिया में प्रतिपादन (Indoctrination) को उच्चतम और सर्वोत्तम चरण माना जाता है। बाकी सभी संप्रत्यय (Concepts) अध्यापन एवं प्रतिपादन के बीच में आते हैं। प्रतिपादन की मदद से मनुष्य के व्यक्तित्त्व में आदर्श और मूल्यों की स्थापना की जाती है। अध्यापन के इस स्तर पर मनुष्य से दूसरे स्तरों की तुलना में अधिक ऊंचे स्तर की बुद्धि के प्रदर्शन की आशा की जाती है।

प्रतिपादन के तहत विश्वास और व्यवहार को बदलने का कोशिश किया जाता है। इसके लिए बालकों को कोई तर्क नहीं समझाया जाता। महान पुरुष, राजनीतिज्ञ, धर्माधिकारी, शासनाधिकारी इत्यादि प्रतिपादन की मदद से व्यक्तियों को अपनी विचारधारा, विश्वास और काम शैली के रंग में रंगने में सफल हो जाते हैं। अध्यापक भी यदा-कदा प्रतिपादन की शैली को अपनी अध्यापन प्रक्रिया में शामिल कर लेता है। इस प्रकार से प्रतिपादन अध्यापन का एक अंग तो बन सकता है, परन्तु पर्याय नहीं। कोई भी अध्यापक प्रतिपादन के बिना भी अध्यापन प्रदान कर सकता है, किन्तु अध्यापन प्रक्रिया व प्रयोजनों के बिना प्रतिपादन का अस्तित्त्व सम्भव नहीं है।

2. अध्यापन और प्रशिक्षण–प्रशिक्षण को अध्यापन का ही एक अंग माना जाता है। जितना अधिक-से-अधिक बुद्धि का प्रदर्शन प्रशिक्षण में होगा उतना ही यह प्रशिक्षण अध्यापन प्रक्रिया (Teaching Process) के समीप होता चला जाएगा। इससे प्रशिक्षण की अध्यापन के साथ समानता (Similarity) बढ़ती चली जाएगी। ये भी कहा जाता है कि प्रशिक्षण का स्तर अनुबन्धन के स्तर से थोड़ा ऊँचा है। अध्यापन और प्रशिक्षण में अन्तर इस बात पर निर्भर करता है कि बुद्धि का प्रदर्शन कितना हुआ। प्रशिक्षण द्वारा विविध कौशलों का ज्ञान अर्जित किया जाता है। प्रशिक्षण (Training) और अनुबन्धन (Conditioning) में बहुत अधिक समानता पाई जाती है और अध्यापन और प्रशिक्षण में कम। अध्यापन और प्रशिक्षण में मुख्य अन्तर बुद्धि की मात्रा का उपयोग है।

3. अध्यापन और अनुदेशन–शिक्षण को एक बड़ा संप्रत्यय माना जाता है और अनुदेशन को उसका एक छोटा-सा भाग। इसलिए अनुदेशन और अध्यापन

एक नहीं हैं तथा अध्यापन में अनुदेशन का समावेश होता ही नहीं। जब कभी अनुदेशन दिया जा रहा है तो इसका अर्थ है कि साफ-साफ अध्यापन भी किया जा रहा है, परन्तु अध्यापन किया जा रहा होता है तो यह आवश्यक नहीं कि उसमें अनुदेशन भी शामिल हो।

अनुदेशन का सम्बन्ध किसी व्यक्ति में किसी वस्तु, प्रणाली अथवा किसी प्रक्रिया के बारे में ज्ञान और समझ पैदा करने से है, परन्तु अध्यापन एक विस्तृत प्रक्रिया है और यह ज्ञान देने तक ही सीमित नहीं है अपितु कार्य और भावना पक्ष को भी साथ लेकर बालक के व्यक्तित्त्व के विकास में मदद करती है।

शिक्षण और अनुदेशन का अन्तर उनमें छुपी हुई प्रक्रियाओं के आधार पर भी समझा जा सकता है। अध्यापन में अध्यापक की उपस्थिति, अध्यापक और छात्र के मध्य चल रहे पारस्परिक आदान-प्रदान और व्यक्तित्त्व सम्बन्धी प्रभाव को बहुत अधिक महत्त्व दिया जाता है। जबकि अनुदेशन में अध्यापक की उपस्थिति और शिक्षक-छात्र अन्तःक्रिया आवश्यक नहीं होती। अध्यापन मशीन, टेप रिकॉर्डर, रेडियो, टेलीविजन, अभिक्रमित अनुदेशन, सहायक सामग्री आदि अध्यापन साधनों द्वारा अनुदेशन की क्रिया सम्पन्न हो सकती है। एक अध्यापक अपने अध्यापन में भी इन सभी अध्यापन साधनों का आवश्यकतानुसार उपयोग करता हुआ देखा जा सकता है। अतः अनुदेशन से सम्बन्धित सभी बातों का तो अध्यापन में समावेश हो सकता है लेकिन अनुदेशन कभी भी अध्यापन की ऊँचाइयों को नहीं छू सकता।

4. अध्यापन और अनुबन्धन—मनुष्य की आदतों के बनाने में अनुबन्धन (Conditioning) का खास सम्बन्ध माना गया है। जानवरों और कई पक्षियों की आदतों के बनाने में भी अनुबन्धन का ही उपयोग होता है। जैसे जब कुत्ते को शिक्षा दी जाती है कि घंटी बजाने की आवाज पर पंजा उठाना है अथवा वांछित क्रिया करनी है, तो इस प्रकार के अध्यापन को अनुबन्धन कहा जाता है। तोते इत्यादि को आदेशों का पालन करने का प्रशिक्षण दिया जाता है। इसी तौर पर अनुबन्धन के माध्यम से पशु, पक्षियों एवं मनुष्यों को विविध संकेत चेतावनी एवं आदेशों का पालन करने के लिए शिक्षा दी जाती है, किन्तु अनुबन्धन की इस प्रक्रिया में मानसिक शक्तियों का विकास (Development of Mental Powers) नहीं होता। इसीलिए अनुबन्धन को अध्यापन के सबसे निचले स्तर का माना जाता है। अतः अध्यापन और अनुबन्ध विभेदीकरण इस तरह कर सकते हैं कि अध्यापक का सम्बन्ध उन व्यवहारों से होता है जिनमें बुद्धि (Intelligence) का

ज्यादा प्रदर्शन होता हो तथा अनुबन्धन की प्रक्रिया में बुद्धि के प्रदर्शन की मात्रा कम होती जाती है।

शिक्षण आदर्श के प्रकार

शिक्षण प्रतिमानों का विभाजन प्रकार से किया गया है। **इजराययल सेफलर** ने तीन दार्शनिक अध्यापन प्रतिमानों का वर्णन किया है। **जॉन पी. डिकेको** ने चार मनोवैज्ञानिक अध्यापन का विवेचन किया है। उन्होंने ग्लेसर के अध्यापन प्रतिमान को एक बुनियादी अध्यापन प्रतिमान (A Basic Model Teaching) माना है। **ई. ई. हेडन** ने चार प्रतिमानों का उल्लेख किया है जो अध्यापक शिक्षा की कठिनाइयों का समाधान करने में सहायक होते हैं। **जॉन पी. डिकेको** ने तीन ऐतिहासिक प्रतिमानों का भी विवेचन किया है। **ब्रूस आर. जुआइस** ने समस्त अध्यापन प्रतिमानों को चार समूहों में विभक्त किया है जिन्हें आधुनिक अध्यापन प्रतिमान **(Modren Teaching Models)** कहा जाता है। इन सभी प्रतिमानों का विभाजन चार प्रकार से किया जाता है–

आधुनिक अध्यापन आदर्श

(अ) सामाजिक अन्तःप्रक्रिया स्रोत

1. सामाजिक अन्वेषण प्रतिमान
2. जूरिस प्रतिभा प्रतिमान
3. सामाजिक पृच्छा प्रतिमान
4. प्रयोगशाला प्रतिमान

(ब) सूचना प्रक्रिया स्रोत

5. निष्पत्ति प्रत्यय प्रतिमान
6. आगमन प्रतिमान
7. पृच्छा प्रशिक्षण प्रतिमान
8. जैविक विज्ञान पृष्छा प्रतिमान
9. अग्रिम व्यवस्थापक प्रतिमान
10. विकासात्मक प्रतिमान

(स) व्यक्तिगत स्रोत

11. दिशहीन अध्यापन प्रतिमान
12. कक्षा-सभा प्रतिमान

13. सर्जनात्मक अध्यापन प्रतिमान

14. अभिज्ञान प्रशिक्षण प्रतिमान

(द) व्यवहार परिवर्तन स्रोत

15. सक्रिय अनुकूल प्रतिमान

वर्तमान अध्यापन आदर्श

बी. आर. जुआइस (Bruce R. Joyce) ने सभी अध्यापन प्रतिमानों की समीक्षा करके उन्हें चार परिवार में विभक्त किया है। इन्होंने प्रतिमानों के वर्गीकरण के लक्ष्य **(Goals)** को आधार माना हैं एक वग्र में सामाजिक अन्तःप्रक्रिया, एक दूसरे वर्ग में सूचना–प्रक्रिया, तीसरे वर्ग में निजी विकास तथा चौथे वर्ग में व्यवहार–परिवर्तन के विकास को महत्त्व दिया है। इन चारों वर्गो के अध्यापन प्रतिमानों का विवेचन विस्तार में यहाँ किया गया है। इन्होंने 'मॉडल ऑफ टीचिंग' पुस्तक लिखी है।

(अ) सामाजिक अन्तःप्रक्रिया प्रतिमान

इस तरह के अध्यापन प्रतिमानों में मनुष्य की सामाजिक क्षमताओं के विकास पर अधिक बल दिया जाता है चूँकि मानव स्वभाव से सामाजिक सम्बन्धों को ज्यादा महत्त्व देता है। इन प्रतिमानों का उपयोग प्रजातन्त्र प्रणाली में प्रभावशाली तरीके से किया जाता है।

इस वर्गीकरण में चार प्रतिमानों को शामिल किया गया है। जिनका वर्णन यहाँ पर किया गया है।

(1) सामूहिक अन्वेषण प्रतिमान

इस समाजिक रचना जॉन डी. वी. किलपैट्रिक ने की है और इसमें समाजीकरण को प्रधानता दी गयी है।

(1) सामाजिक प्रणाली

सामाजिक व्यवस्था प्रजातान्त्रिक होती है। अध्यापक छात्र दोनों ही क्रियाशील रहते हैं। छात्र को सीखने के लिए पूर्ण स्वतन्त्रता दी जाती है। अध्यापक छात्रों को समस्या के समाधान के लिए देता है। अध्यापक तथा छात्र का स्तर समाज होता है परन्तु उनके कार्य अलग-अलग होते हैं। अध्यापक निर्देशक तथा परामर्शदाता का कार्य करता है। अध्यापक को छात्रों की क्रियाओं के सम्बन्ध में स्तर्क रहना पड़ता है।

(2) सहायक प्रणाली

मूल्यांकन में उद्देश्यों तथा छात्रों की आवश्यकता को ध्यान में रखा जाता है। वास्तव में छात्रों की समस्या के समाधान की सार्थकता, प्रतिमान की सफलतार का प्रमुख मापदण्ड होताा है। छात्रों को कठिनाइयों के सम्बन्ध में कितनी सूचनाएँ ज्ञात हैं इसके आधार पर भी मूल्यांकन किया जाता है।

(3) उद्देश्य

इस प्रतिमान का महत्वपूर्ण प्रयोजन सामाजिक–क्षमताओं का विकास करना है जिससे प्रजातान्त्रिक जीवन में छात्र समायोजन कर सकें।

(4) सरंचना

छात्र के समझा समस्या प्रस्तुत की जाती है। समस्या शाब्दिक तौर पर नहीं बल्कि वास्तविक तौर पर प्रस्तुत की जाती है जिससे छात्र को अनुभव प्रदान किए जा सकें। छात्र को अध्यापक द्वारा समस्या दी जाती है। समस्या के प्रतिपादन के पश्चात् वे उसके सामाधान हेतु कोशिश करते हैं। वे खुद क्रियाओं की व्यवस्था करते हैं। अन्त में, वर्ग समस्या के समाधान का मूल्यांकन करता है कि उद्देश्य की प्राप्ति हो सकी है या नहीं इस तरह यह चक्र चलता रहता है।

(5) उपयोग

इस प्रतिमान को सामाजिक अन्तःप्रक्रिया तथा सामाजिक सीखने की प्रक्रिया के लिए प्रयुक्त किया जाता है। विषयों के समस्या–समाधान के लिए भी इसका उपयोग किया जा सकता है।

(2) ज्यूरिस प्रोडेन्सियल प्रतिमान

इस प्रतिमान के प्रवर्तक आलीवर तथा शेवर हैं। इसका उपयोग समायोजन की क्षमताओं के विकास के लिए किया जाता है।

(1) उद्देश्य

सूचनाओं एवं कथनों के आधार पर सामाजिक–समस्या को तर्कपूर्ण ढंग से सोचने तथा समझने की क्षमताओं का विकास करना है।

(2) संरचना

इसको सीखने की परिस्थितियाँ, सामाजिक–जीवन की कठिनाइयों को पहिचानने से आरम्भ होती है। इन कठिनाइयों को अध्यापक तथा छात्रों के समझा

प्रस्तुत किया जाता है। कक्षा तथा सामाजिक तनावों से भी समस्या पैदा हो जाती है। अध्यापक को विविध प्रकार की क्रियाएँ करनी होती हैं जिनकी मदद से छात्र तथा अध्यापक के मध्य अन्तःप्रक्रिया होती है।

(३) सामाजिक प्रणाली

ज्यूरिस प्रोन्सियल प्रतिमान से छात्र में शिक्षकों की सुनिश्चित क्रियाओं द्वारा समााजिक समस्या के समझने की क्षमताओं का विकास किया जाता है। छात्रों को अपने विचारों को अभिव्यक्त करने की पूर्ण स्वतन्त्रता होती है।

(4) सहायक प्रणाली

इस प्रतिमान के माध्मय से ऐसी परिस्थितियाँ पैदा करने का कोशिश किया जाता है जिससे बौद्धिक तथा सामाजिक विकास होता है। इस प्रतिमान के मूल्यांकन में दो बातों को ध्यान में रखा जाता है।

(1) वालक मुश्किल समाधान हेतु जरूरी सूचनाएँ एकत्रित कर सकते हैं अथवा नहीं और

(2) बातचीत में छात्र न्याय–संगत स्थिति का अनुकरण कर सकते हैं अथवा नहीं। इससे यह विदित हो जाता है कि छात्र कहाँ तक जीवन की कठिनाइयों को सामाजिक मूल्यों से सम्बन्धित कर सकते हैं।

इस प्रतिमान का उपयोग छात्रों की क्षमताओं के विकास हेतु किया जाता है। इसस वे सामाजिक कठिनाइयों का विश्वलेषण कर सकते हैं एवं सामाजिक मूल्यों को महत्त्व दे सकते हैं। इनको समाजिक क्षमताओं के विकास हेतु भी प्रयुक्त किया जाता है।

(३) सामाजिक पृच्छा आदर्श

इस अध्यापन प्रतिमान के प्रवर्तक *फोकस वइरोन* माने जाते हैं। इससे सामाजिक कठिनाइयों के निदान की क्षमताओं का विकास किया जाता है।

(1) सामाजिक प्रणाली

शिक्षक छात्रों हेतु परामर्शदाता का कार्य करता है। छात्रों के चिन्तन (Reflective) स्तर के विकास के लिए ज्यादा अवसर दिया जाता है। अध्यापक यह प्रयत्न करता है कि छात्र स्वयं को समझ सके एवं मार्ग को स्वयं निर्धारित कर सके।

शिक्षक छात्रों को प्रोत्साहित करता है जिससे छात्र सोपानों का अनुसरण समुचित ढंग से करें। वाद—विवाद को स्वतन्त्र तौर पर व्यस्थित किया जाता है जिससससे समानता का अवसर दिया जा सके।

(2) सहायक प्रणाली

इस प्रतिमान का मूल्यांकन करना कठिन है क्योंकि इसके मूल्यांकन में छात्रों को सूचनाएँ एकत्रित करने की क्षमता, परिकल्पनाओं का परिभावीकरण् प्रदत्तों का संकलन तथा समस्या के समाधान के कथनों को ही ध्यान में रखा जाता है। मूल्यांकन में निबन्धात्मक परीक्षाओं को भी प्रयुक्त किया जा सकता है।

(3) उद्देश्य

इस प्रतिमान का उद्देश्य सामाजिक विषयों का ज्ञान कराना है। इसमें ज्ञानात्मक पक्ष के उद्देश्यों की प्राप्ति को ज्यादा महत्त्व दिया जाता है।

(4) संरचना

इस प्रतिमान में छः सोपानों का अनुकरण किया जाता है—पहले सोपान में समस्या के कथन की व्याख्या की जाती है जिसे शुरूआती बिन्दु मानते हैं। द्वितीय सोपान में समस्या हेतु परिकल्पनाओं का प्रतिपादन किया जाता है जो सूचनाएँ एकत्रित करने हेतु दिशा प्रदान करती है। तृतीय सोपान में परिकल्पनाओं के चरों का विश्लेषण किया जाता है जिससे समाधान का स्पष्टीकरण होता है। चतुर्थ सोपान में परिकल्पनाओं की तर्कपूर्ण ढंग से वैधता एवं विश्वसनीयता निर्धारित की जाती है। पंचम सोपन में परिकल्पनाओं की पुष्टि हेतु कथनों तथा प्रदत्तों को एकत्रित किया जाता है। षष्टम सोपाम में समस्या के समाधान का कथन के तौर पर उल्लेख किया जाता है इसे सामान्यीकरण भी कहते हैं।

(5) उपयोग

इस प्रतिमान का उपयोग छात्रों में सामाजिक कठिनाइयों के चिन्तन के लिए किया जाता है। समस्या के समाधान के लिए प्रयुक्त किए जाने वाले सोपानों का भी बोध होता है। यह प्रतिमान सामाजिक सन्दर्भ में कथनों के बोध के लिए अधिक महत्त्वपूर्ण माना जाता है।

(4) प्रयोगशाला विधि प्रतिमान

इस अध्यापन प्रतिमान की रचना बेदल तथा मेने ने की है। इसमें सामूहिक कौशल का विकास किया जाता है जिससे छात्र समायोजन कर सकें

(1) उद्देश्य

छात्रों के पारस्परिक सम्बन्धों के विकास के साथ ही लचीलेपन की क्षमताओं को विकसित करना तथा समायोजन की क्षमताओं को बढ़ाना है।

(2) सामाजिक प्रणाली

छात्र-अध्यापक को अध्यापन में अथिक क्रियाशील रहना है। सामजिक अभिप्रेरणा का विशेष महत्त्व है। प्रषिक्षण परिस्थितियाँ प्रजातान्त्रिक होती हैं। छात्र और अध्यापक को समान स्थान दिया जाता है। इसमें निजी विकास एवं सम्प्रेषण को ज्यादा प्रधानता देते हैं।

(3) सहायक प्रणाली

इस प्रतिमान का मूल्यांकन करना कठिन है चूँकि इसके मूल्यांकन में बालकों को सूचनाएँ इकट्ठा करने की क्षमता परिकल्पनाओं का परिभाषीकरण् प्रदत्तों का संकलन एवं समस्या के समाधान के कथनों कों ही ध्यान में रखा जाता है। मूल्यांकन में निबन्धात्मक परीक्षाओं को भी प्रयुक्त किया जा सकता है।

(4) संरचना

प्रशिक्षण—प्रयोग की रूपरेखा की व्यवस्था सामूहिक विकास के लिए की जाती है। इसलिए इनकी सुनिश्चित संरचना निर्धारित करना कठिन है। प्रत्येक प्रशिक्षण की रूपरेखा भिन्न होती है। प्रयोगशाला—प्रशिक्षण में अभ्यासों, सिद्धान्तों तथा प्रशिक्षण समूह की प्रकृति एवं आवश्यकताओं को ध्यान में रखा जाता है। प्रत्येक समूह की प्रकृति एवं आवश्यकताओं को ध्यान में रखा जाता है। प्रत्येक समूह की अपनी विशेषताएँ होती हैं। अन्य साथियों की क्रियाओं का पर्यवेक्षण करना होता है तथा कौशल के विकास के लिए क्रियाओं का पर्यवेक्षण करना होता है। कौशल के विकास के लिए अभ्यासों कमी रूपरेखा तैयार की जाती है।

(5) उपयोग

इस प्रतिमान का उपयोग आपसी सम्बन्धों के विकास के लिए किया जाता है जिससे बालकों में समायोजन तथा लचीलेपन की क्षमताओं का विकास होता है।

(ब) सूचना प्रक्रिया प्रतिमान

इस तरह प्रतिमानों के माध्यम से छात्रों को सूचना तथा कथनों का बोध कराया जाता है। इनमें समस्या के समाधान एवं तथ्यों, प्रत्ययों के बोध के लिए

उद्दीपन तथा समुचित वातावरण को पैदा किया जाता है। इनके उपयोग से छात्रों की सामान्य बौद्धिक क्षमताओं का विकास किया जाता है। इस वर्ग छः प्रतिमान शामिल किए जाते हैं। इनका संक्षिप्त विवरण निम्नांकित है—

(5) प्रत्यय निज्ञत्ति आदश

इनका विकास जे. ब्रूनर ने किया है। यह प्राथमिक तौर पर आगमन तर्क के विकास के लिए लाभदायक है।

(1) उद्देश्य

इस प्रतिमान के माध्यम से भाषा का बोध एवं कौशल का विकास करना है। मुख्य रूप से आगमन तर्क (Inductive Reasoning) का विकास करना है।

(2) संरचना

इस प्रतिमान में चार सोपानों का अनुसरण किया जाता है। प्रथम सोपान के प्रारम्भ में प्रदत्तों को प्रस्तुत किया जाता है। द्वितीय सोपान में छात्र प्रत्यय की आव्यूह का विश्लेषण करता है। इसमें बालक अपने सीखने की गति का अनुसरण करता है। तृतीय सोपान में वह प्रत्ययों के विश्लेषण का आलेख लिखित तौर पर प्रस्तुत करना है। इस सोपान का लक्ष्य ज्ञान बढ़ोतरी करना है। चतुर्थ सोपान में छात्र प्रत्ययों के लिए अभ्यास करते है। इस सोपाने में छात्रों को प्रत्यय—विकास में मदद दी जाती है।

(3) सामाजिक प्रणाली

इस प्रतिमान के आरम्भ में अध्यापक छात्रों की अधिक मदद करता है, उन्हें प्रोत्साहित करता है। अन्त में अध्यापक छात्रों को ऐसी दशा प्रदान करता है कि छात्र अपने प्रत्ययों तथा आव्यूड का विश्लेषण करने के लिए अभिप्रेरणा भी देता है। छात्र सबसे सरल एवं प्रभावशाली आव्यूह का चुनाव करता है।

(4) सहायक प्रणाली

इस प्रतिमान में पाठ्यवस्तु की व्यवस्था इस प्रकार की जाती है जिससे प्रत्ययों का बोध हो सके। अतएव इसमें इस प्रकार की आव्यूह (Strategy) प्रयुक्त की जाती है जिससे नये प्रत्ययों का बोध कराया जा सके। मूल्यांकन में वस्तुनिष्ठ तथा निबन्धात्मक परीक्षाओं को प्रयुक्त किया जा सकता है। लिखित परीक्षाएँ ही अधिक उपयोगी मानी जाती हैं।

(5) उपयोग

प्रत्यय–निष्पत्ति–प्रतिमान का उपयोग व्यापक तौर पर किया जाता है। भाषा के सीखने तथा प्रत्यय–निष्पत्ति के लिए अधिक उपयोगी है। विशेष रूप से भाषा विज्ञान तथा व्याकरण के लिए अधिक महत्त्वपूर्ण प्रतिमान माना जाता है। जब कभी अध्यापक अपने अध्यापन से छात्रों को किसी कथ्य का सही बोध नहीं करा पाते हैं तब इसी प्रतिमान को प्रयुक्त किया जाता है। इसका उपयोग दूरदर्शन (Television) पर भी किया जा सकता है।

(6) आगमन आदर्श शिक्षण

इस अध्यापन प्रतिमान के प्रवर्तक **हिल्दा तबा** हैं। इसका विकास अध्यापक–शिक्षा के लिए किया जाता है जिससे छात्र–अध्यापक अधिगम की समस्या का विश्लेषण कर सकें और निदान के आधार पर उपचार कर सकें।

(1) प्रयोजन

इसका मुख्य उद्देश्य मानसिक प्रक्रियाओं का विकास करना तथा सिद्धान्तों का बोध कराना हैं।

(2) सामाजिक प्रणाली

इस प्रतिमान में कक्षा का वातावरण बालकों की क्रियाओं के लिए ज्यादा अवसर प्रदान करता है। अध्यापक अपनी क्रियाएँ छात्रों की क्रियाओं सें प्रारम्भ करता है। अध्यापन की क्रियाओं के क्रम को पहले ही निश्चित कर लिया जाता है। अध्यापक छात्रों के व्यवहार तथा क्रियाओं को नियन्त्रित करता है। कक्षा में मदद की भावना रहती है। हरएक सोपान में शिक्षक निर्देशक का काम करता है। अध्यापक ज्ञानात्मक पक्ष के विकास के लिए प्रश्नों का अधिक उपयोग करता है। अध्यापक छात्रों को नये अनुभवों हेतु तैयार करता है। इसमें इस प्रकार के अनुभव प्रदान किए जाते हैं जिससे ज्ञानात्मक पक्ष का विकास किया जा सके।

(3) सहायक प्रणाली

इस प्रतिमान के लिए 'तबा' (Taba) ऐसी अध्यापन आव्यूह को सम्मान देता है जिसका उपयोग सामाजिक विषयों के ज्ञान हेतु किया जा सकता है। इसमें कथनों प्रदत्तों एवं सूचनाओं के बोध पर विशेष जोर दिया जाता है। अतएव

मूल्यांकन में वस्तुनिष्ठ परीक्षाओं को प्रयुक्त किया जाता है। निबन्धात्मक परीक्षाएँ इसमें अधिक लाभदायक नहीं होती हैं।

(4) संरचना

इस प्रतिमान में मानसिक प्रक्रियाओं के विकास के लिए परिस्थितियाँ पैदा की जाती हैं जिससे प्रत्ययों का विकास एवं बोध होता है। नियमों, प्रत्ययों एवं विचारों के उपयोग को भी ध्यान में रखा जाता है। अध्यापन आव्यूह में क्रियाओं को ऐसे क्रम में प्रस्तुत किया जाता है जिससे प्रत्ययों का बोध हो सके। अध्यापन की क्रियाओं का क्रम ही उसकी संरचना प्रस्तुत करता है। इसमें सामूहिक बातचीत को कोई जगह नहीं दिया जाता है। सूचनाओं और कथनों को जटिल तौर पर प्रस्तुत किया जाता है। इसकी आव्यूह में सुनिश्चित सोपानों का अनुसरण किया जाता है। इन सोपानों का क्रम इस तरह है–

प्रथम सोपान में अध्यापन क्रियाओं की सूची तैयार की जाती है।

द्वितीय सोपान में अध्यापन क्रियाओं को वर्गों में बाँटा जाता है।

तृतीय सोपान में अध्यापन क्रियाओं का स्पष्टीकरण किया जाता हैं।

चतुर्थ सोपान में अध्यापन क्रियाओं की दिशा तथा सम्बन्धों का निर्धारण किया जाता है।

पंचम सोपान में अध्यापन क्रियाओं की दिशा तथा सम्बन्धों की व्याख्या की जाती है।

षष्टम सोपान में व्याख्या के आधार पर निष्कर्ष निकाले जाते हैं।

सप्तम सोपान में परिणामों के आधार पर निष्कर्ष निकाले जाते हैं।

अष्टम सोपान में परिकल्पनाओं की व्याख्या की जाती है तथा उनके लिए कथनों तथा प्रदत्तों को प्रस्तुत किया जाता है।

अन्तिम सोपान में परिकल्पनाओं की पुष्टि की जाती है तथा सामान्यीकरण किया जाता है।

(5) उपयोग

इसको 'तबा' (Taba) ने चिन्तन की क्षमताओं को विकास के लिए अधिक उपयोगी माना है। इसको मानसिक क्रियाओं के विकास के लिए प्रयुक्त किया जाता है। इसकी प्राथमिक उपयोगिता चिन्तन–क्षमताओं का विकास करना है। छात्रों को सूचनाओं, कथनों तथा प्रदत्तों का बोध कराने के लिए यह प्रतिमान अधिक प्रयुक्त होता है। सामाजिक विषयों के अध्यापन के लिए यह अधिक

उपयोगी प्रतिमान माना जाता है। विज्ञान की पाठ्यवस्तु के अध्यापन में भी इसे प्रयुक्त करते हैं।

(7) पृक्ष्छा–प्रशिक्षण प्रतिमान

रिचार्ज सममन ने अध्यापन प्रतिमान का विकास किया है। इसमें व्यक्तिगत क्षमताओं का विकास किया जाता है जिससे वह सामाजिक क्षमताओं का विकास और समयोजन कर सके।

(1) उद्देश्य

व्यक्तिगत क्षमताओं का विकास करना तथा सिद्धान्तों का बोध कराना इस प्रतिमान के प्रमुख उद्देश्य हैं।

(2) संरचना

इस प्रतिमान में तीन सोपानों का अनुसरण किया जाता है। प्रथम सोपान में समस्या को पहिचानना जिसमें छात्र तनाव का अनुभव करें। द्विनीय सोपान में समस्या के सम्बन्ध में सूचनाओं को एकत्रित करते है। इसके अतिरिक्त छात्र स्वयं वातावरण की अन्तःप्रक्रिया से प्रदत्तों को एकत्रित कर लेते हैं। तनाव की परिस्थिति के समाधान के लिए परिकल्पनाएँ प्रस्तुत करने के लिए दिशा प्रदान कराता है। तृतीय सोपान में छात्र तथा अध्यापक दोनों ही मिलकर समसया के लिए समुचित आव्यूह के सम्बन्ध में निर्णय लेते हैं। इसके द्वारा छात्रों में कारण–प्रभाव और उनमें सम्बन्ध स्थापित करने की क्षमताओं का विकास होता है।

(3) सामाजिक प्रणाली

कक्षा का वातावरण ऐसा होता है कि अध्यापक ओर छात्र एक–दूसरे को सहयोग देते हैं। अध्यापक का दृष्टिकोण आलोचनात्मक होता है। अध्यापक समस्त क्रियाओं को नियन्त्रित करता है। अध्यापक बौद्धिक वातावरण पैदा करने का प्रयत्न करताा है। अध्यापक छात्रों को सूचनाओं एकत्रित करने के लिए प्रोत्साहित करता है। अध्यापक द्वितीय तथा तृतीय सोपान में अधिक क्रियाशील रहता है और सूचनाओं के एकत्रीकरण में छात्रों की मदद भी करता है।

(4) उपयोग

इस प्रतिमान का उपयोग जीव–विज्ञान के विषयों के लिए किया जाता है। इसके माध्यम से व्यापक प्रत्ययों और उनकी प्रकृति का बोध कराया जाता है।

छात्रों को जीव–विज्ञान की पाठ्य–वस्तु, सूचनाओं, प्रत्यय तथा कथनों का बोध कराया जाता है। छात्रों के आत्म–बोध का विकास इस प्रतिमान के जरिए नहीं किया जा सकता है।

(8) प्रतिपादित अध्यापन प्रतिमान

डेविड आसुबेल ने इस प्रतिमान का विकास किया। इसमें प्रत्ययों और कथनों के बोध से ज्ञान पुंज का विकास किया जाता हैं।

(1) प्रयोजन

प्रत्यय एवं कथनों को बोध कराना तथा ज्ञानात्मक–पक्ष का विकास करना।

(2) संरचना

इसकी बनावट में यह ध्यान रखा जाता है कि पाठ्य–वस्तु का बोध सार्थक तौर पर कराया जा सके। प्रथम सोपान के क्रियाओं को सामान्य तौर पर प्रस्तुत किया जाता है। द्वितीय सोपान में पाठ्य–वस्तु को सीखने के क्रम में विशिष्ट तौर पर प्रस्तुत किया जाता है। अमूर्त पाठ्य–वस्तु के प्रत्ययों को एक क्रमबद्ध तौर पर प्रस्तुत करने का प्रयत्न किया जाता है। उदाहरण के लिए अगर अध्यापक तकनीकी के 'अर्थ एवं परिभाषा' का अध्यापन करना चाहता है तो उसे प्रथम सोपान में सामान्य बातें, शिक्षा तथा उससे क्षेत्रों के सम्बन्ध में बताना चाहिए। द्वितीय सोपान में शैक्षिक तकनीकी के अर्थ और परिभाषा का उल्लेख करना चाहिए जिससे बालक नीवन ज्ञान को सुगमता से सीख सकें।

(3) सामाजिक प्रणाली

'आसुबेल' की यह धारण है कि अमूर्त विचारों को प्रभावशाली तरीके से प्रस्तुत किया जा सकता है। जिस पाठ्य–वस्तु का छात्र विश्लेषण कर लेता है उससे सम्बन्ध स्थापित करते हुए नये ज्ञान का बोध कराया जां सकता है। इसमें अध्यापक का स्थान प्रधान होता है और शिक्षक को ज्यादा क्रियाशील रहना होता है। प्रभुत्ववादी सामाजिक वातावरण पैदा किया जाता है। सीखने की परिस्थितियों के अनुसार अध्यापक क्रियाएँ बदल लेता है। छात्रों और अध्यापक के मध्य अन्तःप्रक्रिया होती है। बालकों को अवसर दिया जाता है कि वे पाठ्य–वस्तु से सम्बन्ध स्थापित कर सकें। अध्यापक छात्रों को अभिप्रेरणा भी देता है।

(4) सहायक प्रणाली

इसमे मूल्यांकन अनुदेशन के आधार पर किया जाता है।

(5) उपयोग

इस प्रतिमान का उपयोग अमूर्त पाठ्य–वस्तु के अध्यापन में किया जाता है। पाठ्य–वस्तु के क्रमबद्ध ज्ञान के लिए यह अधिक उपयोगी प्रतिमान है। प्रत्ययों में सम्बन्ध स्थापित करने के लिए आसुबेल का प्रतिमान अधिक प्रयुक्त होता है। ज्ञानात्मक पक्ष के उच्च स्तर के उद्देश्यों की प्राप्ति के लिए इसका उपयोग किया जाता है।

(9) विकासात्मक प्रतिमान

जीन प्याजे ने इस प्रतिमान का विकास किया है। इसमें बौद्धिक क्षमताओं का विकास करना है तथा तार्किक क्षमताओं के विकास को विशेष महत्त्व दिया जाता है।

(1) उद्देश्य

इसका मुख्य उद्देश्य सामान्य बौद्धिक क्षमताओं का विकास करना है तथा तार्किक क्षमताओं (Logical Reasoning) का विकास करना है।

(2) संरचना

इसके अन्तर्गत दो सोपानों का अनुसरण किया जाता है। प्रथम सोपान में छात्रों को ऐसी परिस्थिति में रखा जाता है जिसमें तर्कपूर्ण चिन्तन की आवश्यकता है। परिस्थिति का स्वरूप ऐसा होना चाहिए जो छात्रों के विकासात्मक स्तर के समान हो। छात्रों की परिस्थिति का पूर्ण बोध होना चाहिए जिससे परिपाक (Assimilation) की ओर बढ़ सकें। द्वितीय सोपान में छात्रों को निर्देशन दिया जाता है जिससे छात्र परिस्थिति की समस्या कमजोरियों को दूर कर सकें।

(3) सामाजिक प्रणाली

शिक्षक छात्रों के लिए भौतिक तथा सामाजिक वातावरण पैदा करता है जिससे छात्रों को उद्देश्य की प्राप्ति की क्रियाओं के लिए अवसर मिलता है। अध्यापक तथा छात्रों के मध्यःप्रक्रिय होती है। छात्र के विचरों के आदान–प्रदान के लिए पूरी स्वतन्त्रता दी जाती है। अध्यापक का कार्य छात्रों को निर्देशन देना है।

अध्यापक छात्र को अधिक क्रियाशील रखता है। अध्यापक ही क्रियाओं को आरम्भ करता है। छात्रों को भौतिक तथा सांसरिक वस्तुओं से अवगत कराया जाता है।

(4) सहायक प्रणाली

इसका मूल्यांकन वातावरण के स्रोत तथा अध्यापक के विकासात्मक सिद्धान्त की सार्थकता से किया जाता सकता है। छात्रों की ज्ञानात्मक समस्या के समाधान की क्षमताओं को विशेष महत्त्व दिया जाता है। मूल्यांकन के लिए निबन्धात्मक परीक्षाएँ प्रयुक्त की जाती है।

(5) उपयोग

'प्वाजे' के प्रतिमान का उपयोग ज्ञानात्मक तथा सामाजिक क्षमताओं के विकास के लिए किया जाता है। अनुदेशन पद्धति के निदान में भी प्रयुक्त किया है। तर्कपूर्ण चिन्तन के विकास के लिए ज्यादा उपयोगी माना जाता है। बालक के ज्ञानात्मक विकास के लिए समुचित वातावरण पैदा हुआ या नहीं, इसके सम्बन्ध में निर्णय लिया जाता है।

(स) निजी स्रोत प्रतिमान

इन प्रतिमानों के माध्यम से व्यक्तिगत विकास को अधिक महत्त्व दिया जात है। इसमें मनुष्य के भावात्मक पक्ष के विकास पर ज्यादा बल दिया जाता है। ये प्रतिमान बालक की आन्तरिक व्यवस्था के विकास को प्रमुखता देते हैं जिससे बालकों में आत्मबोध तथा आत्मचिन्तन का विकास होता है।

इस वर्ग के अध्यापन में चार प्रतिमानों को शामिल किया गाय है। इनका संक्षिप्त विवरण यहाँ किया गया है।

(10) दिशाहीन अध्यापन प्रतिमान

इस अध्यापन प्रतिमान के प्रवर्तक **कार्ल–रोजर्स** हैं। इसमें स्वतः अनुदेशन की क्षमता से निजी क्षमताओं का विकास किया जाता है।

(1) प्रयोजन

इस प्रतिमान को 'कार्ल रोजर' ने निजी विकास के लिए प्रयुक्त किया है। इसके के माध्यम से स्वाध्याय, आत्मबोध एवं स्वयं अन्वेषण की क्षमताओं का विकास किया जाता है।

(2) संरचना

इस प्रतिमान में छात्र–केन्द्रित अनुदेशन का प्रयोग किया जाता है। इसमें प्रमुख दो सोपानों का अनुसरण किया जाता है। प्रथम सोपान में अध्यापक या अनुदेशक अपेक्षित वातावरण पैदा करता है। द्वितीय सोपान में छात्र निजी अथवा सामूहिक तौर पर अन्तःप्रक्रिया करके अपना विकास करते हैं। वातावरण में पुनर्बलन की परिस्थितियाँ भी निहित होती हैं। प्रारम्भ में प्रजातान्त्रिक वातावरण पैदा किया जाता है। अध्यापक ज्ञानात्मक एवं भावात्मक पक्षों के विकास की परिस्थितियाँ पैदा करने का प्रयत्न करता है एवं सीखने के लिए अनुभवों को प्रयोजनों की दिशा में नियोजित करता है।

इस प्रतिमान की संरचना दो सिद्धान्तों पर आधारित होती है–

1. अध्यापक छात्रों के साथ सक्रिय होकर कार्य करते हैं परन्तु छात्र अधिक तत्पर होते हैं।
2. अध्यापन का छात्रों की अभिवृत्तियों के लिए अधिक प्रभावशाली होता है।

(3) सामाजिक प्रणाली

शिक्षक छात्रों को दिशा प्रदान नहीं करता अपितु छात्र अपना उत्तरदायित्व स्वयं समझते हैं और सीखने के अनुभवों की क्रियाएँ आरम्भ करते हैं। छात्र अध्यापक द्वारा पैदा वातावरण से अन्तःप्रक्रिया करते हैं। वातावरण के तत्त्व छात्रों को पुनर्बलन भी देते हैं। इस प्रकार छात्र अपने अनुभवों के द्वारा सीखता है और यह ज्ञान उनके लिए अधिक सार्थक होता है।

(4) सहायक प्रणाली

इस प्रतिमान की विशेषता यह है कि इसमें अध्यापक ऐसा वातावरण पैदा करते हैं जिसमें छात्र स्वयं अधिक से अधिक मानसिक स्रोतों को पयोग करते हैं। छात्रों को अपने सीखने का उद्देश्य भी स्पष्ट होता है। इसका मूल्यांकान निबन्धात्मक परीक्षा तथा जीवन की कठिनाइयों को समाधान की क्षमता से किया जा सकता है।

(5) उपयोग

इस प्रतिमान के उपयोग द्वारा छात्रों की सामान्य योग्यता का विकास किया जाता है जो जीवन के लिए अधिक आवश्यक है। छात्र अपने मानसिक तथा

सामाजिक, मौलिक क्षमताओं के विकास का एकीकरण कर सकता है। इसका उपयोग शिक्षा के व्यापक उद्देश्यों की प्राप्ति के लिए किया जा सकता है।

(11) कक्षा–सभा प्रतिमान

विलियम ग्लेसर ने इस अध्यापन प्रतिमान को विकसित किया है। इसमें व्यक्तिगत गुणों के विकास को विशेष प्रधानता दी जाती है। इसके प्रमुख तत्त्व इस प्रकार हैं।

(1) उद्देश्य

राबर्ट ग्लेसर ने इस प्रतिमान को व्यक्तिगत क्षमताओं के विकास के लिए प्रस्तुत किया है। इसका मुख्य उद्देश्य कर्तव्य–परायणता, आत्मबोध तथा कौशल का विकास करना है।

(2) संरचना

इस प्रतिमान की संरचना में छः सोपानों का अनुसरण किया जाता है।

(1) प्रथम सोपान में तल्लीनता का वातावरण पैदा कराना,
(2) समस्या के समाधान के लिए विकल्पों को पहिचानना,
(3) समस्या के कुछा समाधानों के लिए वचनबद्ध होना,
(4) वाद–विवाद में समस्या का उल्लेख करना,
(5) तृतीय सोपान में व्यक्तिगत तौर पर समस्या के लिए निर्णय लेना,
(6) अन्तिम सोपान में व्यापहारिक तौर पर सामाधानों को अनुसरण करना।

प्रथम सोपान में लिए अध्यापन आव्यूह ज्यादा प्रमुख समझी जाती है। कक्षा–सभा प्रतिमान की सफलता इस सोपानों के अनुसरण पर निर्भर होती हैं।

(3) सामाजिक प्रणाली

शिक्षण तथा छात्रों का प्रगाढ़ होता है। समस्या का चुनाव छात्र तथा अध यापक दोनों ही करते हैं। अध्यापक छात्रों को अपने निर्णय लेने की क्षमताओं के विकास को अधिक सम्मान देता है। समस्या के लिए विकल्पों के सम्बन्ध में दोनों ही समान तौर पर निर्णय लेते है। अन्तिम सोपान में छात्र ज्यादा क्रियाशील तथा तत्पर रहताा है, किन्तु नियन्त्रण की जिम्मेदारी अध्यापक की होती है।

शिक्षण व्यवहार तीन सिद्धान्तों पर आधारित होता है–

(1) अध्यापक खुद निर्णय नहीं लेता तथा छात्रों को ही उत्तरदायित्व सौंपता है।
(2) छात्रों को अध्यापन में तल्लीन रखा जाता है।

(3) अध्यापक तथा छात्र दोनों ही मिलकर समस्या का व्यवहारिक–बदलाव लाते हैं।

(4) सहायक प्रणाली

इसका मूल्यांकन अध्यापक के जरिए उपयोग की गयी आयूव्ह पर निर्भर होता है। मूल्यांकन में व्यावहारिक पक्षों को ज्यादा सम्मान दिया जाता है। अतः मानदण्ड परीक्षा प्रयुक्त की जाती है।

(5) उपयोग

इस प्रतिमान का उपयोग छात्रों छात्रों की आत्मबोध तथा कर्त्तव्य–परायणता की क्षमताओं के विकास हेतु किया जाता है। निर्णय लेने की क्षमताओं के विकास के लिए भी इसका उपयोग किया जाता है। इसके माध्यम से छात्रों को व्यावहारिक क्षमताओं का विकास भी किया जाता है।

(12) सर्जनात्मक–अध्यापन प्रतिमान

डब्लू–गोर्डन ने सर्जनात्मक अध्यापन प्रतिमान का विकास किया है। इसमें मौलिक तथा सर्जनात्मक क्षमताओं का विकास किया जाता है। इसका स्वरूप इस तरह हैं–

(1) उद्देश्य

इस प्रतिमान की रचना विलियम गार्डन ने सर्जनात्मक क्षमताओं (Creativity) के विकास के लिए की है। इसका प्रयोजन कठिनाइयों के समाधान हेतु सर्जनात्मक–क्षमताओं का विकास करना है।

(2) सरंचना

इस प्रतिमान को कई रूपों में प्रयुक्त किया जाता है। इस प्रतिमान की व्यूह–रचरना में पाँच सोपानों को अपनाया जाता है। प्रथम सोपान में अधिकांश प्रत्ययों तथा कथनों का बोध कराया जाता है। द्वितीय सोपान में अध्यापक अथवा छात्र सादृश्य–अनुभव (Analogy) प्रस्तुत करते हैं। तृतीय सोपान में वे अपने व्यक्तिगत सादृश्य–अनुभव को प्रयुक्त करने का प्रयत्न करते हैं। चतुर्थ सोपान में छात्र पाठ्य–वस्तु तथा सादृश्य–अनुभव में सम्बन्ध स्थापित करने का प्रयत्न करते हैं। अन्तिम सोपान में विविध सादृश्य–अनुभावों (Analogies) के अनतर की परीक्षा करते हैं।

शिक्षक स्वयं को इस प्रकार निर्देशन देता है जिससे वह स्वयं ऐसा वातवरण पैदा कर सके जो छात्रों की सर्जनात्मक अनुक्रियाओं को प्रेरित कर सके। छात्रों को अध्यापक अभिप्रेरणा भी देता है जिससे वे तत्पर और क्रियाशील रह सकें।

(3) सामाजिक प्रणाली

इस प्रतिमान का प्रमाण सुनिश्चित होता है। अध्यापक अपनी क्रियाएँ क्रमबद्ध तौर पर आरम्भ करता है। व्यावहारिक युक्तियों के उपयोग के लिए निर्देशन देता है। छात्रों की मानसिक क्रियाओ के विकास में भी सहायक होता है। छात्रों को अधिक स्वतन्त्रता दी जाती है। सर्जनात्मक कठिनाइयों के समाधान के लिए समानता का वातावरण आवश्यक होता है। छात्रों की आन्तरिक प्रेरणा का विशेष महत्त्व होता है। सीखने की क्रियाओं से छात्रों को प्रसन्नता होती है तथा सन्तोष मिलता है।

(4) सहायक प्रणाली

शिक्षक छात्रों को सभी प्रकार की सुविधाएँ प्रदान करता है। यह सुविधाएँ वैज्ञानिक प्रयोगशालाओं में आवश्यक होती हैं। अध्यापक तथा छात्रों का समान स्थान होता है। दोनों को तत्पर तथा क्रियाशील रहना पड़ता है। इसके लिए छोटा समूह अधिक अच्छा माना जाता है।

(5) उपयोग

यह प्रतिमान व्यक्तिगत तथा सामूहिक सर्जनात्मक क्षमताओं के विकास के लिए प्रयुक्त किया जाता है। इसमें सीखने की क्रियायें आन्तरिक होती हैं। एक समूह के छात्रों को अलग-अलग अनुभव होते हैं। इसका उपयोग अन्तःप्रक्रिया अध्यापन में सफलतापूर्वक किया जाता है। छात्र अध्यापक भी इस प्रतिमान का सफलतापूर्वक उपयोग कर सकते हैं इसका उपयोग छोटे बालकों के लिए नहीं किया जा सकता है। इसमें विश्लेषण तथा संश्लेषण की प्रक्रिया प्रमुख होती है।

(13) जानकारी प्रशिक्षण प्रतिमान

इस प्रतिमान का विकास डब्लू एस. फ्रिटिज ने किया है। इसमें खुद जानकारी तथा अभिज्ञान की मदद से निजी क्षमताओं का विकास किया जाता है। इसके मुख्य तत्त्व इस तरह है—

(1) सामाजिक प्रणाली

छात्रों का वर्ग एक सामाजिक सन्दर्भ में मिलता है तथा सामाजिक वातावरण पैदा किया जाता हे जिससे छात्रों में कर्तव्य-परायणता की भावना दूसरों की मदद करने की प्रवृत्ति तथा खुलकर बातचीत करने की क्षमताओं का विकास किया जाता है। बालक तथा अध्यापक दोनों ही तत्पर तथा क्रियाशील रहते हैं। अध्यापक सामाजिक वातावरण पैदा करता है किन्तु छात्रों को दिशा प्रदान नहीं करता है।

(2) सहायक प्रणाली

सामाजिक वातावरण से विद्यार्थियों में सामाजिक क्षमताओं का विकास किया जाता हैं इसके लिए निरीक्षण नियम प्रयुक्त की जाती है। निबन्धात्मक परीक्षाओं की भी मदद ली जा सकती है।

(3) उद्देश्य

इसका प्रयोजन निजी क्षमताओं एवं कौशल का विकास करना तथा पारस्परिक सम्बन्धों की क्षमताओं का विकास करना है। इसके अलावा यह मानवीय सम्बन्धों की जानकारी में बढ़ोतरी करता है।

(4) संरचना

सामान्यतः इस प्रतिमान की संरचना में दो सोपानों का अनुसरण किया जाता है। प्रथम सोपान में छात्रों को कार्य दिया जाता है जिसे विद्यार्थी पूरा करते हैं। द्वितीय सोपान में बातचीत तथा विश्लेषण किया जाता है कि क्या हो चुका है? वर्ग के सभी सदस्य एक साथ बैठकर कार्य कठिनाईयों के सम्बन्ध में बातचीत करते हैं। कुछ छात्र दूसरों के विचारों को ज्यादा पसन्द करते हैं और उन्हें कार्य को पूरा करने में अपनाते हैं। दूसरे अपने तक ही सिद्ध रहते हैं। बातचीत की आजाद तौर पर व्यवस्था की जाती है जिससे अकेलेपन की भावना कम होती है तथा सामूहिक भावना का विकास होता है। अध्यापक कार्य प्रस्तुत जरूर करता है परन्तु समूह की क्रियाओं को प्रभावित नहीं करता है जिससे उनमें सूझ-बूझ का विकास हो सके और वे अपनी क्रियाओं तथा व्यवहार के सम्बन्ध में प्रत्ययों का भी विकास कर सके।

(5) उपयोग

इसे छात्रों के आत्मबोध के विकास हेतु प्रयुक्त किया जाता है सामाजिक क्षमताओं, कर्तव्य-परायणता दूसरों की मदद करने की प्रवृत्ति तथा मुखर होकर बातचीत की क्षमताओं के विकास के लिए इसका उपयोग किया जाता है।

(द) व्यवहार-परिवर्तन प्रतिमान

इस प्रतिमान में छात्रों के व्यवहार-परिवर्तन को अधिक महत्त्व दिया जाता है सीखने की क्रियाओं और समुचित पुनर्वलन की मदद से छात्रों में अपेक्षित व्यवहार-परिवर्तन लाया जाता है। प्रतिमान को बी. एफ. स्किनर ने प्रस्तुत किया है। यह स्किनर के अधिगम के सिद्धान्त पर आधारित है। इसका उपयोग शिक्षा के विविध प्रकार के उद्देश्यों की प्राप्ति के लिए किया जा सकता है।

इस वर्ग में केवल एक प्रतिमान 'स्किनर' का शामिल किया जाता है, जिसे सक्रिय अनुबद्ध-अनुक्रिया अध्यापन प्रतिमान अथवा स्किनर अध्यापन प्रतिमान करते हैं।

(15) सक्रिय अनुबद्ध-अनुक्रिया

बी. एफ. स्किनर ने इस अध्यापन प्रतिमान का विकास किया है। वे व्यवहारवादी मनोवैज्ञानिक हैं। इन्होंने सक्रिय अनुबद्ध-अनुक्रिया (Operant Conditioning) सिद्धान्त का प्रतिपादन किया है। जिसे अपेक्षित व्यवहार परिवर्तन के लिए प्रयुक्त किया जाता है। इसके प्रमुख तत्त्वों का विवेचन यहाँ किया जाता है।

(1) उद्‌देश्य

इस प्रतिमान का उद्‌देश्य व्यवहार-परिवर्तन करना है।

(2) संरचना

इस प्रतिमान में तीन सोपानों का अनुसरण किया जाता है। प्रथम सोपान में पाठ्य-वस्तु को शाब्दिक तथा अशाब्दिक तौर पर उद्‌दीपन के तौर पर छात्र के समक्ष प्रस्तुत किया जाता है। इस सोपान में पाठ्य-वस्तु तथा अनुदेशन को प्रयुक्त किया जाता है। इसमें पाठ्य-वस्तु को इस प्रकार प्रस्तुत किया जाता है जिससे छात्र अनुक्रिया भी करें। द्वितीय सोपान में छात्रों को अनुक्रिया (Response) के लिए अवसर दिया जाता है। उद्‌दीपन में अतिरिक्त उद्‌दीपन भी शामिल किया

जाता है जो छात्र की सही अनुक्रिया करने में मदद करता है। तृतीय सोपान में छात्रों को पुनर्वलन दिया जाता है। छात्र अपनी अनुक्रिया की जाँच भी साथ-साथ करता है। सही अनुक्रिया होने पर उन्हें प्रसन्नता होती है और आगे के व्यवहार तथा अनुक्रिया के लिए पुनर्वलन मिलता है। सही अनुक्रिया से वे नये ज्ञान भी सीखते हैं। छात्रों को अनुक्रिया करने की स्वतन्त्रता नहीं होती, उन्हें अपेक्षित अनुक्रिया ही करनी पड़ती है। अधिकांश पुनर्वलन छात्रों की अनुक्रिया की पुष्टि के तौर पर ही मिलता है।

(3) सामाजिक प्रणाली

शिक्षण का स्वरूप सुनिश्चित होता है। छात्रों की अनुक्रिया और व्यवहार का नियन्त्रण अभिक्रमक या अध्यापक करता है। बालक को उसकी क्षमाताओं तथा जरूरतों के अनुसार सीखने का समान अवसर प्रदान किया जाता है। सभी क्रियाओं पर अध्यापक का नियन्त्रण रहता है।

(4) सहायक प्रणाली

बालकों को अनुक्रिया करने में कम त्रुटि करनी चाहिए। बालकों की त्रुटियाँ दस फीसदी से ज्यादा नहीं होनी चाहिए। मूल्यांकन में आन्तरिक तथा बाह्य मापदण्डों को प्रयुक्त किया जाता है। मापदण्ड परीक्षा की रचना की जाती है। मूल्यांकन में प्रयोजनों के व्यावहारिक तौर पर ध्यान में रखा जाता है। बालकों की अनुदेशन के प्रति अभिवृत्तियों को भी मल्यांकन के लिए प्रयुक्त किया जाता है।

(5) उपयोग

अभिक्रमित अनुदेशन (Programmed Instruction) इसी प्रतिमान पर आधारित होता है। रेखीय अभिक्रमित-अनुदेशन में इसका उपयोग किया जाता है। छात्रों के ज्ञानात्मक पक्ष के निम्न स्तर (ज्ञान, बोध तथा प्रयोग) प्रयोजनों की प्राप्ति के लिए किया जाता हैं इसका उपयोग भावात्मक पक्ष के विकास के लिए नहीं किया जा सकता है। कथनों की अपेक्षा प्रत्ययों के अध्यापन के लिए यह प्रतिमान ज्यादा प्रभावशाली होता है।

बुनियादी अध्यापन प्रतिमान

राबर्ट ग्लेसर (1962) ने इस अध्यापन प्रतिमान को विकसित किया है। मनोवैज्ञानिक अधिनियमों एवं सिद्धान्तों का अध्यापन में उपयोग किया जाता है।

मनोवैज्ञानिक शक्तियों की मदद से अध्यापन उद्देश्यों की प्राप्ति का प्रयत्न किया जाता है। इसे कक्षा-सभा प्रतिमान (Classroom Meeting Model) के नाम से ब्रूस जे. जुआइस ने निजी स्रोत में शामिल किया है।

स्वरूप

इस प्रतिमान में अध्यापन प्रक्रिया का चार पक्षों में विभक्त किया जाता है–

(1) पूर्व-व्यवहार

(2) अनुदेशनात्मक प्रक्रिया

(3) अनुदेशन प्रयोजन

(4) निष्पत्ति का मूल्यांकन

पृष्ठ-पोषण

इस प्रतिमान में निष्पत्ति का मूल्यांकन प्रयोजन एवं बालकों के व्यवहार अध्यापन को पुनर्वलन प्रदान करते हैं–

(1) अनुदेशनात्मक प्रयोजनों से अर्थ उन क्रियाओं से है जो छात्रों को अध्यापन के पूर्व करनी चाहिए। इसे ज्ञानार्जन भी कहा जाता है।

(2) पूर्व व्यवहार से तात्पर्य छात्रों की उन योग्यताओं अथवा व्यवहारों से है जो पाठ्य-वस्तु की बोधगम्यता के लिए आवश्यक है।

(3) अनुदेशनात्मक प्रक्रिया से तात्पर्य अध्यापन की उन क्रियाओं से हे जो पाठ्य-वस्तु के प्रस्तुतीकरण के लिए प्रयुक्त की जाती है।

(4) निष्पादन आंकलन से तात्पर्य परीक्षा तथा निरीक्षण विधियों से है जिनके आधार पर अध्यापक निर्णय लेता है कहाँ तक छात्रों को विषय-वस्तु का स्वामित्व प्राप्त हो सका है। यदि अपेक्षित स्वामित्व स्तर प्राप्त नहीं हुआ है तो यह पूर्व तीनों अथवा किसी एक के अभाव के कारण हुआ हैं उसमें सुधार लाना चाहिए।

(5) यह पृष्ठ-पोषण भी देती है। अध्यापन के इन पक्षों में घनिष्ठ सम्बन्ध होता है। अध्यापन के उद्देश्यों के अनुसार इनका सम्बन्ध बदलता रहता है। अध्यापन का व्यापक प्रतिमान है।

अध्यापन प्रतिमान का महत्त्व

शिक्षण प्रतिमानों की निम्नांकित विशेषताएँ मानी जाती हैं–

(1) शिक्षण प्रतिमान अभी जाँच (Trial) स्तर पर ही हैं। इनके आधार पर शिक्षण-सिद्धान्तों का प्रतिपादन किया जा सकता है।

(2) इन प्रतिमानों से सादृश अनुभव ग्रहण कर भारतीय परिस्थिति के लिए अधिक प्रभावशाली प्रतिमानों की रचना की जा सकती है।

(3) शिक्षण-प्रतिमान अध्यापन प्रक्रिया में शोध-कार्य के लिए विशाल क्षेत्र प्रस्तुत करते हैं, जिससे अध्यापन को समझा जा सकता है और उनके चरो (Variables) का उल्लेख किया जा सकता हैं

(4) विद्यालयों की अध्यापन व्यवस्था में विशिष्ट उद्देश्यों की प्राप्ति के लिए इनको प्रयुक्त किया जा सकता है। इनके द्वारा अध्यापन को अधिक सार्थक तथा प्रभावशाली बनाया जा सकता है।

(5) विद्यालयों में विविध विषयों के अध्यापन में विशिष्ट प्रतिमानों को ही प्रयुक्त किया जा सकता है।

(6) शिक्षण प्रतिमानों को सामाजिक, व्यक्तिगत, ज्ञानात्मक तथा व्यावहारिक पक्षों के विकास के लिए विकसित किया जाता है। अतएव अध्यापन के सभी उद्देश्यों की प्राप्ति के लिए इनो प्रयुक्त किया जा सकता है।

(7) शिक्षण विधियों में पाठ्य-वस्तु को प्रधानता दी जाती है जबकि अध्यापन प्रतिमानों में उददेश्यों को प्रधानता दी जाती है जिससे अध्यापन को अधिक सार्थक तथा उपयोगी बनाया जा सकता है।

(8) शिक्षण तथा अधिगम क्रियाओं के सम्बन्ध में विविध परिस्थितियों का भली प्रकार अध्ययन किया जा सकता है।

(9) शिक्षा की मूल्यांकन प्रणाली का विकास किया जा सकता है।

(10) भारतीय परिस्थिति में कक्षा अध्यापन की कठिनाइयों के हल हेतु अध्यापन प्रतिमानों को विकसित किया जा सकता है।

(11) मनोवैज्ञानिक शक्तियों को अध्यापन में प्रभावशाली तौर पर प्रयुक्त किया जा सकता है।

निष्कर्ष

विदेशों में कक्षा अध्यापन में अध्यापन विधि, अध्यापन आव्यूह तथा अध्यापन प्रतिमानों का प्रयोग किया जाता है। किन्तु भारत के विद्यालयों में कक्षा के अन्तर्गत अध्यापन विधियों का उपयोग लगभग 35 फीसदी विद्यालयों में किया जाता है। ये विद्यालय भी शहरी क्षेत्रों में स्थित है। ग्रामीण विद्यालयों में आधुनिक विधियों का उपयोग अध्यापक द्वारा नहीं किया जाता है। इस भारतीय विद्यालयों के विकास हेतु कक्षा अध्यापन आव्यूह और अध्यापन प्रतिमानों को

सरल तथा लोकप्रिय बनाना होगा तभी इसको ग्रामीण विद्यालयों में लोकप्रिय एवं जनहित में जारी किया जा सकेगा। इसका प्रयोग भूगोल के अध्यापन में किया जाता है। अध्यापन आव्यूह में व्यक्तिगत भिन्नता को प्राथमिकता दी जाती है और ये छात्र केन्द्रित प्रतिमा के तहत अध्यापन के लक्ष्य को प्रधानता देते हैं। उसी लक्ष्य की प्राप्ति हेतु अध्यापन का प्रारूप और भौगोलिक पद्धति को विकसित किया जाता है।

10

भूगोल अध्यापन : मूल्यांकन

परीक्षा अथवा मूल्यांकन की परम्परा अति प्राचीन है। मनुष्य जीवन के हर कदम पर परीक्षा से गुजरता है। विद्यालयी कार्यक्रम में परीक्षा या मूल्यांकन का एक विशिष्ट स्थान है। बदलते हुए शैक्षणिक परिवेश में परीक्षा की विचारधारा में बदलाव आ रहा है स्पष्ट कहा जाए तो आज परीक्षा अपने भयावह एवं हानिकर स्थान पर पहुँच रही है। अब चारों तरफ से उच्च स्तर पर यह माँग की जा रही है कि परीक्षाएँ समाप्त कर दी जाएँ।

आधुनिक समय में अध्यापन के मूल्यांकन एक नये अवधारण है। शिक्षा का मुख्य उद्देश्य छात्रों के व्यवहार में जरूरी परिवर्तन लाना है। मूल्यांकन इन उद्देश्यों की प्राप्ति की सीमा निर्धारण करने वाली प्रक्रिया है। इस प्रक्रिया द्वारा यह ज्ञात किया जाता है कि छात्र को दिए गए अध्यापन द्वारा उसके व्यवहार में क्या व कितना परिवर्तन हुआ है? ताकि अध्यापन को भी आगे बढ़ाया जा सके। इस तरह अध्यापन प्रक्रिया के तीन प्रमुख तत्वों के मिश्रण के अन्तिम परिणाम को मूल्यांकन की संज्ञा दी गई है।

परीक्षा अथवा मूल्यांकन के कार्य को समाप्त कर देना सही नहीं होगा। क्योंकि इसकी उपयोगिता और जरूरत में किसी को सन्देह नहीं होना चाहिए परन्तु इसके अनुचित प्रभुत्व को जरूर रोका जाना चाहिए। अध्यापन के पश्चात् सफलता को ज्ञात करने हेतु परीक्षाओं का आयोजन किया जाता है। छात्रों की उपलब्धि एवं विकास के मापन का साधन परीक्षा या मूल्यांकन ही है। माध्यमिक शिक्षा आयोग ;डनकंसपंत ब्वउउपेपवद 1952.53द्ध ने इसकी जरूरत पर बल देते हुए कहा है कि 'विद्यालयी

कार्यों का इस प्रकार का मापन विद्यार्थी, अध्यापक, अभिभावक एवं जन-साधारण सभी सम्बद्ध व्यक्तियों के हित में जरूरी है। उस उद्देश्य के निमित्त परीक्षाएँ ही सामान्यतः अपनाए जाने वाला साधन हैं।'

अतएव अध्यापन उद्देश्यों के निर्धारण के आधार पर सीखने के अनुभवों अर्थात सही विधि, प्रविष्टि व समस्त अध्यापन सामग्री के उपयोग द्वारा बालकों के व्यवहार में बदलाव लाया जा सकता है। व्यवहार परिवर्तन की सीमा को मूल्यांकन प्रविधियों द्वारा मालूम किया जाता है। यही मूल्यांकन प्रक्रिया कहलाती है। मूल्यांकन की परम्परागत संकल्पना में अब बदलाव होने लगा है तथा उसे वैज्ञानिक वस्तुनिष्ठ एवं उपयोगी बनाने का प्रयत्न किया जा रहा है। इसलिए समुचित धारणा से अवगत होकर भूगोल अध्यापन को प्रभावी बनाने हेतु मूल्यांकन जरूरी है।

मूल्यांकन का अभिप्राय

शिक्षण में सर्वप्रथम अध्यापन-प्रयोजन निर्धारित किए जाते हैं, फिर इन प्रयोजनों की प्राप्ति के लिए अधिगम अनुभव प्रदान किए जाते हैं एवं इसके पश्चात् विविध तकनीकों और साधनों की मदद से यह पता लगाने का प्रयास किया जाता है कि अध्यापन काम द्वारा पूर्वनिर्धारित उद्देश्यों की प्राप्ति हुई है या नहीं। शिक्षण-उद्देश्यों की प्राप्ति के स्तर की जांच करने की प्रक्रिया को मूल्यांकन कहा जाता है।

मूल्यांकन का शाब्दिक तात्पर्य है—मूल्य आंकना। हिन्दी-शिक्षण में मूल्यांकन से अर्थ है इस बात की जांच करना कि अध्यापन के परिणामरूप छात्रों के व्यवहार में क्या बदलाव हुआ है। अध्यापन से पूर्व जिन शिक्षण-उद्देश्यों को निर्धारित किया गया था, अध्यापन द्वारा छात्रों को उनकी प्राप्ति किस स्तर तक हुई है, अध्यापक अपने शिक्षण-कार्य में कहां तक सफल हुआ है, छात्रों की रुचियों, रुझानों, योग्यताओं एवं व्यवहार में कितना बदलाव हुआ है, इस बात का अनुमान मूल्यांकन द्वारा ही सम्भव होता है। अपनी शिक्षण-क्रिया द्वारा हम छात्रों के व्यवहार में जो अपेक्षित बदलाव लाना चाहते हैं? वे बदलाव लाए जा सके हैं या नहीं, जिन योग्यताओं को विकसित करना चाहते थे वे योग्यताएं विकसित हो सकी हैं या नहीं एवं अगर विकसित हुई हैं तो किस सीमा तक। शिक्षण-परिस्थितियां किस सीमा तक इन प्रयोजन को प्राप्त करने में सफल हुई हैं। अध्यापन का जो एक व्यापक प्रयोजन है—बच्चे के व्यक्तित्त्व का सर्वांगीण विकास, वह कितनी सफलता एवं किस अनुपात में पूरा हो सका है। इस सबकी पडताल करने की प्रक्रिया को

ही मूल्यांकन कहा जाता है। इस तरह मूल्यांकन द्वारा विषय-वस्तु के ज्ञान की जांच तो होती ही है साथ ही बालक की रुचियों, अभिवृत्तियों, योग्यताओं, दृष्टिकोणों इत्यादि के बदलाव तथा विकास की जांच भी की जाती है। अतः मूल्यांकन का क्षेत्र परीक्षा से अधिक व्यापक होता है चूँकि परीक्षा का सम्बन्ध सिर्फ विषय-वस्तु के ज्ञान की जांच से होता है।

सी. सी. रॉस–"मूल्यांकन का उपयोग बच्चे के सम्पूर्ण व्यक्तित्त्व अथवा शिक्षा की समूची स्थितियों की जांच प्रक्रिया हेतु किया जाता है।"

जे. डब्ल्यू. राइटस्टोन के अनुसार–"मूल्यांकन में व्यापक व्यक्तित्त्व से सम्बन्धित बदलावों तथा शिक्षा कार्यक्रम के प्रमुख उद्देश्यों पर जोर दिया जाता है। इसमें सिर्फ विषय-वस्तु का मूल्यांकन ही शामिल नहीं अपितु दृष्टिकोणों, रुचियों, आदर्शों, चिन्तन-विधियों, कार्य-आदतों, वैयक्तिक एवं सामाजिक समायोजन योग्यताओं का मूल्यांकन भी शामिल है।"

टारगेर्सन तथा एडम्स के अनुसार–"मूल्यांकन का अर्थ है किसी वस्तु अथवा प्रक्रिया का मूल्य निश्चित करना। इस प्रकार शैक्षणिक मूल्यांकन से अर्थ है–शिक्षण प्रक्रिया तथा सीखने की क्रियाओं से पैदा अनुभवों की उपयोगिता के बारे में निर्णय देना।"

क्विलन और हन्ना के अनुसार–"विद्यालय द्वारा हुए बालक के व्यवहार परिवर्तन के विषय में साक्षियों के संकलन तथा उनकी व्याख्या करने की प्रक्रिया ही मूल्यांकन है।"

इस तरह से यह स्पष्ट है कि मूल्यांकन एक ऐसी विद्या अथवा प्रक्रिया है जो छात्रों की उपलब्धियों, शिक्षण-विधियों की सफलता तथा शिक्षण-उद्देश्यों की प्राप्ति के स्तर की जांच करती है।

मूल्यांकन का महत्त्व

यों तो जीवन के प्रत्येक क्षेत्र में किसी भी कार्य को करने के पश्चात् इस बात की जांच की जाती है कि उस कार्य में कर्त्ता को कितनी सफलता मिली है, परन्तु शिक्षा के क्षेत्र में तो यह आवश्यक है कि शिक्षण-प्रक्रिया को जिन उद्देश्यों की प्राप्ति हेतु सम्पन्न किया गया है, उन उद्देश्यों की प्राप्ति किस स्तर तक हुई, इस बात का पता लगाया जाए। किसी विषय में निर्धारित ज्ञान, कौशल तथा योग्यताओं को किसी छात्र ने किस सीमा तक ग्रहण किया है, इस बात की जानकारी मूल्यांकन द्वारा ही सम्भव है। अतएव शिक्षा में अध्यापक और छात्र दोनों हेतु ही मूल्यांकन का विशेष

महत्त्व होता है। हिन्दी-शिक्षण में मूल्यांकन के महत्त्व को निम्न रूप से स्पष्ट किया जा सकता है :

1. छात्रों को अध्ययन हेतु प्रेरित करती है—मूल्यांकन-प्रक्रिया छात्रों को पढ़ाई करने हेतु भी प्रेरित करती है। जो छात्र विद्यालय में नियमित रूप से अध्ययन कार्य नहीं करते हैं, जब उन्हें ज्ञात होता है कि परीक्षा अथवा परीक्षण होने वाला है तो वे भी पढ़ाई में जुट जाते हैं।

2. हिन्दी-शिक्षण के उद्देश्यों की प्राप्ति में सहायक है—मूल्यांकन की वह प्रक्रिया है जिसके माध्यम से अध्यापन के प्रयोजनों की प्राप्ति की जांच की जाती है। हिन्दी विषय के अध्यापन से पूर्व कुछ अध्यापन लक्ष्यों का निर्धारण किया जाता है एवं छात्रों में हुए व्यवहार बदलाव के आधार पर उन प्रयोजनों की प्राप्ति का पता लगता है। छात्रों के व्यवहार बदलाव के स्तर एवं सीमा की जांच मूल्यांकन की विविध ा तकनीकों के द्वारा ही की जाती है। अगर उद्देश्यों की प्राप्ति वांछित स्तर तक नहीं होती है तो अध्यापन-क्रिया का पुनर्वेक्षण किया जाता है। इस प्रकार मूल्यांकन ही अध्यापक को उद्देश्योन्मुख बनाए रखता हैं।

3. शिक्षण-विधियों के सही चुनाव और उपयोग में सहायक है—अध् यापन-प्रक्रिया एक त्रिध्रुवीय प्रक्रिया है। शिक्षण-प्रयोजनों के निर्धारण के बाद उनकी प्राप्ति के लिए शिक्षण अध्यापन-कार्य को क्रियान्तिवित करता है। शिक्षण-क्रिया को कुशलतापूर्वक सम्पन्न करने के लिए अध्यापक विविध प्रकार की शिक्षण-विधियों का उपयोग करता है। इन शिक्षण-विधियों की सफलता या असफलता का ज्ञान मूल्यांकन के परिणाम से ही हो सकता है। मूल्यांकन की विविध तकनीकों का उपयोग करने के उपरान्त जो भी परिणाम प्राप्त होते हैं उनके आधार पर शिक्षक अपनी अध्यापन-नियम से औचित्य का फैसला लेता है एवं उनमें वांछित सुधार करता है।

4. छात्रों की कमजोरियों को दूर कर उनकी उन्नति में सहायक है—मूल्यांकन से जब छात्रों को अपनी कमजोरियों का पता लग जाता है तो वे उनके प्रति सचेत हो जाते हैं एवं उन्हें दूर करने का प्रयत्न करते हैं। अध्यापक उनका विशेष ध्यान रखते हैं एवं उनकी त्रुटियों को दूर करने का प्रयत्न करते हैं इस तरह अध्यापक के मार्गदर्शन में छात्र विशेष अभ्यास कर अपनी कमजोरियों को दूर कर भाषा सम्बन्धी विशिष्ट योग्यताओं को विकसित करने हेतु प्रयासशील होते हैं।

5. छात्रों की उन्नति की जानकारी होती है—विद्यार्थियों को विद्यालय में जो भी कुछ विषय सम्बन्धी ज्ञान दिया है, उसको छात्रों ने कितना ग्रहण किया है इस

बात की जानकारी मूल्यांकन से ही होती है। परीक्षा, निरीक्षण आदि मूल्यांकन तकनीकों से ही यह ज्ञात होता है कि छात्र ने विद्यालय में कितनी उन्नति की है, कौन-सा छात्र किस स्तर के योग्य है आदि।

6. छात्रों के व्यक्तित्त्व मार्गदर्शन में सहायक हैं—हर छात्र के अन्दर अधिगम-क्षमता, रुचि, योग्यताएं आदि पृथक-पृथक होती हैं। कुछ छात्र प्रखर बुद्धि के होते हैं, कतिपय सामान्य स्तर के तो कतिपय मन्द बुद्धि के होते हैं। इन सब छात्रों को एक ही तरह से पढ़ाना सही नहीं है। मूल्यांकन द्वारा छात्रों के इन निजी अन्तरों का पता चल जाता है एवं शिक्षक छात्रों की योग्यता के अनुसार ही सही मार्गदर्शन करने की कोशिश करता है।

7. माता-पिता को छात्रों की उन्नति की जानकारी होती है—मूल्यांकन के द्वारा ही बच्चों के माता-पिता या अभिभावकों को विद्यालय में अपने बच्चों की क्रियाओं, विकास एवं उन्नति की सही स्थिति की जानकारी होती है एवं इसके आधार पर ही वे बच्चे की शिक्षा के लिए सही सुविधाओं की व्यवस्था करते हैं।

8. शैक्षिक और व्यावसायिक मार्गदर्शन में सहायक है—मूल्यांकन के जरिए छात्रों की योग्यता, क्षमता, मनोवृत्ति, रुचियों तथा दृष्टिकोणों का पता चलता है। इससे छात्रों के शैक्षिक एवं व्यावसायिक निर्देशन में मदद मिलती है। कौन-सा बच्चा किस प्रकार के कार्य-व्यापार को जीवन में सफलतापूर्वक कर सकेगा, कौन-सा छात्र किस विषय-क्षेत्र में उच्च अध्ययन कर सकेगा, इस बात का मार्गदर्शन मूल्यांकन के परिणामों के आधार पर ही किया जाता है।

9. छात्रों को पृथक-पृथक वर्गों में विभक्त करने में सहायक—मूल्यांकन में जब छात्रों के उपलब्धि स्तर की जानकारी हो जाती है तो उसके आधार पर उन्हें पृथक-पृथक वर्गों में विभक्त करने में मदद मिलती है। कौन-सा विद्यार्थी किस स्तर के योग्य है, कौन-से विद्यार्थी दूसरे छात्रों से अधिक योग्य अथवा कम योग्य है—इस बात का निर्णय लेने के उपरान्त ही उन्हें पृथक-पृथक वर्गों में वर्गीकृत किया जाता है एवं उनके मानसिक स्तर के अनुरूप ही शिक्षण-विधि प्रयुक्त होता है।

10. छात्रों की कमजोरियों को जानने में सहायक है—मूल्यांकन-प्रक्रिया से छात्रों की कमजोरियों का ज्ञान होता है। कौन-सा छात्र भाषा के किस क्षेत्र में कमजोर है, किसे शुद्ध उच्चारण नहीं आता, किसकी लिखित अभिव्यक्ति में दोष है, कौन अक्षर-विन्यास सम्बन्धी त्रुटि करता है, कौन वाचन में कमजोर है आदि बातों की जानकारी मूल्यांकन से ही होती है।

इस तरह से यह स्पष्ट है कि शिक्षण-प्रक्रिया में मूल्यांकन का महत्त्वपूर्ण स्थान है। मूल्यांकन के अनुरूप निर्दिष्ट मार्ग पर अग्रसर होने वाले बच्चे ही समायोजित व्यक्तित्त्व से युक्त होकर जीवन में सफलता प्राप्त करते हैं। आज विद्यालयों में साधारण तौर पर त्रैमासिक, अर्द्धवार्षिक और वार्षिक परीक्षाएं इसी उद्देश्य से ली जाती हैं। कुछ परीक्षाएं विद्यालय के अध्यापक और अधिकारी ही लेते हैं एवं कुछ परीक्षाएं शिक्षा-बोर्ड आदि के द्वारा ही ली जाती हैं। ये परीक्षाएं ही शिक्षण-पद्धति का आवश्यक अंग बनी हुई हैं। परन्तु यह वर्तमान परीक्षा-प्रणाली इतनी दोषपूर्ण है कि इससे छात्रों की उपलब्धियों की सही-सही जानकारी नहीं हो पाती है। अतएव इसमें सुधार की जरूरत है। इसहेतु मूल्यांकन की विस्तृत योजना का क्रियान्वयन आवश्यक है।

मूल्यांकन तथा मापन में अंतर

मूल्यांकन तथा मापन—दोनों का एक सा अर्थ कुछ लोग लगाते हैं। परन्तु ऐसा नहीं है, क्योंकि मापन—मूल्यांकन का वह हिस्सा है जोकि प्रतिशत, मात्रा, अंकों, मध्यमान और औसत में व्यक्त किया जाता है। मापन द्वारा व्यक्तिव के किसी एक पक्ष पर बल दिया जाता है जबकि मूल्यांकन में व्यक्तित्व सम्बन्धी परिवर्तनों एवं शैक्षिक कार्यक्रम के व्यापक प्रयोजनों पर जोर दिया जाता है।

इसलिए इससे ज्ञात है कि मापन विद्यार्थी की उन्नति को आँकने का एक साधन है जिसके द्वारा उसकी उन्नति को संख्या अथवा अंकों में व्यक्त किया जाता है, लेकिन मूल्यांकन में मापन एव जाँच दोनों निहित हैं।

अब सवाल उठता है कि जाँच शब्द किस तरह के अंकन के लिए प्रयुक्त किया जाता है। जाँच द्वारा व्यक्तित्व के उन्हीं पक्षों को परखा जाता है जिनका अंकन मापन द्वारा प्रायः असम्भव सा होता है। अक्सर व्यक्ति की रुचियों, वृत्तियों, आदर्शों, चरित्रिक विशेषताओं, चिन्तन के अंगों, वैयक्तिक एवं सामाजिक अनुकूलन एवं समझदारियों इत्यादि को आँकने के लिए जाँच शब्द का उपयोग किया जाता है। प्रायः जाँच के लिए निरीक्षण, व्याख्या एवं वैयक्तिक निर्णयों का उपयोग किया जाता है। आंशिक तौर पर निर्धारण मान (Rating Scale), रुचि तथा वृत्ति मापक (Interest and Attitude Inventries), व्यक्तित्व मापकों (Personality Inventries) इत्यादि का भी उपयोग किया जाता है।

मूल्यांकन के प्रमुख नियम

भूगोल अध्यापन में प्रक्रिया का उपयोग करते समय निम्नांकित सिद्धान्तों पर विशेष ध्यान दिया जाना जरूरी है—

1. शिक्षण तथा परीक्षण बिन्दुओं का पूर्व निर्धारण करना चाहिए।
2. पाठ योजना का निर्माण प्रयोजन केन्द्रित होना चाहिए।
3. विषयावस्तु का पूर्णरूप से विश्लेषण कर लेना चाहिए।
4. कक्षा के अन्तर्गत उपर्युक्त सीखने की परिस्थितियों व क्रियाओं का पूरा आयोजन व चुनाव जरूरी है।
5. भूगोल के अध्यापन प्रयोजनों को बालकों के व्यवहार के तौर पर स्पष्ट ढंग से निश्चित कर लेना चाहिए।
6. शिक्षण उद्देश्यों की प्राप्ति हुई अथवा नहीं, इसके लिए उपरोक्त मूल्यांकन प्रविधियों का चयन कर लेना चाहिए।

मूल्यांकन के विविध स्वरूप

हम समस्त व्यवहार बदलावों को किसी एक प्रविधि के माध्यम से नहीं मापन कर सकते वरन विविध व्यवहार बदलावों को जाँचने के लिए विविध प्रविधियों का समावेश है। अतएव मूल्यांकन में निम्नांकित स्वरूपों का समावेश कर छात्रों के व्यवहार बदलाव की जाँच कर सकते हैं।

1. **निरीक्षण प्रविधि**—इसके माध्यम से छात्रों के व्यवहार, क्रियाओं, ज्ञान एवं सामाजिक व्यवस्थापन आदि की जाँच निरीक्षण द्वारा की जाती है।

2. **साक्षात्कार**—इसके द्वारा छात्रों के रुचियों की विकास, दृष्टिकोण में हुए परिवर्तनों तथा विविध व्यक्तिगत विशेषताओं की जाँच की जाती है।

3. **प्रश्नावली**—छात्रों से उनकी स्वयं की रुचियों एवं अभिवृत्तियों के विकास से सम्बन्धित रचनाएँ प्राप्त करने के लिए यह प्रविधि बहुत उपयोगी है।

4. **मतसूची**—इसमें भी प्रश्नावली की भांति व्यक्तिगत संरचनाओं व मतों का ज्ञान प्राप्त कर किसी को भी मत दिया जा सकता है।

5. **अभिलेख**—छात्रों की डायरियाँ, घटनाओं का विवरण तथा संक्षिपत अभिलेख आदि द्वारा मूल्यांकन किया जाता है।

6. **वर्गक्रम प्रविधि**—यह अन्य के अतिरिक्त अधिक विश्वसनीय मानी जाती है। इसके द्वारा छात्र की किसी क्षेत्र की विशेष कुशलताओं की जाँच की जाती है।

7. **परीक्षा प्रविधि**–इस प्रविधि के अन्तर्गत मौखिक परीक्षण, प्रयोगिक परीक्षाएँ तथा लिखित परीक्षाएँ आती है। इसमें लिखित परीक्षाओं के द्वारा ही अधिकतर व्यवहारों की जाँच की जाती है।

मूल्यांकन की तकनीक

मूल्यांकन प्रविधि का अभिप्रायः उस रीति से है, जिसके द्वारा हम बालक के ज्ञान एवं व्यवहार में हुए परिवर्तनों तथा उसकी व्यक्तिगत विशेषताओं का मूल्यांकन करते हैं।

डॉ. बी. एस. ब्लूम (B.S. Bloom) का मत है कि–"अच्छी मूल्यांकन प्रविधि अथवा साधन अथवा रीति वह है, जिसमें व्यवहार के वांछित परिवर्तन के वैध प्रमाणों का मापन करने की क्षमता है।" मूल्यांकन के लिए निम्नांकित प्रविधियों का उपयोग किया जाता है–

1. साक्षात्कार

इसके द्वारा रुचियों के विकास, दृष्टिकोणों में हुए परिवर्तनों तथा व्यक्तिगत विशेषताओं की जाँच की जाती है।

2. प्रश्नावली

छात्रों से उनकी रुचियों एवं अभिवृत्तियों के विकास से सम्बन्धित सूचनाएँ प्राप्त करने के लिए यह प्रविधि उपयोग में लाई जाती है।

3. निरीक्षण प्रविधि

इसके द्वारा छात्रों के व्यवहार, क्रियाओं, संवेगात्मक एवं बौद्धिक परिपक्वता के सम्बन्ध में प्रमाण प्रदान किए जाते हैं।

4. पड़ताल सूची

निजी सूचना एवं जानकारी जानने हेतु एक प्रभावशाली साधन है।

5. अभिलेख

विद्यार्थियों की डायरियाँ, शिक्षकों द्वारा तैयार किए गए घटना वृत्त एवं संचित अभिलेख-पत्र भी मूल्यांकन की प्रमुख प्रविधियाँ हैं।

6. छात्रों द्वारा निर्मित वस्तुएँ

छात्रों द्वारा निर्मित वस्तुएँ भी उनके व्यवहार एवं रुचि सम्बन्धी सूचनाएँ प्राप्त करने हेतु महत्त्वपूर्ण साधन प्रदान करती हैं।

7. परीक्षा तकनीक

इस प्रविधि के तहत मौखिक परीक्षण, प्रायोगिक परीक्षाएँ तथा लिखित परीक्षाएँ आती हैं। लिखित परीक्षाओं में निबन्धात्मक एवं वस्तुनिष्ठ परीक्षाएँ मुख्य हैं–

(अ) प्रायोगिक परीक्षा–इसका उपयोग प्रयोगात्मक विषयों–विज्ञान, हस्तकला, ड्राइंग, कृषि, शिक्षा, मनोविज्ञान इत्यादि में किया जाता है। इसमें छात्र अपने कार्य का नमूना, अध्यापक का नमूना परीक्षक के सम्मुख प्रस्तुत करता है।

(ब) मौखिक परीक्षा–इस प्रविधि का उपयोग पढ़ने की योग्यता, उच्चारण एवं सूचनाओं की जाँच एवं लिखित परीक्षाओं की पूर्ति के लिए किया जाता है। इसमें विद्यार्थी परीक्षक के समक्ष उपस्थित होकर उसके प्रश्नों के उत्तर देता है। परीक्षक उसके आत्मविश्वास तथा अभिव्यक्ति की जाँच करता है।

(स) लिखित परीक्षा–लिखित परीक्षा के तहत–कार्य समर्पण, प्रतिवेदन लिखना, सवालों के उत्तर लिखना एवं कागज-पेन्सिल परीक्षाएँ आती हैं। लिखित परीक्षाओं के दो रूप हैं–

(क) विश्वसनीयता–परीक्षण के द्वारा हम जिस वस्तु की जांच परख चाहते हैं, वह किस सीमा तक शुद्ध एवं सम्यक रूप से जाँची जा सकती है जिससे हम उसके निर्णयों तथा परिणामों पर विश्वास कर सकें।

(ख) अंकन की सरलता–उत्तम परीक्षणों में जाँच करना सुगम होता है। इनके उपयोग से कम-से-कम समय में ज्यादा-से-ज्यादा उत्तर-पुस्तिकाओं का अंकन किया जा सकता है।

(ग) वस्तुनिष्ठता–वस्तुनिष्ठता का अर्थ वैयक्तिक तत्वों से छुटकारा पाना है। प्रश्न ऐसे होने चाहिए जिनका उत्तर एक ही हो तथा जिनके मूल्यांकन पर अध्यापक की मनोदशा, छात्रों की भाषा-शैली, निजी पक्षपात आदि का प्रभाव न पड़े।

(ग) वैधता–वैधता का आशय है कि कोई प्रश्न जिस वस्तु के मापन हेतु निर्मित हुआ है, वह उसी वस्तु का मापन करे न कि किसी अन्य वस्तु का।

यहाँ पर नये परीक्षा प्रणाली के कुछ उदाहरण दिए जा रहे हैं–

(क) सत्यासत्य की परीक्षा–इसमें विद्यार्थी हाँ अथवा ना लिखकर प्रश्नों के उत्तर देते हैं। ये परीक्षाएँ किसी भी स्तर पर उपयोग की जा सकती हैं। नीचे कुछ ऐतिहासिक कथन दिए गए है। यदि कथन सही लगे तो बायीं और (+) का चिह्न लगाएँ यदि असत्य लगे तो (–) का चिह्न लगाएँ।

1. यह सिद्ध हो गया है कि सिन्धु घाटी की सभ्यता वैदिक काल की सभ्यता से प्राचीन है।

2. तैमूरलंग का आक्रमण हुमायूँ के समय में हुआ था।
3. हर्ष प्रयाग में हर पाँचवे वर्ष दान करते समय अपने वस्त्रों को भी दान कर देता था।

(ख) अपव्यय चुनाव की प्रक्रिया—इसमें अनेक उत्तर दिए होते हैं। छात्र को दिए गए उत्तरों में से उपयुक्त उत्तर छाँटना पड़ता है। यह बहुत से अभिप्रायो को पूर्ण करती है।

(1) तिथियों के ज्ञान की परीक्षा

पानीपत का युद्ध 1526, 1556, 1527, 1558, 1584 में हुआ था।

अकबर का जन्म 1542, 1500, 1554, 1640 में हुआ था।

औरंगजेब की मृत्यु 1630, 1606, 1701, 1666 में हुई थी।

(2) वैयक्तिक चरित्र ज्ञान की परीक्षा

शिवाजी एक कमजोर, साहसी व उदार व्यक्ति थे।

अशोक धार्मिक, साहसी, निर्भयी व्यक्ति था।

औरंगजेब शक्की, अविश्वासी, धार्मिक व अनपढ़ था।

(3) कथ्य ज्ञान परीक्षा

ग्रान्ट ट्रंक रोड बनवाई थी—

शेरशाह, हुमायूँ, अकबर एवं शाहजहाँ।

आर्यों का महाकाव्य था—

सुख सागर, गीत गोविन्द, दोहावली, महाभारत।

(4) निर्णय शक्ति की परीक्षा—पानीपत के तीसरे युद्ध में मराठों की हार के कारण—

(क) खाद्य पदार्थ की कमी

(ख) संख्या में कम थे

(ग) वे गुरिल्ला युद्ध प्रणाली से लड़ते थे।

(ग) पूर्ति परीक्षा

इसमें छात्रों को रिक्त स्थानों की पूर्ति करनी पड़ती है। ऐतिहासिक कथन के मुख्य शब्द को छोड़ दिया जाता है जिसे छात्र भरता है—उदाहरण स्वरूप—

(1) अशोक .... युद्ध की विजय के पश्चात बौद्ध हो गया।

(2) कुषाण वंश का सबसे योग्य एवं शक्तिशाली शासक..........था।

(घ) तुलनात्मक परीक्षा

इस तरह की परीक्ष में बिना किसी क्रम के अनुसार वस्तुएँ दी जाती हैं। विद्यार्थियों को दोनों सूचियों के विषयों की समानता प्रदर्शित करने हेतु कहा जाता है।

उदाहरण

(1) महात्मा गाँधी	(1) देशी राज्यों का संगठन
(2) लार्ड कार्नवालिस	(2) भारत पर चीन का आक्रमण
(3) सरदार पटेल	(3) भारत छोड़ो आन्दोलन
(4) जवाहर लाल नेहरू	(4) हस्तमरारी बन्दोबस्त
(5) लार्ड माउन्टबैटन	(5) माउन्ट बैटन योजना

(ङ) कालानुक्रम परीक्षा—यह परीक्षा समय के अनुक्रम की जाँच हेतु है—

1. निम्नलिखित घटनाओं को क्रम से लिखिए—
   (क) राज्य हड़पने का सिद्धान्त
   (ख) ठगी प्रथा का अन्त
   (ग) प्लासी का युद्ध
2. नीचे लिखे शासकों को क्रम से लिखिए—
   (क) अकबर
   (ख) शेरशाह
   (ग) इल्तुतमिश
   (घ) गयासुद्दीन तुगलक।

नयी पद्धति के गुण

1. इस पद्धति में वैयक्तिक प्रयत्न समाप्त हो जाते हैं।
2. यह परीक्षा प्रणाली निबन्धात्मक परीक्षा की पूरक है।
3. इस पद्धति में भाषा का प्रभाव नगण्य होता है।
4. इस प्रणाली के द्वारा हम कम समय में ही कई कथनों की जाँच करते हैं।
5. यह परीक्षा भौगोलिक कथनों की जाँच, कालानुक्रम, तिथि ज्ञान एवं निर्णय शक्ति की जाँच करती है।

नयी पद्धति के दोष

1. इस प्रणाली में सवालों के निर्माण में बहुत कठिनाई आती है।
2. इस प्रणाली में सबसे अधिक कठिनाई एवं परीक्षा में होती है।

3. यह परीक्षा छात्रों को अनुमान (Guess) लगाकर प्रश्नों का उत्तर देने का अवसर देती है।
4. इस परीक्षा में छात्रों में लेखन शक्ति का विकास नहीं होता।
5. यह प्रणाली छात्रों में तर्क, मत तथा बौद्धिक शक्तियों के विकास का अवसर नहीं देती।
6. यह उच्चतर स्तर के छात्रों के लिए उपयोगी नहीं है।

भूगोल में केवल कथनों की जाँच करना आवश्यक नहीं है, वरन् इसमें प्रदर्शन की भी आवश्यकता पड़ती है। अतएव नये परीक्षा प्रणाली के साथ निबन्धात्मक परीक्षाएँ भी होनी चाहिए। प्रत्येक क्षेत्र में किसी-न-किसी वस्तु को कंठस्थ करने की आवश्यकता पड़ती है। वकील, डॉक्टर, राजनीतिज्ञ, अध्यापक कहीं-न-कहीं, किसी-न-किसी कथ्य को कंठस्थ करते हैं।

प्रो. जानसन ने इसीलिए कहा है कि भूगोल में स्मरण शक्ति को कम करना भूगोल को कम करना है। अतएव भूगोल में निबन्धात्मक और नये परीक्षा प्रणाली दोनों ही का उपयोग करना चाहिए।

विषय अध्यापक एवं मूल्यांकन कार्यक्रम

शिक्षण विषय के प्रभावकारी मूल्यांकन कार्यक्रम को विकसित करने के लिए अध्यापक को निम्नांकित बातों की जानकारी होनी चाहिए–

1. शिक्षण विषय के उद्देश्यों का ज्ञान।
2. शिक्षण उद्देश्यों तथा मूल्यांकन के सम्बन्धों का ज्ञान।
3. मूल्यांकन के विविध अभिप्रायों का ज्ञान।
4. मापन के सिद्धान्तों तथा व्यवहार का प्रारम्भिक ज्ञान।
5. मूल्यांकन की प्रविधियों तथा साधनों का ज्ञान।
6. अन्त में सबसे महत्त्वपूर्ण बात है अनुमान (Fallow-up) का ज्ञान।

मूल्यांकन की आवश्यकता

भूगोल अध्यापन में मूल्यांकन की आवश्यकता निम्नांकित है–

1. पाठ्यक्रम कमियों व गुणों को जानने में मदद देना, और उनमें आवश्यकतानुसार परिवर्तन करने क लिए अग्रसर करना।
2. शिक्षकों, शिक्षण-पद्धतियों, पाठ्य-पुस्तकों आदि की उपयुक्तता की जाँच करना।

3. निर्देश में सुधार के लिए अग्रसर करना।
4. निर्देशन के लिए आधार प्रदान करना।
5. उत्तम ढंग से सीखने हेतु प्रोत्साहन देना।
6. बालक के व्यवहार सम्बन्धी परिवर्तनों की जाँच करना।
7. बालक की मुश्किलें, कमियों एवं गुणों को जानने में मदद देना।
8. बालकों के सर्वांगीण विकास को गतिशील बनाए रखने में मदद देना।

सुझाव

परीक्षा अथवा मूल्यांकन जीवन की एक जरूरत है। हर काम की असफलता अथवा सफलता की जानकारी हरेक को होनी चाहिए। मूल्यांकन की कई प्रविधियाँ हैं। आजकल मूल्यांकन का प्रचलित स्वरूप धीरे-धीरे नवीन स्वरूप को धारण करता जा रहा है। नई परीक्षा प्रणाली आधुनिक जीवन में बहुत लाभदायक सिद्ध हुई है। जबकि इसके उपयोग में बहुत ही सावधान रहने की जरूरत है।

11

भूगोल में गृह-कार्य

भारत के माध्यमिक शिक्षा संस्थानों में भूगोल शिक्षण की अलग-अलग विधियाँ अपनाई जाती हैं। कक्षा अध्यापन के पश्चात् शिक्षक छात्रों को पढ़ाई पाठ्य वस्तु के आधार पर गृह-कार्य करने हेतु देते हैं। जो कक्षा अध्यापन की एक प्राचीन एवं परम्परागत विधि है। कक्षा अध्यापन के तहत छात्रों को गृह-कार्य दिया जाता है। भारत के विद्यालयों में **दो तरह से गृह-कार्य दिए जाते हैं :**

1. **लिखित गृह-कार्य** (Written Home Work)
2. **मौखिक गृह-कार्य** (Oral Home Work)

उपर्युक्त दोनों गृह-कार्य विधियों का अपना-अपना महत्त्व है। भूगोल अध यापन में गृह-कार्य का अपना विशेष महत्त्व है क्योंकि भूगोल विषय अन्य विषयों से पृथक होता है। इसके ऊपर अन्य विषयों जैसे इतिहास, अर्थशास्त्र जैसे नियम लागू नहीं होते हैं। लेकिन कतिपय पाठों में तिथि एवं घटनाएँ होती हैं। जो विज्ञान की ही भांति मौखिक रूप से याद करने हेतु भूगोल शिक्षक द्वारा दिया जाता है। इसलिए भूगोल में मौखिक एवं लिखित गृह-कार्य की मुख्यता है।

मौखिक कार्य से अभिप्राय

जब बिना लिखे मन-ही-मन में भूगोल की सभी तिथियों तथा घटनाओं को याद करने की सभी क्रियाएँ की जाती हैं तथा इनकी मदद से प्रश्नों के उत्तर निकाले जाते हैं, तब उसे हम मौखिक कार्य (Oral Work) कहते हैं। मौखिक कार्य में सवाल मौखिक एवं लिखित तौर पर दोनों ही तरह से पूछे जा सकते हैं।

विद्यार्थी बिना किसी पेन अथवा पेन्सिल की मदद के मन-ही-मन में इन्हें हल करते हैं एवं मौखिक या लिखित तौर पर अपना उत्तर देते हैं।

लिखित कार्य

भूगोल मे प्रश्नों को हल करने की प्रारम्भिक अवस्था मौखिक तौर पर ही शुरू होती है। परन्तु जब सवालों में बड़ी-बड़ी घटनाओं को याद करना होता है। उस समय भूगोल की समस्या को हल करने की प्रक्रिया कुछ जटिल हो जाती है। हर तिथियों एवं घटनाओं को मौखिक रूप से स्मरण रखना सम्भव नहीं हो पाता है। उस समय लिखित कार्य की मदद लेनी पड़ती है।

मौखिक एवं लिखित कार्य का महत्त्व

मौखिक एवं लिखित गृह-कार्य में कौन कितना ज्यादा महत्त्वपूर्ण है? यह एक विचारणीय सवाल है। मौखिक कार्य कितना महत्त्वपूर्ण है? इस पर हम ऊपर मत कर चुके हैं। यह एक मनोवैज्ञानिक कथ्य है कि छोटे बच्चे स्वभाव से ही बातें करने और सुनने में ज्यादा रुचि लेते हैं। अतएव उनकी शिक्षा भी बातें करने एवं सुनने अर्थात मौखिक कार्य द्वारा ही शुरू होनी चाहिए। प्रत्येक नये कथ्य बच्चों के मस्तिष्क में पहले मौखिक तौर पर ही बिठाया जाना चाहिए। हर नये प्रकार का प्रारम्भ मौखिक अभ्यास द्वारा ही किया जाता है।

यहाँ पर अर्थ नहीं लगा लेना चाहिए कि मौखिक गृह-कार्य के आगे लिखित गृह-कार्य का कोई मूल्य ही नहीं है। लिखित कार्य को प्रत्येक अवस्था में मौखिक कार्य का व्यापक रूप माना जा सकता है। वास्तव में लिखित गृह-कार्य की तरफ ले जाना ही मौखिक गृह-कार्य का प्रथम ध्येय है। प्रारम्भिक शिक्षा चाहे वह किसी स्तर या ज्ञान के क्षेत्र से सम्बन्धित क्यों न हो? उसको मौखिक तौर पर ही दी जानी चाहिए। परन्तु उच्च अध्ययन को लिखित कार्य से जोड़ा जाना अत्यंत जरूरी है। चाहे वह भूगोल विषय हो अथवा अन्य कोई और विषय क्यों न हो। सभी को लिखित रूप से पढ़ा एवं सीखा जा सकता है।

यदि ध्यान से देखा जाए जो लिखित एवं मौखिक कार्य में कौन बड़ा है? यह कहना कठिन है कि दोनों एक-दूसरे के पूरक हैं। भूगोल के सवालों को हल करने मे दोनों की ही जरूरत पड़ती है। किसी भी प्रश्न को लिखित तौर पर करते समय मानसिक रूप से बहुत कुछ सोचना-विचारना पड़ता है। अर्थात् हम यह कह सकते हैं कि भूगोल की समस्या के समाधान से सम्बन्धित

हर पद को पहले मौखिक तौर पर हल करना पड़ता है। इस प्रकार लिखित कार्य के साथ मौखिक कार्य निरन्तर चलता रहता है। दूसरी तरफ मौखिक कार्य को शुद्धता, शीघ्रता, स्वच्छता और स्पष्टता प्रदान करने हेतु लिखित कार्य की मदद लेनी पड़ती है। मौखिक चिन्तन के द्वारा भूगोल सम्बन्धी क्रियाओं का मस्तिष्क में चित्र बन जाता है। लेकिन उस चित्र को व्यवहारिक रूप प्रदान करने के लिए लिखित कार्य की मदद लेनी ही पड़ती है। किसी ने ठीक ही कहा है कि **"पढ़ने से मनुष्य अपने आप में भरा-पूरा हो सकता है, बातचीत में तत्परता आती है, परन्तु यथार्थता लेखन से ही आ सकती है।"**

अतएव उपर्युक्त कथन के आधर पर हम कह सकते हैं कि मौखिक एवं लिखित दोनों ही भूगोल अध्यापन की विधि को पूर्णता प्रदान करते हैं। इन दोनों को एक-दूसरे से अलग करना सर्वथा अनुचित होगा। इन्हें सदैव ही एक-दूसरे के सहयोगी के तौर पर देखा जाना चाहिए तथा कक्षा में एक इकाई के रूप मे प्रस्तुत किया जाना चाहिए।

शैक्षणिक सफलता में मौखिक गृह-कार्य की भूमिका

मौखिक कार्य छात्रों की प्राप्ति में काफी सहायक होता है। जो निम्न प्रकार से है :–

1. मौखिक प्रश्नों की मदद से छात्रों के पूर्व ज्ञान का पता लग जाता है। जिसके आधार पर छात्रों को नये जानकारी देने में मदद मिलती है।
2. विषय प्रवेश के लिए प्रस्तावना सम्बन्धी प्रश्न मौखिक रूप से ही पूछे जाते हैं तथा पाठ को पढ़ाने की आवश्यकता का अनुभव कराते हुए उद्देश्य कथन मौखिक रूप से ही किया जाता है।
3. विषय के प्रस्तुतीकरण के लिए भी बीच-बीच में मौखिक प्रश्नों की मदद लेनी पड़ती है।
4. कक्षा में छात्रों का ध्यान आकर्षित करने का यह एक अच्छा साधन है।
5. कक्षा में पाठ्य वस्तु को पढ़ाते-पढ़ाते अध्यापक द्वारा दो-चार प्रश्न पूछ लेने से छात्रों का ध्यान अध्यापक की ओर केन्द्रित हो जाता है।
6. मौखिक कार्य से अध्यापक को यह पता चल जाता है कि छात्र पाठ्य वस्तु को कितना समझ रहा है? अथवा वह पाठ्य वस्तु को कक्षा में कितना समझने में असमर्थ है?

7. मौखिक कार्य पढ़ाने के पश्चात् अभ्यास कार्य कराने के लिए यह एक सर्वोत्तम साधन है।
8. मौखिक कार्य समय की बचत करता है।
9. प्रत्येक क्रिया को लिखित तौर पर करने से समय का अधिक अपव्यय होता है।
10. मानसिक रूप से जल्दी सोचने तथा तिथियों एवं घटनाओं को याद करके शीघ्र ही उत्तर मालूम करने से समय और परिश्रम की काफी बचत हो जाती है।

इस प्रकार हम देखते हैं कि भूगोल में मौखिक कार्य का अपना विशेष महत्त्व है। विशेषकर प्राइमरी कक्षाओं में तो मौखिक कार्य केवल रुचिपूर्ण ही नहीं, अपितु बहुत प्रभावपूर्ण होता है। मौखिक कार्य में विद्यार्थी अपने कान तथा आँख आदि इन्द्रियों द्वारा तथा इन्द्रियों के स्वामी मन द्वारा ज्ञान प्राप्त करते हैं। छोटे बच्चे अधिकतर बातें सुनने और अपनी बातें सुनाने से बहुत प्रसन्न होते हैं। यही कारण है कि मौखिक गृह-कार्य के महत्त्व को बड़े-बड़े शिक्षा-शास्त्रियों ने भी स्वीकार किया है। जैसा कि **डॉक्टर सलामतउल्ला** के इस कथन से विदित है—**"मौखिक गृह-कार्य नियम को नागरिकता तथा प्रभावपूर्ण जीवन की शिक्षा एक जरूरी अंग माना जाना चाहिए।"**

भूगोल में व्यायाम कार्य

अध्यापन काम किसी एक प्रकरण को पढ़ाकर ही समाप्त नहीं हो जाता। वरन् जो कुछ पढ़ाया गया है, वह छात्रों के मस्तिष्क पटल पर अच्छी प्रकार अंकित हो जाए तथा विद्यार्थी सीखे हुए ज्ञान का अच्छी तरह प्रयोग करने में समर्थ हो सके, इसके लिए भी अध्यापक द्वारा प्रयास करने की नितान्त जरूरत है। इस कार्य हेतु सामान्य तौर पर चार साधनों का उपयोग किया जा सकता है :—

(i) प्रश्न पूछना (Questioning)
(ii) अभ्यास कार्य (Drill work)
(iii) आगे हल की जाने वाली कठिन कठिनाइयों पर मत करना। (To Solve the next step of the Problem)
(iv) पुनरीक्षण अथवा फिर से मत करना (Review)

इन सब में उपयोगिता के दृष्टिकोण से अभ्यास-कार्य का काफी ज्यादा महत्त्व है एवं यही साधन अक्सर हमारे स्कूलों में भूगोल के ज्ञान को स्थाई एवं प्रभावपूर्ण बनाने हेतु प्रयोग में लाया जाना चाहिए।

व्यायाम के समय बरती जाने वाली सावधानी हेतु

1. अभ्यास कार्य को खेल का रूप देकर एवं सही सहायक साधनों के द्वारा क्रियात्मक कार्य हेतु अवसर देकर रुचिपूर्ण बनाया जाना चाहिए।
2. सभी के लिए एक समय में एक ही प्रकार का कार्य करना बिल्कुल असम्भव है। अतएव वैयक्तिक अन्तर को ध्यान में रखकर अभ्यास कार्य कराया जाना चाहिए।
3. जहाँ तक हो सके व्यायाम कार्य को रोचक बनाया जाना चाहिए। छात्र इसे करने में अत्यन्त प्रसन्नता का अनुभव करे, इस बात का प्रयास करना चाहिए।
4. अभ्यास कार्य को एक समय में 10 मिनट से ज्यादा समय नहीं देना चाहिए।
5. अभ्यास कार्य कराने में गति की अपेक्षा शुद्धता पर ज्यादा ध्यान दिया जाना चाहिए। छात्रों की गलतियों को मालूम करके उन्हें तुरन्त ही दूर करने का प्रयत्न करना चाहिए।
6. अभ्याय कार्य को पढ़ाए जाने वाले प्रकरण या उसके किसी हिस्से के लिए पूर्णतया निर्धारित और संगत होना भी जरूरी है।
7. अभ्यास पर्याप्त मात्रा में हो, इसका यह अभिप्राय नहीं कि उसे बहुत ज्यादा समय तक निरन्तर कराया जाए। ऐसा करने से बच्चों में अरुचि पैदा हो जाती है।
8. अभ्यास कार्य एक ही तरह का नहीं होना चाहिए। कभी मौखिक, कभी लिखित, प्रयोगात्मक तथा पाठ्यान्तर क्रियाओं के तौर पर ही इसे कराया जाना चाहिए।
9. विद्यार्थियों को अभ्यास कराने के समय अपने उत्तरों की स्वय जाँच करने का अभ्यास कराना चाहिए जिससे उनमें आत्मविश्वास की भावना पैदा हो सके।
10. समय-समय पर अध्यापक को छात्रों के अभ्यास-कार्य की उपलब्धियों का मूल्यांकन भी करते रहना चाहिए।

भूगोल और गृह-कार्य

भूगोल के सीखे हुए सिद्धान्तों अथवा नियमों के लिए प्रायः स्कूलों में उतना समय नहीं मिलता, जितने में उनसे सम्बन्धित अभ्यास अथवा उपयोग सम्बन्धी

कार्य भली-भांति किया जा सके। व्यावहारिक जीवन में उपयोग करने के लिए भी स्कूल का क्षेत्र और समय न तो पर्याप्त ही रहता है और न अधिक अनुकूल ही। इसी कारण से कक्षा में जो कुछ पढ़ाया जाता है, उससे सम्बन्धित कार्य बच्चों को घर पर करने के लिए दे दिया जाता हे। जिसको गृह-कार्य (Home-Work) के नाम से जाना जाता है। यह कार्य लिखित, मौखिक रूप से याद करना, व्यावहारिक जीवन में उपयोग करना, निरीक्षण करना, क्रियात्मक कार्य के द्वारा वस्तुओं का निर्माण करना आदि अनेक रूपों में हो सकता है।

कुछ शिक्षा-शास्त्रियों के मत में छात्रों को कार्य करने के लिए स्कूल का समय ही पर्याप्त होता है। वे उन्हें गृह-कार्य देने के पक्ष में नहीं हैं। उनके मत से गृह-कार्य देकर हम अबोध बच्चों की स्वतन्त्रता का अपहरण करते हैं। इससे घर पर भी उनके ऊपर स्कूल की ही वातावरण छाया रहता है। छात्र अपनी इच्छा के विरुद्ध कार्य करते हैं। जिससे उनके अन्दर विषय तथा विषयाध्यापक के प्रति घृणा के भाव पैदा होने लगते हैं। वे विषय से दूर हो जाते हैं। अतएव ऐसी क्रियाओं तथा स्थिति से आज के भूगोल अध्यापकों को बचना चाहिए।

गृह-कार्य के दोष

अगर ध्यान से गृह-कार्य की स्थिति का विश्लेषण किया जाए तो हम ये पाते हैं कि गृह-कार्य के अपने दोष बहुत कम हैं। अपितु उसे सही प्रकार से सिद्धान्त तौर पर नहीं दिए जाने का परिणाम है कि इस प्रभावी पद्धति को दोषपूर्ण बना दिया गया है। इसका मुख्य कारण है कि "कुछ भूगोल अध्यापक अपने अपरिपक्व अनुभव, कुछ स्वयं काम करने से बचने के लिए और कुछ गृह-कार्य देने के अपने असंयम उत्साहवश अनियमित, अनुचित और अधिक गृह-कार्य देने के वजह से जरूरी से ज्यादा गृह-कार्य दे बैठते हैं।"

सुझाव

भूगोल अध्यापन में गृह-कार्य की सफलता हेतु साधारण-रूप से विषयाध्यापकों को निम्न बातों पर खास ध्यान देना चाहिए :–

(i) गृह-कार्य उस दिन स्कूल में एि जाने वाले कार्य के ऊपर ही आधारित होना चाहिए।

(ii) गृह-कार्य निजी योग्यता और सामर्थ्य के फर्क को ध्यान में रखकर दिया जाना चाहिए।

(iii) सभी तरह के छात्रों को इसमें कार्य करने का पर्याप्त मौका मिलना चाहिए।

(iv) गृह-कार्य को शिक्षक द्वारा अच्छी तरह से सोच-समझकर दिया जाना चाहिए, न तो यह ज्यादा हो और न कम।

(v) इसके द्वारा पढ़ाए जाने वाले सभी कथनों की पुनर्रावृत्ति, अभ्यास तथा उपयोग के मौका उपस्थित किए जाने चाहिएँ—गृह-कार्य कभी भी सजा के तौर पर नहीं दिया जाना चाहिए।

(vi) एक ही प्रकार का गृह-कार्य नहीं देते रहना चाहिए।

(vii) लिखित, मौखिक, प्रायोगिक तथा पाठ्यान्तर क्रियाओं सम्बन्धी सभी काम देने चाहिएँ।

(viii) सबसे ज्यादा प्रमुख बात यह है कि शिक्षक को इसे नियमित तौर पर देखते रहना चाहिए और छात्रों की परेशानियों को दूर करने का सही प्रयत्न करना चाहिए।

12

कम्प्यूटर एवं भूगोल शिक्षण

आज के युग में हम सभी जानते हैं कि कम्प्यूटर हमारे जीवन का एक अभिन्न अंग है। प्रतिदिन के कार्य में इसकी महत्त्वपूर्ण भूमिका है। कम्प्यूटर दैनिक जीवन के हरएक क्षेत्र में काम कर रहा है। इसको हम 'कम्प्यूटर-क्रान्ति' ;ब्वउचनजमत त्मअवसनजपवदद्ध भी कह सकते हैं। जो आज के युग की माँग है। अतः जरूरी है कि हम अपने कार्य के अनुरूप इसकी जानकारी प्राप्त करें और इसको सीखकर अपने जीवन में इसका पूर्ण प्रयोग करें।

हम अपने कार्यों हेतु लम्बी-लम्बी गणनाएँ करते हैं, जिसमें गलतियाँ भी होती हैं। इसको दूर करने के लिए कैलकुलेटर का खोज हुआ। परन्तु आधुनिक युग की रफ्तार काफी तेज है जिसमें आगे बढ़ने के लिए जरूरी है कि ऐसी मशीन का प्रयोग हम करें जिससे कार्य तेजी और क्रुटि के बिना हो। इसमें हमारा साथ देता है—कम्प्यूटर। विज्ञान तथा अनुसन्धान के फलक में इसका अपूर्व योगदान है। जैसे-जैसे इसका प्रयोग बढ़ रहा है इसके योगदान का क्षेत्र भी विकसीत हो रहा है। भूगोल का क्षेत्र भी इससे अछूता नहीं रहा है। परन्तु इस क्षेत्र में इसके योगदान की भूमिका को हमें और ज्यादा बढ़ाना होगा। इसके लिए जरूरी है कि हम इसकी जानकारी एवं इसका ज्ञान प्राप्त करें।

संगणक और भूगोल में परस्पर संबंध

कम्प्यूटर मनुष्य जीवन को अनगिनत तरीकों से प्रभावित करता है। जो काम मनुष्य कुछ सीमा तक कर सकता है, वे सभी कार्य कम्प्यूटर के माध्यम से अधिक

तेजी और दक्षता के साथ पूर्ण हो सकते हैं। कम्प्यूटर केवल रुपए-पैसों का ही हिसाब नहीं रखता है बल्कि वह प्रयोगशालाओं में एवं अनुसन्धानों में बड़ी-बड़ी गणनाएँ करता है। वर्तमान कार्य व फैक्टरीयों में कम्प्यूटर ही शुद्धता से कार्य करता है। वहाँ की बड़ी-बड़ी मशीनों का संचालन भी इसके माध्यम से किया जाता है। इतना ही नहीं वरन् देश की सुरक्षा के लिए बनने वाले उपकरणों के निर्माण तथा उनके रख-रखाव में भी इसका प्रमुख योगदान है। ये उदाहरण उन कामों का केवल एक अंश हैं, जो कम्प्यूटर की मदद से हो सकते हैं। कम्प्यूटर का उपयोग शिक्षा संस्थाओं में, डॉक्टरों के माध्यम से, अंतरिक्ष यात्राओं में मार्गदर्शन के लिए और जीवन के अन्य क्षेत्रों में भी इसका व्यापक प्रयोग हो रहा है। आज हमारा समाज पूर्ण तौर पर एक नए समाज की रचना कर रहा है। इस बदलते दौर में सामाजिक एवं भूगोल का फलक भी इससे अछूता नहीं रहा है। इसका सबसे अधिक प्रयोग भूगोल में अनुसन्धान के फलक में ही हो रहा है। परन्तु अब भूगोल जैसे विषय में भी इसका खुलकर उपयोग किया जा रहा है। अतः आधुनिक भूगोल के संसार में कम्प्यूटर का ज्ञान सभी के लिए जरूरी है। खास तौर पर भूगोल के छात्रों के लिए इसका अध्ययन अत्यंत जरूरी है। अतः दोनों एक-दूसरे के पूरक हैं तथा इनमें एक अन्तःसम्बन्ध है।

संगणक एक परिचय

कम्प्यूटर एक ऐसी मशीन है, जिसके बारे में सामान्य तौर पर कहा जा सकता है कि यह कैलकुलेटर, टाइपराइटर तथा टेलिविजन का मिला हुआ संयुक्त रूप है। जिसको सामान्य शब्दों में हम 'कम्प्यूटर' के नाम से जानते हैं। कम्प्यूटर के पास अपनी कोई जानकारी नहीं होती है। यह किसी भी तरह की भाषा नहीं जानता है। यह सिर्फ अंकों की भाषा ही समझता है। कम्प्यूटर अंकों को अपनी भाषा में बदल लेता है, जिसको मशीन लैंग्वेज कहा जाता है। कम्प्यूटर मनुष्य द्वारा तैयार किए गए प्रोग्रामों के निर्देशों के आधार पर कार्य करता है। यह प्राप्त आँकड़ों का विश्लेषण कर मोनीटर पर प्रस्तुत करता है। जिसको हम देख सकते हैं तथा अपनी जरूरतानुसार प्रिंटर द्वारा लिखित भी प्राप्त कर सकते हैं। कम्प्यूटर के मुख्य रूप से तीन उपकरण प्रमुख होते हैं। जिनके माध्यम से यह अपना कार्य करता है। वे प्रमुख उपकरण हैं : **मोनीटर, सी.पी.यू., तथा प्रिंटर।**

संगणक की कार्य पद्धति

कम्प्यूटर में हर कार्यक्रम महत्वपूर्ण पाँच इकाइयों से होकर गुजरता है—

1. अदा इकाई (Input-Unit)

2. स्मृति भण्डारण इकाई (Memory Storage Unit)
3. परिकल्पना इकाई (Logical Unit)
4. नियन्त्रण इकाई (Control Unit)
5. प्रदा इकाई (Output Unit)

1. अदा इकाई–जिस इकाई के अन्दर सभी सूचनाएँ और आँकड़े भरे जाते हैं, उसे अदा इकाई के तौर पर जाना जाता है। इनपुट सेक्सन के द्वारा कम्प्यूटर के (कम्प्यूटर की भाषा में जिसे वह समझता है) आँकड़े, प्रोग्राम एवं निर्देश फीड किया जाता है। फीड किया गया तत्त्व मुख्य इनपुट टर्मिनल पंचकार्ड, टाइपराइटर, पंचटेप, मैगनेटिक इंक एवं पेपर टेप आदि से होता हुआ डिस्प्ले द्वारा दिखाई पड़ता है।

2. स्मृति भण्डारण इकाई–यह मानव मस्तिष्क का ही एक निर्जीव स्वरूप है, जिसमें जो चीज, जब तक चाहें, तब तक पड़ी रहती है तथा आवश्यकता पड़ने पर उसे पुनः स्मरण (Recall) कराया जाता है। यही वह इकाई है, जिसमें सभी आँकड़े, प्रोग्रामिंग एवं निर्देश सुरक्षित रहते हैं। यह मुख्य रूप से दो प्रकार से आन्तरिक एवं बाह्य होती है।

3. परिकल्पना इकाई–इस इकाई के अन्तर्गत मुख्य दो उप इकाई–(i) गणितीय अथवा तार्किक इकाई (Arthmetic or Logecoolume) (Alu) एवं (ii) नियन्त्रण इकाई (Control unit) हैं। प्रथम इकाई में गुणा, भाग, जोड़, घटाना एवं जटिल गणना की जाती है तथा इसी इकाई में सही निर्णय लेने की क्षमता होती है।

4. नियन्त्रण इकाई–यह इकाई कम्प्यूटर की सम्पूर्ण प्रोसेसिंग को नियन्त्रित करता है, अर्थात् कहाँ पर किसी आँकड़े को अथवा सूचना भेजी जाए, विविध प्रकार के सिग्नलों को देना तथा यह इकाई इस बात की गारन्टी देती है कि कम्प्यूटर की सभी इकाइयाँ सही सूचना दे रही हैं।

5. प्रदा इकाई–यह इकाई सभी सूचनाओं को स्क्रीन पर प्रदर्शित करती है, जिसमें रेखाचित्रों, चित्रों, आँकड़ों, फोटोग्राफ, शब्दों एवं आँकड़ों आदि चीजों को स्क्रीन पर प्रदर्शित करने का कार्य करता है।

संगणक के प्रकार

कम्प्यूटर की कार्यशैली के आधार पर इसके प्रकार हैं–

1. अंकीय कम्प्यूटर
2. अनालॉग कम्प्यूटर
3. उच्चीकृत कम्प्यूटर

अंकीय कम्प्यूटर में परिस्थितियों की अनुरूपता अंकों से की जाती है। अंकों को गणितीय आधार पर परिवर्तित अथवा हल करके फल प्राप्त किया जाता है। उसके द्वारा अंकों अथवा नम्बरों को व्यक्त किया जाता है। अनालॉग कम्प्यूटर को सादृश्य कम्प्यूटर भी कहा जाता है, क्योंकि इसके द्वारा अंकों की अनुरूपता अन्य भौतिकीय परीनली (Variable) के सदृश बनाई जाती है। इस प्रकार के कम्प्यूटर का उपयोग मापन में अधिक होता है। उच्चीकृत कम्प्यूटर में उक्त दोनों कम्प्यूटरों की (अंकीय/अनालॉग) को मिलाकर बनाया गया है। इसमें आँकड़ों का संकलन और निर्देशन दोनों खुद हो जाता है। उसमें गणना की सभी युक्तियाँ हैं।

संगणक के गुण

उपरोक्त विवरण के आधार पर इसकी विशेषताओं का अध्ययन करना जरूरी है। इसकी विशेषताओं को निम्नलिखित बिन्दुओं के माध्यम से व्यक्त किया जा सकता है–

1. स्वचालित–एक बार फीड देने से कम्प्यूटर स्वतः ही तब तक सारा काम करता रहता है, जब तक कि अभिक्रम पूरा नहीं हो जाता।

2. कर्मनिष्ठता–मानव की प्रकार इसमें थकान अथवा कार्य का बोझा नहीं महसूस होता, वरन् यह अनवरत् बिना थके ही सब करता रहता है, साथ-साथ ध्यान भंग किए बिना।

3. भण्डारण–इसमें अब तक की सबसे ज्यादा भण्डारण शक्ति मानी गई है। यह कार्य मनुष्य मस्तिष्क द्वारा सम्भव नहीं है। इसमें केन्द्रीय परिकलन इकाई (Central Processing unit) (C.P.U) कहा जाता है, जिसमें सभी सूचनाएँ संग्रहित रहती हैं।

4. गति–यह एक तीव्रतम गतिवाला यन्त्र है, जिसे सेकेण्ड में नहीं, वरन् माइक्रो सेकेण्ड (एक सेकेण्ड का 10 लाखवाँ भाग), नैनो-सेकेण्ड (Nano-second) (एक सेकेण्ड का हजार का 10 लाखवाँ हिस्सा तथा पिको सेकेण्ड (Pico-second) (एक सेकेण्ड का 10 लाख का 10 लाखवाँ भाग) प्रदर्शित करता है, यानी 30 लाख गणना प्रति सेकेण्ड करता है, जिसके चलते चन्द्रमा एवं दूसरे ग्रहों तक मानव पहुँच सका है।

5. परिशुद्धता–यह एक ऐसा यन्त्र है, जिसके माध्यम से त्रुटियाँ लगभग नगण्य होती हैं, जो त्रुटियाँ होती हैं, वह कम्प्यूटर चालक या अभिक्रमक द्वारा होती हैं।

6. बहुविज्ञता—कम्प्यूटर द्वारा एक ही नहीं कई कार्य किए जा सकते हैं, जैसे—सूचनाओं को आदान-प्रदान करता है, अन्दर-ही-अन्दर सूचना का स्थानान्तरण, गणितीय संगठनाएँ एवं दूसरे विभिन्न कार्यों को करता है।

7. सही स्मरण शक्ति—इसमें स्मरण शक्ति ही नहीं, वरन् सही स्मरण शक्ति होती है। जरूरत पड़ने पर यह नेनो सेकेण्ड तक बढ़ा सकती है एवं जरूतर पड़ने पर उसी अनुपात में शुद्धता के साथ घटाती भी है।

संगणक सहयुक्त अनुदेशन

चूँकि यह एक कठोर उपागम है। इसका उपयोग शिक्षा जगत् में किया जाने लगा है। इसका प्रादुर्भाव सन् 1961 में **इलिन्वायस विश्वविद्यालय** में किया गया और इसका सुधरा हुआ रूप सन् 1966 में **स्टेन फोर्ट विश्वविद्यालय के पैट्रिक सुपेस** (Patric Suppes) ने किया, जिसमें स्कूली बच्चों के लिए वाचन करने एवं गणित पर एक प्रतिमान का निर्माण किया। इस प्रकार से कालान्तर में कम्प्यूटर सह अनुदेशन की शैली का प्रसार होता गया। इस प्रकार के कम्प्यूटर के निर्माण के पीछे शिक्षा तकनीशियनों के दो मत थे। प्रथम यह कि शिक्षा प्रक्रिया में तकनीकी उपकरणों का उपयोग किया जाए तथा द्वितीय मत यह था कि अध्यापन विधियों, प्रविधियों, सिद्धान्तों को और प्रभावी ढंग से लागू करना। अतएव आज के समय एवं भावी समयों में इसका उपयोग अध्यापन के क्षेत्र में बढ़ता जाएगा।

कम्प्यूटर सहअनुदेशन की आधारभूत मान्यताएँ (Basic Assumptions of CAI)—उपर्युक्त विवरण के आधार पर इसकी मान्यताएँ निम्नलिखित हैं—

1. इसके द्वारा हजारों छात्रों के शैक्षिक क्षेत्र गुणात्मक एवं परिणामात्मक, दोनों प्रकार की कठिनाइयों का समाधान किया जा सकता है।
2. इसके द्वारा व्यक्तिगत रुचि एवं रुझान के अनुसार प्रतिपुष्टि को प्राप्त किया जा सकता है।
3. इस प्रकार के कम्प्यूटर द्वारा अधिगमकर्त्ता द्वारा अधिगम एवं परीक्षण के समय उसके द्वारा किए गए व्यवहार को स्वतः रिकार्ड किया जाता है, तदनुसार अध्यापक छात्र के लिए भावी रणनीति तैयार करता है।
4. इसकी एक मान्यता यह भी है कि विषय एवं विषय-वस्तु को विविध विधियों के माध्यम से प्रस्तुत करने की क्षमता प्रस्तुत करता है।

संगणक सह-अनुदेशन की कार्य पद्धति

शैक्षिक तकनीकी के अन्तर्गत कम्प्यूटर 'मशीन उपागम' (Hormone) तथा भीतर संचित अभिक्रम ''नवनीय उपागम'' (Software) की श्रेणी में आता है। इस प्रकार अध्यापन दोनों प्रकार के उपागम को उपयोग करता है। इसमें छात्र में पूर्व व्यवहार, पूर्व अनुभव एवं प्रारम्भिक व्यवहार के आधार पर कम्प्यूटर निर्णय लेता है। अतएव इस प्रकार अनुदेशन-क्रिया के अन्तर्गत कम्प्यूटर अधोलिखित कार्यों को करता है–

1. कार्डों एवं चुम्बकीय टेप पर सूचनाओं एवं अभिक्रमों को संग्रहीत करता है।

2. सूचनाओं का सम्प्रेषण (Communication) विद्युत टंकण मशीन की मदद से किया जाता है।

3. इस तरह से संग्रहीत सूचनाओं एवं अभिक्रमों में से हर छात्र हेतु उपयुक्त सूचनाओं का ध्यान करता है।

संगणक संयुक्त अनुदेशन के विशेषज्ञ

कम्प्यूटर संयुक्त अनुदेशन की प्रविधि हेतु किसी संस्था को निम्नलिखित विशेषज्ञों की जरूरत पड़ती है–

1. अभिक्रम लेखक–इसके लिए कम्प्यूटर की भाषा जाननेवाला, मनोविज्ञान का ज्ञाता, अधिगम सिद्धान्तों को समझनेवाला, बालक की आयु के अनुसार प्रक्रिया को समझनेवाला इत्यादि तरह के विशेषतायुक्त अभिलेखक को होना चाहिए।

2. कम्प्यूटर अभियन्ता–इसके लिए एक ऐसा व्यक्ति हो, जो कम्प्यूटर की तकनीकी भाषा, प्रयोग, कार्यप्रणाली, रचना एवं सिद्धान्तों इत्यादि से भली-भाँति अनुवाद कर सके। उसमें कम्प्यूटर भाषा का अनुवाद करने की क्षमता हो तथा तद्नुसार रूप-रेखा का निर्माण कर सके।

3. प्रणाली प्रचालक–कम्प्यूटर एवं अधिगमकर्त्ता के मध्य एक कड़ी होती है, जो कम्प्यूटर के संचालन की सारे उत्तरदायित्व का वहन करता है। वह डाटा बेस का प्रयोग करता है, त्रुटियों का पता लगाकर सुधारता है एवं कम्प्यूटर की सारे काम प्रणाली को संचालित एवं नियन्त्रित करता है।

संगणक द्वारा प्रदत्त शिक्षण-प्रक्रिया

अद्यतन खोजों के अनुसार 30 छात्रों की वैयक्तिक विभिन्नता के आधार पर 30 तरह के अभिक्रमों को प्रस्तुत किया जा सकता है। यह जानकारी **लारेन्स स्टूलरों**

एवं डेनियल डेविस (Lawrence Staularw and Daniel Davis) ने दिया। इन्होंने कम्प्यूटरों की शिक्षण-प्रक्रिया को दो पक्षों में बाँटा है–

1. **अनुवर्ग अध्यापन पक्ष**–इस वर्ग में किसी एक बालक का चुनाव किया जाता है। चुने गए अभिक्रम को कम्प्यूटर द्वारा बालक के सम्मुख प्रस्तुत किया जाता है, जिससे वह सीखता है और अन्त में उसका कम्प्यूटर द्वारा मूल्याँकन किया जाता है।

2. **पूर्वअनुवर्ग अध्यापन पक्ष**–इस वर्ग के तहत विशिष्ट प्रयोजनों की प्राप्ति की जाती है तथा इसके लिए विशिष्ट छात्रों का चुनाव उसके पूर्व व्यवहार के आधार पर किया जाता है।

उपरोक्त दोनों पक्षों के कार्यों को कम्प्यूटर द्वारा निम्नलिखित दो सोपानों द्वारा प्रस्तुत किया जाता है–

1. **अपेक्षित जनसंख्या का चुनाव**–सर्वप्रथम कार्ड पर छात्र की शैक्षिक योग्यता, शैक्षिक उपलब्धि तथा पूर्ण-व्यवहारों को अंकित कर कम्प्यूटर में भर दिया जाता है। कम्प्यूटर छात्र की पूर्ण-परीक्षा लेता है, ताकि उसमें पूर्ण-व्यवहारों के स्तर की जाँच हो सके। पूर्ण परीक्षा में सफलता प्राप्त होने पर कम्प्यूटर छात्र के शैक्षिक स्तर को निश्चित करता है, तद्नुसार कम्प्यूटर छात्र का पुनः परीक्षण कर उसका विश्लेषण एवं मूल्याँकन करता है। प्राप्त स्तर के अनुसार कम्प्यूटर अभिक्रम को चयनित करता है और यदि छात्र के स्तर का अभिक्रम कम्प्यूटर में संग्रहित नहीं रहता तो कम्प्यूटर छात्र को अयोग्य घोषित कर देता है।

2. **अभिक्रम का प्रस्तुतीकरण तथा अधिगम नियन्त्रण**–इस प्रकार के अध्यापन में कम्प्यूटर एक साथ 30 छात्रों को पाठ्यवस्तु से सम्बन्धित 30 अभिक्रमों को प्रस्तुत करता है। कम्प्यूटर के अन्तर्गत विद्युत टंकण मशीन अथवा टेप द्वारा सूचनाओं को सम्प्रेषित किया जाता है। यदि छात्र किसी भी दशा में त्रुटिपूर्ण अनुक्रिया करता है, तो कम्प्यूटर अनुदेश बदल देता है। इसके द्वारा अभिक्रमित अनुदेशन ही नहीं प्रस्तुत किया जाता वरन् कम्प्यूटर छात्र के व्यवहार को भी नियंत्रित करता है।

संगणक सहनुदेशन की हदें

उपरोक्त वर्णन के आधार पर कम्प्यूटर सहनुदेशन की सीमाएँ अग्रलिखित हैं–

1. कम्प्यूटर सह अनुदेशन वैयक्तिक भिन्नता को ध्यान में नहीं रखता, जबकि बालक के विकास में इसकी प्रमुख भूमिका होती है।
2. इससे शिक्षक-छात्र के बीच में भावात्मक एकता के विकास का पूर्णतः अभाव पाया जाता है।

3. इसमें छात्रों में सामाजिकता की भावना का अभाव पाया जाता है, क्योंकि इस शिक्षण- प्रक्रिया में बालक अन्यवत् बैठा रहता है।
4. इस प्रकार के अध्यापन माध्यमों से बालक में संवेदनशील एवं भावनात्मक विकास का अभाव पाया जाता है।
5. छात्रों के बीच में भी सहयोग एवं साहचर्य का अभाव हो जाता है।
6. कम्प्यूटर सह अनुदेशन किसी भी प्रकार से भाषा का ज्ञान देने में अक्षम साबित होता है।
7. इस तरह के अनुदेशनों से बालकों में मानसिक उदासीनता, उबाऊपन एवं उबाऊपन थकान जैसी स्थिति बन जाती है, जिसे वे बीच में ही छोड़ देना चाहते हैं।
8. इससे छात्रों में आजाद चिन्तन, मनन एवं सृजनात्मकता का अभाव पाया जाता है। वे एक-एक मशीन से बँधे तथा पूर्णतः नियन्त्रित पाते हैं, जो एक तरह से शिक्षा मनोविज्ञान के विरुद्ध है।

संगणक के अन्य अध्यापन प्रयोग

वैसे तो सम्पूर्ण देश में एक तरह से कम्प्यूटर युग जैसा आ गया है, अतः शिक्षा जगत् में इसका मुख्य उपयोग संक्षिप्त में इस तरह से है–

1. इसके द्वारा अध्यापक एवं छात्र द्वारा अपने स्वतः या एक-दूसरे के बारे में शैक्षिक मापन, मूल्याँकन, सम्पूर्ण, सलाह, मार्गदर्शन एवं सुझाव इत्यादि के लिए इसका उपयोग किया जा सकता है। इससे छात्र की योग्यता, क्षमता, दक्षता, कौशल, जरूरत, रोजगार एवं व्यवसाय इत्यादि के बारे में सूचना एकत्रित कर सकते हैं। इस तरह से इन क्षेत्रों में इससे विधिवत् मदद ली जा सकती है।
2. इसके द्वारा छात्र जरूरतानुसार किसी विषय-वस्तु का अभ्यास कर सकता है।
3. कम्प्यूटर के द्वारा छात्र बातचीत कर सकता है।
4. सन् 1961 से 1970 के बीच इसकी मदद से अनुरूपन एवं शैक्षिक क्रीड़न को प्रस्तुत किया जाता है।
5. इससे विविध विषयों के अनुदेशन में मदद ली जा सकती है।
6. इससे हर स्तर पर अध्यापन सामग्री उपलब्ध कराई जा सकती है।
7. इससे हर छात्र के विकास/ह्रास का पता लगाया जा सकता है तथा उसे दूर किया जा सकता है।

8. इससे छात्रों में पुनर्बलन मिलता है।
9. कम्प्यूटर के माध्यम से छात्र स्वतः तथा अध्यापक स्वतः दोनों ही नियन्त्रित रहते हैं।
10. प्रोग्रामिंग अनुदेशन को कम्प्यूटर ज्यादा व्यवस्थित ढंग से प्रस्तुत करता है।
11. शैक्षिक सूचना को व्यवस्थित तौर पर भण्डारण एवं प्रेषण करता है।
12. इसकी मदद से छात्रों को वस्तुनिष्ठ पाठ उपलब्ध कराए जा सकते हैं।

भारत में संगणक शिक्षा

विश्व के आधुनिकीकरण में यदि हमें अपनी आय को विस्थापित करना है तो कम्प्यूटर एवं कम्प्यूटर टेक्नालॉजी में पूर्ण भागीदारी करनी होगी, अन्यथा देश की सामाजिक, आर्थिक एवं शैक्षिक उन्नति धीमी पड़ जाएगी। इन्हीं बातों को ध्यान में रखकर केन्द्र सरकार प्रत्येक स्तर पर कम्प्यूटर की व्यवस्था करने में प्रयासरत है। लगभग उससे कुछ अधिक गति निजी क्षेत्रों (Private Sector) की है। अतएव ऐसी स्थिति में आवश्यकता इस बात की है कि देश के सभी स्तर के विद्यालयों में कम्प्यूटर मुहैया कराया जाए, क्योंकि विश्व स्तर पर, जहाँ पर अमेरिका में 62%, इंग्लैण्ड में तथा जापान के प्रत्येक प्राथमिक पाठशालाओं में कम-से-कम एक कम्प्यूटर लगा हुआ है, वहीं हिन्दुस्तान में इसका प्रतिशत अतिन्यून है। फिर भी 1982 से भारतवर्ष में भी इसका विस्तार बढ़ता जा रहा है। लगातार इसके विकास के लिए सेमिनार, सिम्पूजियम एवं वर्कशाप चलाए जा रहे हैं। इसीलिए नई शिक्षा नीति (1986) में भी इस पर विशेष बल दिया गया है। सन् 1990 में इसके प्रशिक्षकों की संख्या लगभग 12000 हो गई है। इस प्रकार से मानव संसाधन मन्त्रालय ने **'कम्प्यूटर लिट्रेसी पाइलट प्रोग्राम'** चलाया गया है, जो स्कूल स्तर के लिए है। इसका लाभ लगभग 3000 प्रारम्भिक विद्यालयों को होगा। कम्प्यूटर लिट्रेसी एवं विद्यालय अध्ययन (CLASS) प्रोजेक्ट के अन्तर्गत 750 उच्च एवं उच्चतर माध्यमिक विद्यालयों को माइक्रो कम्प्यूटर प्रदान किया जाएगा। वस्तुतः इस दिशा में भारतवर्ष में उत्तरोत्तर विकास हो रहा है।

संगणक शिक्षा की आलोचना

जहाँ इस प्रकार की शिक्षा से समाज/शिक्षा के क्षेत्र में अनेक लाभ बताए गए हैं, वहीं इस शिक्षा के दोष भी हैं–

1. इससे बेरोजगारी की भयंकर समस्या दिनोंदिन बढ़ती जा रही है।

2. यह एक यन्त्र है, जो मानव द्वारा निर्देशित होता है। इसमें स्वयं के सोचने तथा निर्णय लेने की क्षमता नहीं होती।
3. इससे सामाजिक मूल्यों का विकास सम्भव नहीं है।
4. इससे बालक में चारित्रिक और नैतिक मूल्यों का विकास नहीं हो सकता।
5. इससे बालक में सृजनात्मक क्षमता का विकास सम्भव नहीं है।
6. इसमें वैयक्तिक भिन्नता का अभाव है।
7. कम्प्यूटर द्वारा सभी छात्रों को एक ही दिशा में शिक्षित किया जाता है।
8. इसमें मानवीय गुणों का अभाव होता है, जो किसी भी समाज के विकास में मददगार होता है।

भूगोल और कम्प्यूटर

आज स्कूलों में छात्रों को कम्प्यूटर की शिक्षा दी जा रही है। जहाँ पर आधुनिक भूगोल के अध्ययन हेतु प्रयोगशालाएँ हैं, वहाँ पर कम्प्यूटर का ही प्रयोग किया जा रहा है। सभी उपकरण कम्प्यूटर नियन्त्रित हैं। अतः शोध एवं प्रयोगशालाओं में कम्प्यूटर का प्रयोग सामान्य तौर पर किया जा रहा है। इसके कतिपय दूसरे प्रयोग निम्नलिखित हो सकते हैं :—

* जब छात्र भूगोल के क्षेत्र में शोध कार्य करते हैं, उसमें भी इसका प्रयोग होता है।
* भूगोल के अध्ययन के विविध स्तरों पर प्रयोगशालाओं में कार्य करने के लिए भी कम्प्यूटर चालित मशीनें आ गई हैं। जिनके उपयोग के लिए कम्प्यूटर का ज्ञान जरूरी है।
* प्रयोगशालाओं में माप-तौल एवं जाँच के साथ ही भूगोल के विविध स्तरों पर गणना करने में भी कम्प्यूटर का उपयोग होता है।
* वर्तमान समय में हर छात्र के लिए कम्प्यूटर का ज्ञान जरूरी है।
* भौगोलिक उपयोगों की सूची बनाने में इसका योगदान है।
* भूगोल एवं भौगोलिक प्रयोगशालाओं में रिकार्ड के रख-रखाव में इसकी सहायता ली जाती है।

परामर्श

आज बदलाव का युग है। जिस बिन्दु को हम पूर्ण मान रहे हैं, वह भी परिवर्तनशील है। भूगोल के क्षेत्र में कम्प्यूटर की पहचान अभी आरिम्भक अवस्था

में है। इसकी मूल वजह है कि अभी हम कम्प्यूटर को पूर्ण रूप से स्वीकार नहीं कर पाए हैं। कम्प्यूटर की जरूरत को देखते हुए हम कह सकते हैं कि जिस तरह से छात्र, अध्यापक एवं अभिभावक कम्प्यूटर की शिक्षा के प्रति जागरूक हैं। इसके साथ ही आज आधुनिक भूगोल के ज्ञान की ही जरूरत है, चाहे वह रोजगार के अधिक विकसित क्षेत्र हो अथवा सामाजिक ढाँचे के पुर्न निर्माण की स्थिति हो। हर फलक में कम्प्यूटर की ही जरूरत है। आज भूगोल के फलक में भी कम्प्यूटर आधारित शिक्षा ही उन्नति का मूल मन्त्र है। इसलिए इस आधार पर भूगोल के क्षेत्र में कम्प्यूटर का भविष्य उज्जवल एवं सुनहरा है।